Coleção Astrologia Contemporânea

A Astrologia, como linguagem simbólica que é, deve sempre ser recriada e adaptada aos fatos atuais que pretende refletir.

A coleção ASTROLOGIA CONTEMPORÂNEA pretende trazer, na medida do possível, os autores que mais têm se destacado na busca de uma leitura clara e atual dos mapas astrológicos.

Dados Internacionais de Catalogação na Publicação (CIP)
(Câmara Brasileira do Livro, SP, Brasil)

Paul, Haydn R.
Senhor da luz : explorando o sol astrológico / Haydn R. Paul ; [tradução Denise Bolanho]. — São Paulo : Ágora, 1992. — (Coleção Astrologia Contemporânea)

ISBN 85-7183-405-9

1. Astrologia 2. Sol I. Título. II. Série.

92-2706 CDD-133.53

Índices para catálogo sistemático:

1. Sol : Astrologia 133.53

Senhor da Luz

Explorando o Sol astrológico

Haydn R. Paul

ÁGORA

Do original em língua inglesa
Lord of The Light - Exploring the Astrological Sun

Tradução:
Denise Bolanho

Revisão técnica:
Maryon Yurgel Gorenstein

Capa:
Ricardo de Krishna

Editora ÁGORA Ltda.
Caixa Postal 62 564
01295-970 — São Paulo, SP

Senhor da Luz é dedicado com gratidão a:

John Mason: um espírito vivo de zen iconoclástico, um amigo íntimo e durante muitos anos companheiro ao longo do caminho iluminado.

Maidie Mason: cujo apoio, tolerância, encorajamento e fé nos esforços da "Kitchen Table Brotherhood" sempre foram reconhecidos por nós.

In memoriam: Osho Rajneesh, que, em 19 de janeiro de 1990, dissolveu-se no campo de luz universal de Buda.

Sumário

CAPÍTULO 1

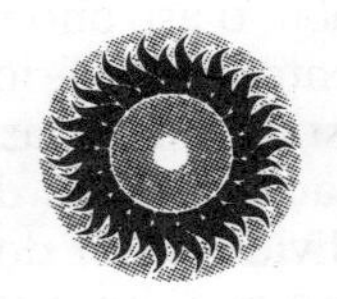

Sol: Senhor da Dança Solar

No começo, Deus criou o céu e a terra...

E Deus disse, Faça-se a luz: e a luz se fez.

E Deus viu que a luz era boa: e Deus separou a luz das trevas...

E Deus disse, Haja luzeiros no firmamento dos céus para separar o dia da noite; sirvam eles de sinais para as estações, os dias e os anos.

Sejam eles no firmamento dos céus os luzeiros que iluminem a terra. E assim se fez.

Fez, então, Deus os dois grandes luzeiros: o luzeiro maior, para dominar o dia, e o luzeiro menor, para dominar a noite; também fez as estrelas.

E Deus os colocou no firmamento dos céus para iluminar a terra. (Gênese 1:1; 1:3-4; 14-17).

O Sol é a fonte da vida em nosso sistema solar. Quando a combustão nuclear do Sol começar a enfraquecer e diminuir, o mesmo acontecerá com a liberação de luz, vida e calor para nossa família planetária. Quando o Sol morrer, a vida do sistema solar será gradualmente extinta. Quando a dança solar estiver concluída, o silêncio nos envolverá, enquanto a performance do tempo e nosso criador solar atingem sua apoteose predestinada.

Os romanos chamavam o Sol de deus *Sol*, derivado de ''*solus*'', que significa o Único ou apenas Ele. O Sol é uma estrela, a mais próxima de nós, e não é grande, mas suficiente para vitalizar nossa existência com radiação solar, sendo ainda a força central governante de nosso sistema planetário, ao redor da qual todos os planetas orbitam.

Um dos primeiros *insights* de que se tem registro sobre a idéia do Sol como centro de nosso sistema solar foi durante a ascendência da cultura grega e o início do pensamento filosófico que tanto influenciou nosso desenvolvimento ocidental. Em 450 a.C., Anaxágoras sugeriu que o Sol era na realidade uma pedra vermelha maior do que o Peloponeso; sua recompensa por esta sugestão foi sua expulsão de Atenas!

No século XVI, o astrônomo polonês Copérnico criou sua teoria heliocêntrica de que o Sol, e não a Terra, era o centro do sistema solar, e sua idéia revolucionária inaugurou uma nova era da astronomia. Contudo, até o século XVII não foram feitas avaliações mais realistas no que se refere ao Sol. Após 1600, o astrônomo alemão Johan Kepler codificou as três leis de movimentos planetários que confirmavam a teoria de Copérnico e também constituíram a base para o posterior trabalho de Isaac Newton, na formulação das leis de movimento e gravitação. Em 1666, Newton também dividiu a luz do Sol nas cores do espectro, por meio de seu deslocamento por um prisma de vidro.

Atualmente, a ciência moderna reconhece que o Sol é um corpo gasoso, cuja superfície nunca está imóvel, devido à incessante combustão e transformação nuclear de sua massa de hidrogênio, onde, sob enormes pressões, os núcleos de hidrogênio se combinam para formar os núcleos do hélio, que liberam energia por meio deste processo e mantêm o sol brilhando, periodicamente explodindo e lançando imensos gêiseres flamejantes (chamas solares) a centenas de milhas no espaço. Estas chamas solares provocam o fenômeno dos ventos solares, que fazem com que partículas do Sol atinjam a Terra, afetando a camada ionisada acima da Terra e modificando as condições ionosféricas. Parte desta pressão e fricção no interior do Sol é provocada pela massa girando em diferentes velocidades, e, como resultado da combustão da massa de hidrogênio, o Sol tem luz própria. O volume do Sol é 1.300.000 vezes maior do que o da Terra, e, embora sua massa seja apenas 330.000 vezes maior, sua verdadeira densidade é menor do que a da Terra. O núcleo do Sol é extremamente denso e concentrado, mas a maior parte de sua matéria é muito fina, tornando o Sol principalmente gasoso, diferente dos planetas formados por matéria mais sólida. Seu diâmetro é de mais ou menos 864.000 milhas e sua gravidade é 28 vezes a da Terra.

A distância real entre o Sol e a Terra varia de 91.5 milhões de milhas, em 4 de janeiro, para sua distância média de 92.9 milhões, e sua distância máxima, em 5 de julho, de 94.5 milhões de milhas; isso depende das posições rotatórias relativas.

Nossa galáxia, ou grupo de estrelas local, orbita através da Via Láctea, que talvez contenha mais de um bilhão de estrelas, movimentando-se em direção à constelação de Hércules à velocidade de 12 milhas por segundo. Estima-se que o diâmetro desta galáxia seja de 100.000 anos-luz, com uma extensão de 20.000 anos-luz. Para a perspectiva humana, esta escala é assombrosa, mas, no contexto do universo conhecido, esta não é uma galáxia muito extensa. O Sol gira para leste, ao redor de seu próprio eixo, seguindo uma órbita definida no espaço, atualmente em direção à constelação de Hércules, e, também, orbita ao redor de nosso centro galático, com milhões de outras estrelas do sistema solar. A duração de um "circuito galático ou ano cósmico" é de 225 milhões de anos.

O Sol tem uma órbita anual aparente através dos doze signos do zodíaco celeste, embora esta seja a perspectiva da Terra, pois é, na verdade, o círculo que a rotação da Terra perfaz ao redor do Sol, a eclíptica e sua própria rotação ao redor do eixo polar. As constelações cujos nomes correspondem aos signos zodiacais são o "pano de fundo" para a percepção da posição do Sol a partir de nossa relação angular na Terra, e, para se determinar o signo do Sol, dependemos da época do ano. Como a Terra se movimenta para leste, ao longo da órbita eclíptica, e gira sobre seu eixo, a partir de nossa posição geocêntrica, uma das impressões visuais é de que o Sol, aparentemente, está se movimentando para o oeste.

Durante nosso dia planetário, o Sol nasce no leste e se põe no oeste. Em mapas natais individuais para nascimentos próximos ao amanhecer, a posição do Sol é próxima do Ascendente; ao meio-dia, o sol se aproximou do Meio do Céu; no pôr-do-sol está próximo do Descendente e à meia-noite, está no Nadir.

Devido à regularidade orbital dos dois astros, o Sol e a Lua, os antigos usavam suas posições como guias para a divisão do tempo, estabelecendo os conceitos de duração e mudanças sazonais periódicas. A duração de um dia era definida pela trajetória percorrida pelo Sol ao nascer, no leste, dirigindo-se para o oeste; deste modo também eram estabelecidos os períodos de luz, quando a atividade humana e a vida social estavam em seu auge, antes do desenvolvimento mais recente da luz artificial que dá mais opções quanto aos estilos de vida. A luz do Sol controlava a vida nas culturas agrárias, com o calor do dia e as indicações sazonais que determinavam a época de plantio e de colheita, e, assim, os movimentos do Sol eram cuidadosamente controlados como uma "orientação celeste". Durante séculos de paciente observação e registros, o padrão regular do ciclo solar foi elucidado, tornando-se previsível e venerado em muitas lendas, mitos e invocações religiosas ao poder do Senhor da Dança Solar.

Enquanto as civilizações mais antigas acreditavam mais no poder do princípio divino feminino, evocando a fonte de luz através das imagens matriarcais de Ishtar, Ísis e Afrodite, à medida que o reconhecimento da proeminência solar surgia na consciência, houve uma mudança na percepção das divindades culturais supremas. No Egito, isso significou uma transferência do poder de Ísis para Osíris e Hórus, o Sol-Criança, que, finalmente, resultou na tentativa de Akhnaton, "a glória do sol", no século XIV a.C., de introduzir a nova supremacia da divindade solar Ra, o deus-Sol com cabeça de falcão.

As culturas matriarcais agrárias mais pacíficas eram constantemente ameaçadas pelas tribos nômades, lideradas por violentos chefes guerreiros, que obtinham poder e terras através da força das armas. O predomínio do princípio masculino começou a se difundir e a representação militar da força masculina logo foi incorporada aos seus deuses solares, que "protegiam" suas tentativas de conquista e supremacia social. A importância do poder dinástico da realeza começou a surgir e as bases para nossa atual cultura patriarcal foram lentamente estabelecidas, substituindo e oprimindo as antigas sociedades matriarcais baseadas nos princípios lunares da Deusa Lua.

Finalmente, o espírito religioso ressurgiu associado à luz solar, à luz do dia e à consciência discriminatória, quando utilizado em seus níveis inferiores de compreensão. A imagem do Deus-Pai regia o céu, e o clero masculino tornou-se o detentor único do conhecimento espiritual, transmitindo luz para os homens.

Entre os ciclos do Sol e da Lua, desenvolveu-se a seqüência de horas, dias, meses e anos, formando uma estrutura para as atividades culturais e dias para ritos de celebração. No mundo céltico, foram construídos marcos de pedra para observação, medição da posição do Sol durante sua "peregrinação celeste" anual através do zodíaco e também para indicar os dias de transição das mudanças sazonais. Este conhecimento era vital para garantir um abastecimento adequado de alimentos e como preparação para o início do frio invernal. As antigas civilizações se harmonizavam muito mais com os caprichos da natureza do que a atual civilização e mantinham um relacionamento mais reverente com os ciclos naturais do que o atualmente existente na sociedade moderna, que, devido aos avanços tecnológicos, pode virtualmente ignorar as estações, uma vez que alimento e calor estão facilmente disponíveis.

Particularmente importantes para o ciclo solar eram os equinócios e os solstícios, culturalmente concebidos em função da regularidade do crescimento e declínio naturais, a polaridade do processo universal vida-morte. Os pontos equinociais são determinados pela passagem da órbita do Sol ao longo da eclíptica até cruzar o Equador, movimentando-se de sul para norte no equinócio vernal (20 ou 21 de março, a cúspide de Áries), ou do norte para o sul no equinócio outonal (22 ou 23 de setembro, a cúspide de Libra). Os solstícios são determinados pela posição do Sol mais afastada do Equador em um ângulo de 23 1/2°. O Sol parece ficar imóvel e deter-se no céu no solstício de verão (21 ou 22 de junho, solstício de verão e a cúspide de Câncer) e no solstício de inverno (21 ou 22 de dezembro, meio do inverno e a cúspide de Capricórnio). A saudação do amanhecer no meio do verão ainda é popular entre os adeptos de crenças pagãs e druídicas, e, atualmente, Stonehenge é o local de conflitos modernos entre os seguidores do antigo método de Albion e atitudes contemporâneas, no que se refere à "preservação da herança".

Os equinócios e os solstícios representam a relação e os correspondentes equilíbrios entre as luzes do dia e da noite, o Sol e a Lua, dentro do ciclo da natureza e da consciência do homem. Os equinócios são pontos de equilíbrio, quando os períodos de dia e noite são iguais e mutuamente harmoniosos. Em meu livro *Rainha da Noite* [Editora Ágora] considero sua importância psicológica em função da integração pessoal das energias da Lua e do Sol no indivíduo. Os solstícios são pontos onde existe uma diferença entre as forças do dia e da noite. No solstício de verão, as forças do Sol são dominantes no hemisfério norte, e seu poder criativo e produtivo está no auge; o calor incita o mundo da natureza a desabrochar, florescer e dar frutos. No solstício de inverno, o Sol está se afastando para o hemisfério sul, e as forças da Lua e da noite tornam-se mais dominantes, à medida que a luz e o calor gradualmente desaparecem e a escuridão se espalha sobre a terra.

O Sol e a Lua formam um eixo de luz, que periodicamente inclina e se reajusta para influenciar as transições sazonais e, no entanto, também têm um efeito interior na psicologia humana. Na astrologia, o Sol e a Lua correspondem aos níveis consciente e inconsciente da mente, e o verão é tradicionalmente uma época para atividades no mundo exterior, enquanto o inverno é uma época de recolhimento e de união à natureza interior mais profunda.

O equinócio vernal dá início ao ano zodiacal em Áries, e é o período em que o Sol volta ao hemisfério norte, estimulando uma intensa atividade no crescimento orgânico abundante da natureza. A nova vida começa a despertar sob a superfície do solo, novos brotos começam a surgir à luz crescente, enquanto a energia da vida da terra é revitalizada. A natureza abandona a hibernação e a decomposição do inverno, iniciando seu novo ciclo anual de produtividade e demonstração de beleza. É a primavera, quando as sementes ocultas na escuridão do solo fértil dão à luz novas folhas, declarando sua existência independente.

O solstício de verão é o começo de Câncer e o auge da fase de fertilidade iniciada no ponto vernal, ápice temporário das forças solares sobre as forças lunares. O mundo está flamejante de cores, viço e perfumes naturais, e a vegetação e os insetos se desenvolvem. A atenção do homem é atraída para o mundo exterior, e os grãos em desenvolvimento absorvem a brilhante luz solar, transformando-se num estímulo ao desfrute e posterior consumo humano.

O equinócio outonal é o movimento oposto, de restabelecimento do equilíbrio, como indicado por seu signo de Libra, em que a fase é de colher os grãos maduros e de término do processo de crescimento objetivo. As folhas verdes das árvores começam a amarelar e cair, enquanto a vitalidade do Sol diminui, e as forças lunares/noturnas assumem um domínio maior, à medida que a natureza retorna ao período de concentração de forças para o próximo ciclo de gestação.

O solstício de inverno em Capricórnio acompanha o ápice das forças da noite, onde as sementes de promessas latentes permanecem no seio da terra, esperando a época para ressurgir. A partir deste momento, o equilíbrio lentamente começa a mudar outra vez, enquanto a força da noite continua a diminuir até a renovação da força solar do dia no próximo equinócio vernal e a repetição do ciclo.

O ciclo natural de nascimento-maturidade-morte dos seres humanos também está incorporado neste processo, pois nós também fazemos parte do processo universal. É provável que, ao perceber este padrão anual e compreender a renovação e renascimento do deus solar, o homem também foi considerado como uma parte integral deste processo, uma atitude que levaria às doutrinas de reencarnação, continuidade da personalidade e uma forma de imortalidade física.

O Poder do Sol Interior

Existem analogias interessantes entre o Sol e a célula humana, pois ambos desempenham o papel de núcleo central ao redor do qual outras partes são reunidas e organizadas. O Sol é o núcleo ou o coração do sistema solar; sua eventual morte significa a inevitável desintegração deste sistema planetário. A analogia macrocósmica deste fato é o núcleo da galáxia, o centro galático da Via Láctea. A analogia microcósmica é o núcleo da estrutura celular do ser humano, onde, ao se "extrair" o núcleo da célula ou se provocar a interrupção ativa do coração físico, o organismo humano morre. A célula é importante, pois é a unidade que estrutura a matéria viva em formas previsíveis, e esta é uma massa de protoplasma ligada por uma membrana e que contém o núcleo principal, o agente de ligação e união. O núcleo contém os cromossomos formativos (a continuidade dos pais procriadores e tendências hereditárias) e é a essência interna do átomo cercada por elétrons e que possui a carga positiva do átomo eletricamente neutro.

Durante este século, a emanação de luz do Sol tem sido um importante campo de pesquisa científica, e estas investigações proporcionaram uma base para a compreensão da natureza da própria luz. A luz se propaga constantemente a uma velocidade de 186.000 milhas por segundo, e são necessários 8.3 minutos para que a luz do Sol alcance a Terra. As ondas de luz se propagam pelo "espaço vazio" entre as estrelas e os planetas, e foi Max Planck, o criador da teoria dos quanta, que compreendeu que a luz era composta de átomos de energia. Em nossa atual fase de compreensão, reconhecemos que a luz é um campo eletromagnético que se alterna rapidamente e é transmitido através do espaço sob a forma de ondas, e que a luz visível registrada pelo olho humano é apenas uma fração da transmissão completa deste espectro eletromagnético. Considera-se que a luz tem uma natureza dual: é partícula e onda simultaneamente, quando vista de diferentes pontos de observação, e a quantidade de luz é na realidade "pacotes de energia", denominados fótons.

O que significa isso? Talvez apresentado de uma maneira simples, os princípios da matéria sejam derivados da luz, o que corresponde ao mito bíblico da criação e a outros simbolismos religiosos semelhantes; e o axioma da Antiga Sabedoria que afirma que "O Espírito é Matéria vibrando em seu nível mais elevado e a Matéria é o Espírito vibrando em seu nível inferior" pode ser equiparado ao poder da luz que é criador e criatura, formando o universo e sendo o universo, incluindo nossas próprias naturezas. A Luz é espírito-matéria, onda-partícula manifestando-se na forma do universo.

A investigação científica dos níveis subatômicos de nossa percepção material da realidade revela que a matéria certamente não existe em lugares definidos no tempo e no espaço, mas apresenta "tendência a existir"; e que os eventos atômicos não ocorrem em épocas definidas, de maneiras definidas, mas apresentam "tendência a ocorrer". Atualmente, as modernas "leis" da física atômica são compreendidas em termos de "probabilidades", e o cientista nunca pode prever precisamente os eventos atômicos como se o universo seguisse leis invioláveis, mas apenas sugerir a possibilidade de alguma coisa vir a acontecer.

Por intermédio desta análise da luz e da física quântica, lentamente está se formando uma nova ciência de "probabilidades de interligações", cujo reflexo é a seqüência de equações de Mandelbrot, que revela as teorias da ciência do Caos, onde uma imagem popular é a da borboleta batendo asas, podendo ativar um furacão em outro lugar no tempo e no espaço. Como as teorias dos quanta, uma unidade básica do universo está sendo cientificamente revelada, incorporando uma complexa rede de relações entre as partes do todo universal, na qual estas relações sempre incluem o observador como uma parte essencial dessa interação.

A astrologia também é uma exploração de "probabilidades" e de "tendências a ocorrer/existir" através da análise interpretativa dos fatores natais no mapa individual. Os astrólogos habilidosos reconhecem que sua análise não possui garantias de precisão total, mas esperam que seus *insights* sobre a natureza das tendências individuais estejam fundamentalmente corretos, mesmo quando avaliam níveis mais profundos desta personalidade. Eles conseguem ver as atitudes básicas condicionantes e os padrões psicológicos que determinarão escolhas e decisões na vida, e, através de sua percepção astrológica, "prever" os problemas que surgirão e as prováveis reações a eles. Assim, interpretar um mapa natal astrológico assemelha-se à exploração científica dos níveis subatômicos que determinam o que pode existir e acontecer.

Esta unidade subjacente à vida, que está sendo explorada pela ciência moderna, tem sido a realização principal da mística em todas as culturas, e é também a base para a importância da astrologia. A astrologia é uma ciência de relacionamentos; entre espírito e matéria, entre os planetas e a Terra, o microcosmo humano e o macrocosmo universal, entre os mundos interiores e a realidade exterior refletida. O Sol astrológico, semelhante ao papel do Sol físico, representa a tarefa da coesão planetária e dos relacionamentos focalizados; como a luz física, que serve como base para a realidade física, a luz espiritual do Sol interior é a base para a existência. Na verdade, a interação eletromagnética e a relação entre o Sol e os planetas são a base para o *insight* astrológico das influências planetárias sobre a vida e a natureza humanas. Como a moderna genética, a astrologia sugere que o caráter, a inteligência e as inclinações estão presentes na hora do nascimento; e a astrologia tem estado presente nas culturas há muito mais tempo do que a existência da pesquisa genética. Mas é neste nível que o símbolo solar do círculo e do ponto é indicativo das correlações Sol-coração-célula-átomo, que são novamente repetidas através dos ácidos nucléicos do DNA, que estão presentes nos cromossomos das células dos organismos superiores e armazenam a informação genética hereditária e outros componentes do ser humano.

Senhor da Luz está envolvido na compreensão astrológica mais profunda do princípio solar no indivíduo e na sociedade, analisando especialmente a esfera do *insight* e da experiência espiritual. Penetrar nesta dimensão do Sol, dando acesso ao esclarecimento interior, é a chave para um novo reequilíbrio vital, à medida que evoluímos para a Era de Aquário.

Atualmente, encontramo-nos em encruzilhadas culturais, confrontados com nossas forças e fraquezas sociais, esforçando-nos para perceber qual a direção que devemos seguir coletivamente. Nosso mundo é um choque de contrastes, e estas polaridades entre os padrões de vida no mundo ocidental e as nações do Terceiro Mundo são inteiramente reveladas à luz dos modernos meios de comunicação. Nossa visão global observa toda a experiência humana, registrando impassivelmente nossos sucessos e fracassos. O reconhecimento da família universal está se manifestando lentamente, e o interesse coletivo por todos os membros da humanidade está aumentando depressa, assim como uma consciência ecológica de nosso lar planetário.

Tecnologicamente, iniciamos uma era solar através de experiências com energia nuclear e da exploração do mundo subatômico. Em breve, serão feitas descobertas importantes para se compreender os componentes da vida e outros progressos no sentido de controlarmos com maior segurança as fontes de energia atômica e solar. Paralelamente a este avanço externo, existe a necessidade crescente de as pessoas examinarem suas próprias naturezas, "o homem moderno à procura de sua alma", como observou Jung. *Rainha da Noite* examinou esta tendência ao se referir à Lua astrológica, ao redespertar do princípio lunar de autonutrição e ao examinar os *insights* oferecidos pela iniciação no templo da deusa lua. *Senhor da Luz* continua esta exploração ao considerar a busca do Sol-centro dentro do indivíduo — o acesso ao sol espiritual — através da realização da jornada heróica masculina, ou do caminho místico para o esclarecimento.

Um equilíbrio renovado pode ser alcançado pela reintegração dos princípios solar e lunar ao indivíduo ou à sociedade, um equilíbrio que reflete uma perspectiva e visão holísticas da natureza e do potencial do indivíduo, e como isto pode ser culturalmente expressado para melhorar nossa qualidade de vida através de uma harmonia maior com a unidade da vida. Ao entrarmos em contato com nosso centro solar, podemos começar a unir nossos diferentes padrões psicológicos (os planetas) sob as qualidades coesivas e integrativas de nosso Sol astrológico, antes de nos aprofundarmos nos mistérios solares de sua essência. Devemos lembrar que este Sol interior é a essência criativa de nosso sistema solar interior e devemos aprender a utilizá-lo de modo mais eficiente, como um meio de autodesenvolvimento. Descobrir e seguir nossa rota solar é o caminho através do qual nosso potencial pode se manifestar na vida. Estudar a posição do Sol no mapa natal, por casa, signo e aspecto, pode indicar uma esfera de nossa natureza que servirá como uma força integrativa. Evocar a luz do senhor solar pode iluminar nosso caminho em direção aos mistérios da vida universal; este é o caminho de Aquário e pode significar uma redefinição de nosso princípio masculino expressado através da sociedade. O poder solar é muito transformativo, mas como sabem todos os que foram pioneiros em suas próprias jornadas solares individuais, este é o caminho que promete uma "vida mais plena".

Se desejamos uma vida mais rica e completa, não apenas para nós mas para todas as outras pessoas, então podemos partilhar do processo de ressurreição e renascimento universal prometido pelos mistérios solares. Precisamos descobrir o poder do Sol interior e abrir nossas mentes e corações aos raios penetrantes do Senhor da Luz. Então, podemos conscientemente participar da contínua tarefa de criatividade universal e da jornada de volta à luz ofuscante do processo evolucionário.

CAPÍTULO 2

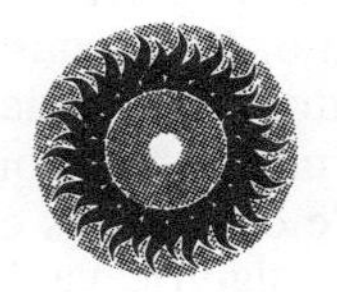

O Sol Mitológico: o Olho de Fogo de Deus

As raízes dos primeiros cultos de adoração ao Sol permanecem perdidas nas brumas do tempo, mas, enquanto o homem primitivo olhava para o céu, a luz, a energia e o calor daquele astro dourado iluminavam seu mundo misterioso. Ele temia aquele olho de fogo celeste que o fixava e revelava a natureza do mundo em que a humanidade tinha nascido; temia quando o sol declinava no oeste e a escura noite de ébano lançava suas sombras distorcidas e silenciosas sobre o seu mundo, e as trevas e o frio desciam ao cair da noite. Ele implorava que a luz voltasse, e a cada dia a luz do amanhecer surgia no leste, enquanto os sons e o canto de animais e pássaros o acordavam para saudar um novo dia. Suas súplicas tinham sido ouvidas; a luz respondeu à sua adoração, seu deus tinha ouvido seus apelos.

O Sol é a mais personificada das luzes planetárias, assumindo o papel central no panteão das divindades planetárias que a humanidade criou ou reconheceu durante seu progresso evolucionário. No decorrer dos tempos, o Sol tem sido considerado a fonte do poder criativo da natureza, da vida e da luz, associado ao princípio masculino do deus-pai, diferente da Lua e das deusas-mães do princípio feminino, das trevas e dos mistérios da transformação de forma e nascimento.

Inicialmente, o Sol físico era na realidade adorado como Deus, mas os desenvolvimentos posteriores de *insight* religioso foram modificados pela percepção de que a forma física do Sol era apenas uma manifestação e representação objetivas do princípio de Deus em nosso universo. Muitas das antigas religiões personificaram o disco solar. O hinduísmo concebia o Sol como a divindade habitada por Brahma, "o senhor da vida", com o sol como "a fonte de todas as almas e de toda a vida" e Agni representando o fogo divino. Brahma é o Deus da criação universal, fazendo parte de uma trindade com Vishnu, o Preservador, e Shiva, o Destruidor. Cada religião e cada cultura tinha suas divindades solares. Os persas tinham o mitraísmo, culto que posteriormente popularizou-se entre os romanos e se difundiu pela maior parte do seu império europeu, nos três primeiros séculos depois de Cristo, tornando-se rival dos seguidores do cristianismo. Os zoroastristas tinham Ahura-Mazda (Ormuzd), o deus-sol, luz e doador de vida, cuja divindade suprema de bondade e luz estava em eterno conflito com o sombrio Arimã. Na Caldéia e Babilônia havia Bel, e os fenícios chamavam o Sol de Adonai, termo usado pelos judeus, que significava "senhor", mas adotavam Yod como divindade solar. Os egípcios tinham Atum (Aten) e Amon-Rá; Roma tinha o Sol, os gregos, Hélios; os druídas, Hu; e os astecas tinham Quetzacoatl, que era o doador das artes e da civilização para os homens, e cujo símbolo era a serpente emplumada. A imagem de um dragão está associada às divindades solares caldéias e fenícias e, na China, a dinastia de seus reis solares corresponde à sua própria afinidade cultural e ao simbolismo do dragão.

Existe um triplo aspecto no culto solar na Pérsia, Egito e Babilônia, uma trindade do Deus como "força criativa motivadora da inteligência suprema" representando as principais qualidades do Deus. Este padrão tríplice é repetido nas doutrinas cristãs da Trindade e tem analogias com outras religiões, bem como com a deusa tríplice, virgem-mãe-velha. No que se refere aos cultos solares, isto provavelmente surgiu da percepção das três fases diárias do Sol, ou seja, amanhecer e nascer do sol, meio-dia e ápice do Sol, pôr-do-sol e declínio do Sol no horizonte. O nascer do sol era o início, o novo nascimento da luz e correspondia ao deus-pai, Brahma, o Criador. O meio-dia era a maturidade e o apogeu da luz do dia, a fonte de crescimento natural e da atividade humana e corresponde ao deus-filho, Vishnu, o Preservador, e aos frutos que caem no solo para libertar suas novas sementes. O pôr-do-sol era o final do dia e da luz, o ingresso nas trevas sob a superfície da terra, correspondendo ao Espírito Santo, Shiva, o Destruidor, e a gestação da semente antes do novo nascimento na perpetuação do ciclo solar.

O equilíbrio do poder e da influência religiosa mudou das culturas matriarcais e da adoração da deusa-lua para o princípio solar e a supremacia do deus-pai masculino e patriarcal. Foi esta mudança na percepção religiosa do homem que resultou nas tentativas de Akhnaton, "a glória do Sol", para substituir os cultos existentes pelo de Rá, o deus-sol, e nos esforços de Moisés para introduzir uma nova concepção religiosa solar entre as tribos de Israel, banindo os símbolos de seus antigos cultos pela imposição das tábuas da nova direção. A realização que talvez tenha estimulado esta mudança veio do conhecimento secreto de que a luz da Lua era apenas um reflexo da verdadeira luz do Sol, e da importância masculina na geração de nova vida. Isto foi suficiente para criar um movimento na consciência coletiva no sentido de reconhecer a divindade solar e desenvolver sociedades patriarcais: a criança tornou-se o filho do pai, em lugar da criança da mãe, e a herança e a linhagem se transformaram, enquanto o poder social era transferido para mãos masculinas.

Os mitos solares têm diversas características importantes, que se repetem em diferentes continentes e culturas e, de modo semelhante aos da Lua, eles simbolizam os processos naturais que atuam no mundo e no ser humano. Estes processos incluem as fases do desenvolvimento humano físico e psicológico, as mundanças sazonais e os movimentos celestes, associados às transformações contínuas da vida: nascimento, crescimento, maturidade, morte, e à realização e conclusão de idéias, objetivos, planos, relacionamentos e trabalho durante o ciclo completo de experiências. Então, vem a continuação da semente fertilizada e a renovação da vida humana e da natureza, o ciclo de existência continuamente nascendo, existindo, morrendo, com a continuidade da vida em diferentes formas revelando a verdadeira imortalidade e o processo de renascimento.

Os mitos solares que iremos considerar são principalmente os dos egípcios, dos gregos e dos celtas, pois são eles que influenciaram nossas tradições ocidentais e nosso desenvolvimento social. Mas existem muitos outros em outras culturas, pois a luz do Sol brilha igualmente sobre todos, sem discriminação ou restrição; é a luz do planeta e de toda a humanidade.

EGITO

Nos mitos e lendas egípcios, a divindade solar era conhecida como Ra, Atum, Amon e Aten em diferentes épocas, embora Osíris e seu filho Hórus sejam com mais freqüência associados ao deus-sol. Osíris era originalmente um deus-lua, esposo da deusa Ísis, mas, à medida que o novo culto solar começou a crescer, transformou-se em um princípio solar através do mistério de sua ressurreição. O inimigo de Osíris era Set, que refletia o antigo dualismo dos gêmeos opostos ou princípios complementares na natureza. Osíris tornou-se o "brilhante filho da luz" e Set, seu gêmeo sombrio, um padrão de relacionamento repetido na história bíblica de Caim e Abel, ou na tentação de Jesus por Satã-Lúcifer, que indicava a sombra sempre presente que acompanhava o herói em sua jornada espiritual e de transformação em busca de seu destino.

Osíris foi assassinado e mutilado por Set e seu corpo foi espalhado pelo mundo. Ele era um deus de natureza ingênua, que suportou o sacrifício tradicional e, para que florescesse uma nova vida, devia morrer sobre a terra, permitindo que a nova semente fosse libertada e se reproduzisse. Sua esposa Ísis percorreu o mundo, procurando as partes de seu corpo mutilado e finalmente encontrou todas elas, com exceção de seu falo, que tinha "desaparecido na terra". Através do poder mágico do vizir de Osíris, Thot, Ísis criou um falo de madeira e fecundou a si mesma com a semente de Osíris, dando à luz Hórus, a criança-sol. Osíris foi recriado através desta ação mágica e renasceu como o deus-sol, surgindo para assumir sua legítima posição nos céus, ao lado de Ísis, sua deusa da lua.

Osíris tornou-se um símbolo da divindade solar suprema personificada, assumindo a imagem do Leão, tornando-se o senhor universal e o mestre das leis e religiões solares, construindo gigantescos templos de adoração e oferecendo os segredos da cultura e da civilização aos seus seguidores. Em seus papéis como sacerdote-rei-pai, ele supervisionava o processo da natureza desde a semente até o crescimento e frutificação, assegurando a continuidade cíclica. Ele foi auxiliado pelo senhor Thot, cujos símbolos, o cajado e o mangual, indicavam o controle da ordem e da disciplina e que está associado ao poder do intelecto e ao conhecimento mágico do caminho oculto.

Na cidade solar sagrada de Heliópolis, o deus-sol Rá dominava, e o cântico de louvor a Rá ecoava nos templos, entoado pelos sacerdotes durante as fases diárias do Sol. ''Glória a Ti, oh! Tu que nasces em Nu e que em Tua manifestação faz o mundo brilhar com luz: todos os Deuses cantam hinos a Ti depois que surges a cada dia...''. Heliópolis (o nome grego para cidade do Sol) era o centro do culto solar egípcio, e ali os sacerdotes de Rá proclamavam seus reis solares, afirmando que, após a morte, o rei voltaria para junto de Rá, seu pai celestial. Já foi sugerido que as pirâmides são monumentos solares dedicados parcialmente à ressurreição e renascimento dos reis-sacerdotes solares. No Egito, a luz flamejante e o calor do Sol se derramam com abundância todos os dias, com poucas interrupções; com exceção da faixa de terra fértil do delta do Nilo, o poder do Sol despojou a terra de vegetação, criando vastas áreas desertas. À noite, a luz fria da Lua crescente lança sombras profundas sobre a face enigmática da Esfinge e das altas pirâmides.

Hórus foi concebido pela mágica união de Ísis e Osíris após a morte e mutilação do último, e nasceu após a ressurreição de Osíris, como a divindade do Sol e a renovação de sua fertilidade. Hórus é conhecido como o senhor da força e do fogo, a criança de Aeon, e seu tempo de ascensão divina foi associado ao advento da Era de Aquário, especialmente na ligação entre o poder do Sol e nossa capacidade moderna para gerar o fogo nuclear. Hórus aparece como uma criança, sentado em uma flor de lótus aberta, com seu dedo sobre os lábios, que significa o silêncio, e lembra certas representações budistas. Como adulto, ele é o deus com cabeça de falcão, seus símbolos são os dois olhos do Sol e da Lua, indicando sua natureza onividente. Ele é um guerreiro vingativo, combatendo Set para restabelecer novamente o reino de seu pai; um salvador que cura e senhor da profecia oracular; um deus da música, da arte e protetor da beleza, do lar e da família. Uma invocação a Hórus resume diversos de seus atributos:

Radiante Hórus, deixe que a harmonia impregne nossa existência.
Vista sua armadura de luz e lute por nós pela liberdade de espírito. Cure nossas doenças e feridas e nos ressuscite. Restabeleça o reino de seu pai aqui na Terra, para que todas as coisas vivas possam habitar na aura do Céu.

Hórus tornou-se o olho flamejante de Deus olhando para a humanidade, um dos deuses-guerreiros cuja espada de luz é desembainhada para lutar pela verdade e pela luz.

As divindades solares adquiriram grande poder social na sociedade egípcia, e Osíris e Hórus eram honrados e adorados em todos os lugares. Sekhmet, a filha de Rá, era uma feroz deusa-leoa, coroada pelo disco solar, e também tinha seus próprios seguidores.

GRÉCIA

Os mitos gregos criaram o heróico panteão olímpico dos doze principais deuses e deusas que eram dominados pelo deus supremo, Zeus. Seu lar era o céu luminoso, e sua moradia secular, o cimo do Monte Olimpo. Parece ter sido uma divindade solar original, filho de Crono e considerado rei e pai de deuses e homens, o distribuidor do bem e do mal, o criador de leis e defensor da família e do lar. Tinha um santuário especial na Arcádia, no Monte Lyceus, nome cuja raiz significa "luz", e onde crescia um círculo de carvalhos sagrados que lhe proporcionavam sua coroa de folhas de carvalho. Zeus era conhecido como Júpiter no império romano, e as qualidades astrológicas do Sol e de Júpiter são atribuídas às projeções do *animus*, sob esta perspectiva de divindade e realidade transpessoal. Zeus tornou-se uma imagem patriarcal, incorporando nitidamente as energias, a força, o poder e o vigor masculinos, o homem como rei e criador das leis e da ordem social, da justiça, da liderança e do carisma real. Além disso, Zeus tornou-se o amante divino, escolhendo muitas mulheres para receber sua divina atenção, servindo como a força generativa de uma fase sucessiva de novos deuses e heróis. O Sol era conhecido como o "olho de Zeus/Júpiter".

Os gregos personificaram a orbe do Sol como Hélios, que significava "o mais elevado", o deus do Sol físico, que dirigia sua carruagem através do céu, de leste para oeste, puxado por uma parelha de imponentes cavalos brancos alados. Eles simbolizavam a necessidade de paixões purificadas para que todas as energias pessoais fossem controladas, compreendidas e dominadas pelos poderes solares do centro da psique, permitindo que fossem usadas de modo correto, seguro e criativo. Através do céu escuro, Selene da Lua avançava com sua carruagem lunar na escuridão, iluminada apenas pela luz prateada da Lua, atravessando as nuvens escuras.

Os principais deuses gregos associados ao Sol são Apolo, Orfeu e o herói Hércules. Apolo era filho de Zeus e Latona, uma das filhas dos titãs, e era um deus solar ou de luz sob todos os aspectos. Ele enfatizava particularmente o aspecto *anima* da divindade, na forma masculina, com seu talento e valorização artísticos, receptivos. A personificação correspondente do *animus* na forma feminina foi feita pela irmã gêmea de Apolo, Artemis. Seus raios solares eram curativos, estimulando a capacidade natural do corpo para a cura e a purificação. Um dos símbolos de Apolo era a lira, que ele recebeu de Hermes em troca de seu próprio caduceu; esta lira tinha sete cordas, uma para cada um dos planetas, indicando que ele era o amo e senhor dos mistérios e do conhecimento universal. Ele também tinha um arco e flechas, revelando sua habilidade para atingir seu alvo através de sua energia solar, raios e poder fertilizante.

Na busca de Apolo pelo centro do alvo refletia-se uma busca pelo centro do Eu e, através desta jornada incessante, foram descobertas novas esferas do conhecimento e da exploração humana que contribuem para a maravilha da vida. Apolo era encontrado no Oráculo de Delfos, onde a ordem "Homem, conhece a ti mesmo" dominava a entrada do santuário e criava um contexto para os pronunciamentos délficos pelos canais sagrados. Os mistérios apolíneos, derivados dos cultos a Apolo, estavam mais relacionados à razão, à lógica e à ordem natural dos relacionamentos planetários e celestes; eram diferentes dos impetuosos mistérios dionisíacos, que incluíam ritos de "embriaguez sagrada" que visava os "transes extáticos" e a possessão divina e dos quais muitos dos conceitos do rei sacrificial foram introduzidos em rituais religiosos ocidentais, devido ao desmembramento de Dioniso pelas enfurecidas bacantes.

Os posteriores mistérios órficos eram uma combinação dos apolíneos e dionisíacos, tentando unir a lira e o dom da música com uma dança ritualizada mais disciplinada e a representação teatral da aparência dos deuses, invocando o manto e a possessão de divindades interiores. Estes mistérios originaram-se das lendas de Orfeu, filho de Apolo e Calíope, a musa da harmonia e do ritmo, que também possuía ou herdara o segredo da lira de sete cordas do conhecimento universal e dos sete raios criativos do espectro. A imagem de Orfeu é a de senhor das musas, cantando nas regiões selvagens, cercado por animais selvagens encantados, e tornou-se uma imagem de psicopompo e intérprete dos deuses, que respeitavam seus dons de divinas harmonias, sua delicadeza e beleza de espírito. Por amor a Eurídice, sua mulher, ele penetrou no mundo inferior de Hades tentando resgatá-la de sua morte provocada pela mordida de uma cobra venenosa. A condição para que ela retornasse à vida era que Orfeu deveria se recusar a olhá-la durante a jornada de volta à luz. Eurídice não compreendeu esta condição, e suas súplicas e sua persuasão para que ele a olhasse foram bem-sucedidas. Ao não cumprir a condição imposta por Hades, Eurídice teve de permanecer no mundo inferior. Orfeu seguira seus sentimentos de amor e rendeu-se às exigências da deusa. Ele voltou sozinho e deprimido para o mundo, e uma das versões desta história conta que o fracasso de Orfeu provocou a fúria das mulheres da Trácia, que começaram a dilacerá-lo de modo semelhante à destruição de Dioniso pelas mênades.

Os temas principais dos mistérios órficos eram os da perigosa descida ao mundo inferior (mente inconsciente), levando a luz para as trevas e iluminando este reino, e depois novamente ressurgindo para a luz do dia, transformado pela jornada sagrada no mistério interior. Esta é a pergunta apresentada ao futuro iniciado no início de sua busca da verdade absoluta, ou Deus: se você não conseguir encontrar Deus no mundo exterior, então para onde você se voltará? Se bem-sucedida, a resposta será o reconhecimento de que o homem e os deuses estão inter-relacionados, que as consciências humana e divina podem se fundir na forma do deus-homem e que esta é a essência do Grande Trabalho e o objetivo dos verdadeiros esforços religiosos. Semelhante à busca de Ísis por seu amante Osíris, Orfeu segue Eurídice para libertá-la dos mundos inferiores da sombria ignorância e da falta de compreensão, através da luz penetrando nas trevas.

No simbolismo mítico, muitos ensinamentos esotéricos sobre o processo da vida divina foram transmitidos através de histórias e representações. Os doze trabalhos do herói Hércules são exemplos destes ensinamentos. Hércules, como o herói solar, atravessou as provações de cada signo do zodíaco em seu caminho para o conhecimento profundo e para a divindade realizada, o que lhe permitiu que se tornasse o ''pai de todos'' e ''o nascido de si mesmo'' por sua descida final ao Hades, sua reivindicação das maçãs douradas sagradas à Árvore da Vida e por ter matado o dragão das trevas. Esta lenda será analisada mais profundamente no Capítulo 7, ''A Jornada Heróica''.

Os Celtas e os Mistérios Solares Ocidentais

As lendas célticas seguem um padrão semelhante ao dos mitos solares, como os da ''criança prodígio'', do ''sacerdote-rei'', do ''guerreiro sagrado'' e do ''deus-herói sacrificado'', que escolheram descer às negras profundezas ocultas em busca de conhecimento, redenção, salvação e libertação de todos que se encontravam presos no mundo inferior. O tema do salvador encarnado não é exclusivo de Cristo e da doutrina cristã, sendo um padrão universal dentro do simbolismo do Sol. A ressurreição da luz é sempre alcançada no contexto da entrada nas trevas.

Os mistérios ocidentais ainda conservam uma compreensão do equilíbrio necessário entre os princípios masculino e feminino; a feitiçaria e os ensinamentos pagãos apresentam os lugares definidos do deus e da deusa, ou harmonia na psique, como a condição necessária para se atingir um *insight* espiritual e o esclarecimento.

Os antigos mitos irlandeses indicam uma fase em que ocorreu uma mudança radical na cultura matriarcal, à medida que a percepção religiosa interior se transferiu da polaridade da primazia da deusa para a recente força solar que surgia na Europa céltica. Este foi o culto solar novo e poderoso que obteve o domínio social e usurpou as adesões religiosas e que provavelmente estava associado à força das armas das tribos guerreiras masculinas que migravam pela Europa, onde a força bruta e a habilidade nos combates prevaleciam sobre as formas mais suaves de relacionamento social. Nestes grupos, o opressor patriarcal tinha o poder, e com o tempo outras divindades masculinas e simbolismos religiosos conquistaram a psique coletiva, enquanto as tribos dominadas pelo *animus* obtinham poder através da agressão e do uso da força.

O "supremo deus-solar celta" tornou-se Lug, que substituiu as associações Nuada da Mão Prateada e Lua como líder dos "danaans" na Irlanda. Lug era um guerreiro, curador, ferreiro, poeta, harpista e carpinteiro, semelhante a Apolo e Hórus. Os tesouros de Danaan surgiram novamente na mitologia do Graal, e eram conhecidos como *Lia Fail*, "pedra do destino"; a espada de Lug, Lug do braço comprido; Fínias, a lança mágica; e Murias, o caldeirão de Dagda, a cornucópia mágica e recipiente que permanecia perpetuamente cheia e tinha a capacidade de satisfazer a todos.

Existem evidências consideráveis nas relíquias célticas e no simbolismo artístico sobre a importância do disco do sol em suas crenças religiosas, e isto é realçado na antiga construção do círculo de pedra de Stonehenge, posicionado de modo a indicar os alinhamentos solares dos movimentos astronômicos, estudando o "relógio universal" para registrar a mudança das estações e desenvolver padrões de medição do tempo. A pedra Hele, em Stonehenge, é um marco para o nascer do sol no dia 24 de junho.

No panteão céltico de divindades estavam os cinco sagrados, que compreendiam a tripla deusa Lua, seu esposo solar e o deus do mundo inferior. A deusa tríplice é a virgem/mãe/velha mulher sábia, discutida em meu livro *Rainha da Noite*; seu esposo é uma divindade solar benigna, e seu gêmeo sombrio é um mágico e senhor das regiões da morte, algumas vezes chamado de "herdeiro sombrio".

O senhor solar é compreendido como um doador de luz e fertilidade, um curador da terra e rejuvenescedor do estímulo à vida. Ele é o "filho da mãe", seu companheiro, amante, marido e pai de seus filhos. Após sua união anual com a deusa, no solstício de verão, sua energia diminui até desaparecer no mundo inferior antes de seu novo nascimento no solstício de inverno, tornando-se a criança da promessa ressuscitada, a criança-estrela renascida. E então, o ciclo se repete anualmente.

Um tema que se repete com as divindades ou heróis solares é o do gêmeo sombrio, a luz e a sombra. Os celtas tinham o rei verão e o rei inverno, cujos respectivos símbolos eram o carvalho e o azevinho, representando o ciclo ritual do sol e a periódica transferência de poder e atuação. A ordem dos druidas tinha os sacerdotes do Sol, que se reuniam em suas sagradas florestas de carvalhos (associações de Sol e Júpiter) e eram os guardiães da sabedoria céltica e dos rituais da natureza. Os deuses de luz célticos tendiam a expressar suas naturezas *anima-animus* de modo extrovertido, combinando sensibilidade artística, criativa e poética com a bravura de um guerreiro, o que foi adaptado à sua cultura e sociedade. O herdeiro sombrio mágico era a polaridade oposta, expressando as naturezas da *anima-animus* de modo introvertido, encerrando-as dentro de si mesmo e usando seus poderes para lucros pessoais e poder sobre os outros, atuando mais como uma negação da luz ("um buraco negro") do que de modo positivo e revitalizante. Contudo, ele também significava que o herói solar precisava penetrar nas trevas de sua própria natureza para que surgisse a transformação e a redenção. Podemos notar semelhanças no conflito de Osíris e Set, Ormuzd e Arimã, Jesus e Satã, Arthur e Mordred, entre outros.

Em Gales, Gwyn ap Nudd era seu deus de luz, que também governava o mundo inferior, sendo um caçador e guerreiro. Um de seus cultos ressurgiu na região de Glastonbury, sob o nome de Herne, o Caçador, e uma de suas tarefas era reunir as almas de todos os herói mortos em seu reino sombrio no mundo inferior. Contos galeses posteriores contam a história de Gwydion, divindade de luz e ciência, que derrotou o deus do mundo inferior e matou a deusa-Lua Rhiannon, indicando o triunfo do poder solar. Gwydion criou o herói Llew/Lug, filho de Arianrhod, o que novamente indica a crescente supremacia e responsabilidade masculinas naquela cultura. Aqui, Gwydion simboliza o poder da razão, tornando-se mais dominante do que a qualidade feminina intuitiva de Arianrhod, inspirada na *anima*. O relacionamento de Gwydion e Llew/Lug repete-se nas lendas de Merlim e Arthur; Merlim afastou Arthur de sua mãe para um treinamento especial, preparando-o para enfrentar seu destino. Os contos do ciclo de Merlim também refletem o padrão do "filho da luz", que é o de uma criança mágica que desce ao mundo inferior para obter seus poderes mágicos e a arte da profecia, antes de seu surgimento exterior como criador do rei e conselheiro do trono, e seu desaparecimento final através de seu amor por Nimue/Vivianne e sua morte ritual por obrigação sacrificial na torre de vidro, na floresta cerrada ou preso no fundo da terra.

Arthur representava o deus solar, formando seu círculo dos cavaleiros da Távola Redonda, que, através da bravura, impuseram a ordem e a paz na terra até se dispersarem em busca do Santo Graal — um símbolo da deusa Lua — com o objetivo de restabelecer o equilíbrio na natureza e resgatar a terra estéril. A Távola Redonda é freqüentemente representada com os doze signos do zodíaco gravados, sugerindo que as qualidades de cada signo estavam personificadas no cavaleiro sentado em determinado lugar. Provavelmente o lugar de Arthur era em Leão, o signo da realeza, e, finalmente, o centro do círculo observou a descida do Graal oculto, convocando os cavaleiros para sua busca de auto-realização. O papel do herói é analisado no Capítulo 7.

CAPÍTULO 3

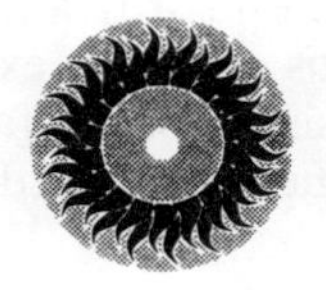

O Sol Astrológico

No mapa natal, o Sol astrológico simboliza o arquétipo central do eu, tanto em seu reflexo superficial que é o ego, quanto em sua natureza mais profunda que é o ser individual. É importante reconhecer este aparente dualismo da simbologia do sol, porque é através dos dilemas e da dolorosa dicotomia entre a consciência egóica — que atua como um substituto e centro separado — e o inclusivo *Self* arquetípico, que o caminho de autodescoberta é moldado pela experiência.

Como a vida que gira em torno do centro físico do Sol do sistema solar, dependendo de sua transformação autogerada para existir, nós também precisamos aprender a nos colocarmos em alinhamento com o centro solar de nossa psique. O Sol astrológico torna-se nossa estrela pessoal, o *Self* superior e o princípio para a integração e a totalidade da existência através da busca do reconhecimento de nosso centro interior mais profundo. O Sol atua como uma força magnética e orientadora, ao redor da qual todas as complexidades de nossa psique "orbitam", sustentando a estrutura egóica em um estado de coesão e continuidade de consciência.

Esta função do Sol persiste em quase todas as vidas, sem necessidade de percepção do processo, embora a questão do propósito individual possa revelar um outro acesso aos mistérios solares. As perguntas sobre o significado, o propósito e a direção na vida são estimuladas por nosso "ser-estrela", que nos ensina que, para vivermos mais completamente através do desenvolvimento do potencial latente, precisamos descobrir um centro mais estável do que nossa identificação egóica. As limitações do ego tornam-se mais visíveis quando enfrentamos as perturbações da existência. As tragédias ou as perdas podem nos desestruturar através de torrentes emocionais, criando colapsos nervosos ou despedaçando os ideais e a fé que podem destruir nossas convicções intelectuais e nossas bases, ou o fluxo de criatividade pode se tornar tão poderoso e o talento artístico nos levar à beira da insanidade. Nossa fragilidade é extremamente vulnerável se baseada no nível egóico que a sociedade nos encoraja a considerar como sendo nossa natureza total. Na vida de quase todas as pessoas devem ter existido épocas em que cada um de nós imaginou que estava ficando louco, quando a vida não estava de acordo com nossos sonhos e expectativas, e passamos pelas dolorosas experiências de resistirmos aos fatos que precisávamos enfrentar; o colapso de relacionamentos, a perda de pessoas queridas, o fim de ilusões e sonhos.

Um dos potenciais do centro solar é o processo de indicar o propósito. A partir desta indicação, podemos obter um foco que concentra nossas energias e se dirige às nossas metas. Estas podem ser objetivos puramente materiais ou ambições por *status* social refletindo o nível de atividade do Sol egóico; mas é possível atingir um nível de ligação mais profundo com nossas profundezas interiores. Através de uma busca que ultrapasse a superficialidade da vida, torna-se possível contatar nosso propósito arquetípico. A transferência do centro pessoal de identificação do secundário "Eu sou" para o central "Eu sou aquele" é o caminho para a integração e para o surgimento do Sol espiritual. Este livro pretende explorar esta última dimensão.

O dualismo do Sol, como o relacionamento íntimo entre luz e sombra, é indicado pela luz inferior do ego (a consciência de separação) e a luz maior, oculta, interior do *self* (a consciência inclusiva). Pela interação da polaridade solar, é tecido o caminho evolutivo no tempo e no espaço através das dificuldades da vida humana. Um momento decisivo surge quando a consciência revela que "Eu preciso me manifestar e ficar pronto para o trabalho do Pai" e a jornada começa a revelar nosso verdadeiro propósito e individualidade. Esta consciência pode nascer quando todos reconhecerem que aquilo que anteriormente haviam considerado como sendo seu eu é apenas uma seqüência de pensamentos, emoções e sentimentos passageiros, formando um padrão de momentos descontínuos criados por uma personalidade em constante alteração. As perguntas "Quem sou eu?", "O que estou fazendo aqui?" perseguem a mente como fantasmas permanentes, contaminando o prazer e o encanto da vida até que, de algum modo, possam ser respondidas.

Os problemas da relação ego-*self* envolvem perguntas que surgem do "mito pessoal", o sonho individual que estamos tentando manifestar em nossas vidas e que incluem significado e propósito. Este mito é a jornada contínua para aplicar a energia vital solar e revelar todo o seu potencial, utilizando todos os recursos que nos possibilitem responder à atração magnética de nosso destino, que está nos convocando perpetuamente a descobrir de novo nossa verdadeira natureza total. Ao nos tornarmos cada vez mais conscientes e criativamente expressivos, podemos abrir nosso limitado filtro egóico, utilizando-o para libertar nossa expressão individual única na função grupal e nosso potencial indicado pelo signo de nosso Sol. Este signo também representa nosso caminho e nossas metas na vida, e as características particulares do signo do Sol pessoal formam as aspirações individuais e os aspectos condicionantes da personalidade que quase inconscientemente nos guiam para determinadas direções e experiências. Neste sentido, o Sol atua nos níveis inconsciente e consciente, refletindo a interação de ego e eu. Através da marca de nascimento do signo de nosso Sol (nossa participação no modelo psicológico coletivo), o caminho embrionário para uma consciência solar atenta também está presente, esperando por ser ativado.

Na astrologia, o significado do Sol tem sido associado à personalidade do ego, a individualidade ou *Self* considerando-o como a fonte da vontade, da vitalidade e do poder pessoal, a "vontade de ser" e "a vontade de expressar potencial e propósito criativos". Isto é bom, mas a maioria das pessoas não sabe como direcionar este poder, ou mesmo qual a direção a ser seguida. Sem atingir um centro superior, o poder das pessoas é inconscientemente desperdiçado, resultando simplesmente na adoção de padrões de vida social antigos, jamais percebendo que perderam o poder ao se identificarem inadequadamente com a luz inferior. A astrologia humanística e transpessoal concentra-se nos princípios do centro solar e nas oportunidades de auto-realização, numa tentativa de inspirar a revelação de um forte Sol unificador capaz de integrar a psique (os diversos planetas) e criar um canal para a expressão criativa. Uma vez reconhecido o propósito individual, as energias podem ser guiadas pelo Sol harmonizador em direções específicas; o Sol volta a ser o regente interior, senhor da casa.

O Sol Integrado

Integrar o Sol na psique individual é um passo definitivo para o desenvolvimento evolucionário, estando associado na psicologia junguiana à *individuação* e, nos caminhos espirituais e mágicos e psicosíntese, com um contato com o *Eu Superior*. Existem etapas progressivas de integração solar que envolvem transformações fisiológicas e psicológicas. Atualmente ainda existe uma minoria capaz de tais mudanças, embora, com a difusão dos muitos caminhos disponíveis para a luz interior, haverá um número cada vez maior de pessoas que poderão evidenciar a natureza e o valor da realidade interior como a direção futura a ser seguida pela humanidade.

Qualquer trabalho pessoal para integrar o Sol interior é muito benéfico, pois o centro consciente é fortalecido e sua natureza coesiva começa a unificar todas as tendências diferentes da psique (as características planetárias). O valor deste trabalho não pode ser excessivamente enfatizado, assim como os esforços para resolver estresses, tensões e perdas de energia presentes em quaisquer aspectos desafiadores entre o Sol e os planetas. Os benefícios positivos do alinhamento solar resultam em direções de vida mais definidas, auto-suficiência, força de vontade, autoconsciência, unidade de percepção, mais significado, propósito e autoconfiança; e, na mesma medida em que cura uma personalidade fragmentada, o caminho individual começa a se formar como uma direção iluminada a se seguir.

Ao atingirmos as energias positivas do centro solar, a percepção de identidade se transforma em solidez acentuada, oferecendo uma consciência do potencial e uma vontade mais refinada capaz de se manifestar em forma tangível. As opções de vida aumentam em proporção ao reconhecimento de auto-responsabilidade e liberdade de escolha. Um dos primeiros toques de contato solar estimula o reconhecimento da criação de um estilo de vida, e isto pode exigir o abandono de caminhos de vida tradicionais, socialmente aceitos, como o primeiro passo de afirmação individual. Uma fase posterior de integração solar envolve a fusão da vontade individual com a "vontade universal" ou propósito do Eu Superior, embora isto ocorra no caminho transpessoal e exija uma reorientação que se desvie do foco pessoal dirigindo-se a envolvimentos sociais e contribuições que beneficiem a humanidade.

Num sentido coloquial, evocar o Sol faz com que o indivíduo se sinta "mais inteiro", uma unidade de personalidade, e não um campo de batalhas de vozes interiores opostas e conflitantes. Assim, a energia pode se dirigir a metas auto-escolhidas, em vez de se dissipar por exigências interiores opostas, originárias de tendências divergentes da personalidade. A autoconfiança aumenta, assim como a sensação de felicidade, e isto intensifica a vitalidade pessoal e o encanto da vida, que então é transmitido aos outros através da amizade, boa vontade e "radiação de luz e amor", sem discriminação. Os centros do plexo solar e do coração tornam-se mais ativos e importantes na regularização dos fluxos de energia corporal; e à medida que estes centros de "gravidade" individual ficam mais poderosos, ocorrem mudanças na percepção e reações à vida. O centro egóico da personalidade começa a se abrir para a influência do Eu Superior, cujas qualidades de equilíbrio, harmonia e clareza iniciam o reajuste interior de características, estimulando as naturezas positivas dos planetas e transmutando as tendências negativas.

Surge uma perspectiva de individualidade e relacionamento com o mundo mais elevados, nos quais predominam o espírito de cooperação e participação. As questões de poder sobre os outros desaparecem, pois não há necessidade de afirmação do eu por uma imposição de *status*, poder e vontade, e os desafios serão os da expressão do potencial e de auxílio aos outros, para que estes descubram seus próprios caminhos na vida. O Sol integrado é um caminho de recriação do eu consciente, onde, através do *insight* inclusivo, a luz interior procura acender todas as outras luzes ocultas, em mútuo enriquecimento. Agora, a busca de autosatisfação não é primordialmente egoísta, mas tenta resolver também as necessidades sociais, fazendo com que tomemos consciência dos outros. Ao aceitar os papéis solares de liderança, o indivíduo com um Sol integrado trabalha para guiar e dirigir as pessoas no caminho progressivo, no qual eles também podem liberar sua expressão criativa pessoal. A mera afirmação egóica gera papéis de superioridade e inferioridade, mas um líder solar tem o propósito de estimular a participação de todos em seu poder e atuação.

O Sol Não Integrado

O Sol não integrado pode se revelar por uma falta de autoconfiança e afirmação social, onde a consciência de uma desunião interior e mensagens conflitantes fragmentam a personalidade e diminuem a experiência de felicidade e a certeza de direção na vida. A insegurança está continuamente presente, subjacente a toda auto-expressão, embora isto possa se manifestar em dois estilos diferentes.

O primeiro é uma natureza passiva, retraída, que se sente indefesa, insignificante, tímida e relutante, sem autoconfiança em situações sociais e freqüentemente evitando os relacionamentos por medo de inadequação e exposição, ou de ser enganada por alguém menos escrupuloso. O potencial permanece latente e não reconhecido, e a vida insiste em ser frustrante e decepcionante, embora não se faça nenhum esforço para mudar as coisas. É comum uma aquiescência passiva ao domínio e liderança de outros, assim como a adesão a um estilo de vida socialmente tradicional. Neste tipo de personalidade, ocorreu um curto circuito do poder solar, a ponto de a pessoa estar disposta a renunciar à sua liberdade de escolha na vida. Estas pessoas podem sonhar e entregar-se a fantasias pessoais, embora nunca façam qualquer esforço para realizá-las na vida real. De muitas maneiras, seu Sol declinou no horizonte e retornou às suas mentes inconscientes, deixando-as sem um ponto de convergência e desprovidas de um centro dinâmico da personalidade.

Um segundo tipo de expressão é a supercompensação, abertamente egóica, de uma insegurança subjacente. Aqui, a ênfase está no poder social e na necessidade de impressionar os outros. A auto-estima está ligada à posição social e ao *status*, talvez no emprego, ou em bens materiais, e dominam as questões de comando, liderança, controle e auto-satisfação. As imagens do eu se originam das respostas de outros, e, com freqüência, atingir "posições superiores" é a motivação propulsora para estes tipos, em uma tentativa de sustentar um senso de identidade pouco estável; prive-os desses papéis e a personalidade se desintegra, devido à sua identificação inadequada, por exemplo, com papéis administrativos. Muitas vezes a qualidade dos relacionamentos é seriamente afetada por estas expressões, e enfatiza-se muito mais o eu do que qualquer consciência, consideração e preocupação pelos outros; o egocentrismo dita a maior parte das escolhas e está presente a necessidade de uma platéia aprovadora, onde o ego prefere permanecer como o centro das atenções. Algumas vezes pode ocorrer uma afirmação excessiva de auto-suficiência em que a influência solar é mal utilizada para eliminar a necessidade de um relacionamento na vida, e quando isto acontece, a qualidade do contato interpessoal diminui muito, ou a necessidade de dominar e controlar torna-se suprema e as exigências pessoais precisam ser satisfeitas. Como uma criança, é essencial que exista a aprovação dos outros, e com freqüência a vida se transforma numa representação contínua, destinada a ocupar o centro do palco e colher os aplausos. Quando em evidência, o eu é vislumbrado, mas, assim que as luzes se apagam, o senso de identidade retorna ao seu verdadeiro estado vulnerável.

Com estes tipos de expressão não integrada, uma das causas de distorção do centro do Sol pode estar ligada ao relacionamento parental inicial, especialmente com o pai. Os tipos mencionados acima são expressões extremas de reação, e muitos que não possuem um centro solar podem apresentar estas tendências ou uma expressão da personalidade menos definida, que varia entre as características de ambos os tipos. Contudo, é necessário um equilíbrio do centro egóico através da autoafirmação e da criatividade que também inclua a devida consideração pelas necessidades alheias, o que pode então conduzir ao caminho do Eu Superior. Permanecendo com um Sol não integrado, o indivíduo está escolhendo uma vida que inevitavelmente o desapontará, pois os objetivos permanecerão apenas sonhos, os relacionamentos fracassarão ou serão insatisfatórios e os conflitos interiores persistirão, pois as vozes interiores continuam a exigir que suas necessidades sejam satisfeitas.

Sol e os Elementos

O relacionamento da posição natal do Sol pode indicar o tipo de "energia combustível" que o indivíduo necessita para manter os sentimentos de bem-estar, foco e propósito na vida, que devem ser conscientemente procurados para aprofundar esta ligação solar.

Com o elemento Água, Sol nos signos de Câncer, Escorpião e Peixes, a ênfase individual é colocada na sensibilidade, sentimentos e reações emocionais à vida, e estes oferecem uma renovação de vitalidade e uma espécie de orientação psíquica para as escolhas, uma reação profunda às pessoas, situações e ambientes. Os indivíduos com estes Sóis básicos precisam *sentir-se bem* em todos os aspectos de suas vidas, e, se seus sentimentos não estiverem corretamente envolvidos, suas experiências podem se tornar dolorosas e opressivas. Todas as percepções do mundo são condicionadas por sentimentos subjacentes, e, com freqüência, este nível exige uma cuidadosa limpeza, purificação e cura antes de conseguir se integrar. O desafio é criar um estilo de vida que se harmonize com os padrões de reação essencialmente individuais de sua psique. O equilíbrio deve ser alcançado e mantido, caso contrário o excesso de Água pode levar a personalidade a reações emocionais desequilibradas que ignoram o bom senso ou a racionalidade; igualmente, devem ser transformadas as tendências à repressão emocional, ou o "combustível da vida" começa a se esgotar num deserto interior emocionalmente atrofiado. Freqüentemente, aqueles com uma sensibilidade exagerada podem tentar reprimir as emoções, e isto também torna-se prejudicial à felicidade. Cada elemento possui seus próprios desafios que finalmente fazem parte da jornada solar individual, e, como o Sol em signos de Água enfatiza uma resposta sensível à vida, a lição consiste em viver com estes sentimentos intensos e abrir ainda mais o coração para abraçar compassivamente toda a vida universal.

Com o elemento Ar, Sol nos signos de Gêmeos, Libra e Aquário, a ênfase individual é colocada na atividade mental, conceitos intelectuais e comunicação social. A necessidade aqui é de estímulo mental, uma variedade de interesses, mudanças de ambiente ou amigos para obter uma sensação de renovação. Os signos de Ar habitam o mundo da mente e são os signos "pensadores" do zodíaco. Eles podem estar sujeitos ao desequilíbrio ao valorizarem excessivamente esse nível da personalidade humana, a ponto de excluírem os outros aspectos. A lógica e a racionalidade podem ser predominantes, e o indivíduo pode precisar se certificar de que isto não diminui a exploração da vida fechando as portas mentais a experiências que não se encaixam nesta visão do mundo. O elemento Ar pode ser um pesquisador natural, devido à tendência inata para questionar e imaginar, e, se este lado for invocado mais vezes, pode se tornar muito importante para a jornada solar. O Sol em signos de Ar enfatiza uma abordagem intelectual da vida, e a lição consiste em dirigir esta capacidade mental e curiosidade e abrir a mente para um *insight* sintético e para a compreensão da mente universal.

Com o elemento Terra, Sol nos signos de Touro, Virgem e Capricórnio, a ênfase individual está colocada nos cinco sentidos e no nível material da vida, o prazer e uso da existência física. A necessidade é sentir-se materialmente estável e seguro, criar um estilo de vida seguro e organizado para ser feliz. Terra habita um mundo de ação, oferecendo os signos "construtores" do zodíaco, embora possa se tornar desequilibrada pela confiança excessiva na realidade física e pela necessidade de adquirir bens materiais. Embora estas necessidades motivem o indivíduo a perseguir seu caminho na vida, podem ser necessários alguns ajustes para que a vida não se torne apenas fisicamente focalizada; a consciência precisa ser aberta para as outras dimensões da vida, caso contrário o resultado será a prisão limitativa final, o estar "preso à terra". Uma natureza prática inata precisa ser redirecionada para além da auto-satisfação, e a lição e o caminho consistem no desafio de direcionar estas habilidades pragmáticas e de organização para que se beneficiem de toda a vida física, formando estruturas para que o potencial solar se revele em toda a manifestação universal.

Com o elemento Fogo, Sol nos signos de Áries, Leão e Sagitário, a ênfase individual está colocada na exploração agressiva da vida, observada através de uma percepção basicamente otimista e intuitiva da riqueza de oportunidades disponíveis. A necessidade é criar um estilo de vida no qual o indivíduo possa se sentir livre e que permita saltos de espontaneidade, entusiasmo e intuição, sem restrições excessivas. A direção destes saltos surge dos sonhos, fantasias e visões. Fogo não gosta da submissão a padrões estáveis de trabalho, relacionamentos e obrigações. Concentrar e direcionar esta energia irrequieta torna-se um desafio para a autodisciplina; deixar opções abertas é essencial para que Fogo não se sinta preso. Ele precisa obter clareza de propósito, caso contrário esta energia vital pode ser facilmente dissipada através da atividade incessante, porém infrutífera. A lição consiste no desafio de se libertar de uma perspectiva egocêntrica e usar este *insight* intuitivo para criar novos horizontes e possibilidades para si mesmo e outras pessoas e de permitir que a natureza solar predestinada possa brilhar. Torna-se essencial para os signos de Fogo seguir seus sonhos, porque, se não o fizerem, a centelha interior se extingue lentamente através da ignorância premeditada de sua presença, e, quando a energia combustível desaparece, a natureza restritiva do mundo desce inexoravelmente para aprisionar a luz.

O Sol e os Planetas Transpessoais

Os três planetas exteriores, Urano, Netuno e Plutão, são extremamente importantes como apoio às tentativas de manifestação do poder solar. Freqüentemente, é sua influência que estimula o indivíduo a iniciar a busca para descobrir um centro interior permanente, mais forte e poderoso do que o ego, que está sujeito à volatilidade da vida, às influências externas e às indecisões de subpersonalidades interiores temporariamente dominantes.

As qualidades dos planetas transpessoais serão focalizadas através do centro solar, embora as reações da personalidade às suas vibrações elevadas sejam variáveis e muitas vezes possam parecer de natureza mais negativa do que positiva. Uma vez atingido o alinhamento solar, as qualidades transpessoais começam a ser novamente percebidas e a atuar mais positivamente. A ativação dos três planetas transpessoais — seja por aspectos natais influentes, ou por aspectos de progressão/trânsito — possui um impacto real sobre a estabilidade da identidade egóica e da estrutura da vida. Muitas vezes se observa que os colapsos de estilos de vida, casamentos ou personalidade estão relacionados ao estímulo planetário transpessoal, especialmente quando o Sol é relativamente não integrado e incapaz de resistir aos estresses e impulsos que se agitam na mente inconsciente.

Com freqüência, os contatos solares com Urano sugerem a probabilidade de mudanças periódicas de vida, pois os impulsos por liberdade individual procuram escapar de quaisquer limitações e restrições opressivas que foram criadas. Este contato é caracterizado por uma imprevisibilidade, incentivada pela necessidade de espontaneidade, excitação e variedade que muitas vezes podem se manifestar num comportamento impulsivo. Podem existir problemas relacionados a ações egoístas e altruístas, que exigem uma solução e uma nova direção que liberte a dimensão positiva deste relacionamento planetário. A atração do futuro potencial é muito estimulante, embora prejudique a capacidade de apreciar o presente, e existe um impulso contínuo para destruir as estruturas existentes, em troca da liberdade oferecida pelo novo, especialmente quando as inevitáveis obrigações de deveres e responsabilidades começam a se tornar incômodas.

Um dos desafios é assimilar esta ânsia de tornar-se livre ao estilo de vida já existente para que as mudanças sejam realizadas sem destruir o valor de esforços anteriores. Pode-se renovar e revitalizar os relacionamentos, mudar de emprego, desenvolver novos interesses, escolher estudos intelectuais ou fazer tentativas conscientes para liberar talentos, dons e potenciais. Estas ações ajudam a redirecionar esta energia uraniana para formar um caminho solar de oportunidades ampliadas, onde uma abordagem concentrada da realização de objetivos e a satisfação pela conquista solar compensam o desejo uraniano por constante novidade. O problema é estabelecer uma direção de vida produtiva, para que a criatividade adquira um objetivo nítido e uma variedade de canais para se expressar. Do contrário, estas energias transbordarão e criarão rupturas na vida e nos relacionamentos destruindo, com este impulso de procurar a quimera das novidades, o que poderiam ter sido bons alicerces.

Os contatos do Sol com Netuno podem ser muito importantes na revelação do caminho solar, especialmente na dimensão mística e humanitária. O principal perigo de Netuno é sua qualidade de distorção quando ativado em uma personalidade não integrada, ou quando sua energia se choca com uma personalidade instável. A vibração netuniana possui um efeito de desintegração, e, se isto for ativado, a coesão da personalidade e do estilo de vida podem ser prejudicados. Netuno é naturalmente atraído para o calcanhar de Aquiles do indivíduo, e, se o centro solar não tiver sido compreendido, os efeitos podem ser muito perturbadores, pois a pessoa se torna atormentada por encantos e ilusões, autopercepções deformadas e enganos, e com freqüência planta as sementes de sua própria queda.

Entretanto, se o centro solar é forte e baseado na vivência da jornada heróica, então Netuno pode acrescentar qualidades de visão, idealismo, criatividade e compaixão. De Netuno vêm as qualidades da imaginação e sensibilidade artística que podem fazer parte do caminho solar para expressar o potencial, bem como despertar o indivíduo para as responsabilidades dos relacionamentos na vida enquanto sua natureza compassiva se expande através da consciência.

Os contatos do Sol com Plutão envolvem um impulso de autorecriação e transformação, e estas necessidades proporcionarão uma dinâmica subjacente à personalidade, que nem sempre considera sua presença confortável ou tranqüilizadora. Isto indica que os padrões inconscientes e as motivações serão influentes e é muito importante para a busca pessoal de autoconhecimento tornar-se consciente de sua natureza através da libertação de energias reprimidas e tendências compulsivas.

Plutão também enfraquece o poder das estruturas já estabelecidas da personalidade e do modo de vida para que possa surgir uma nova vitalidade, refletindo a tradicional batalha entre o herói positivo e o velho rei. Estão presentes as questões de poder e domínio, especialmente no contexto de poder individual sobre os outros, e isto pode criar um campo de provas para o relacionamento planetário entre Sol e Plutão.

A intensidade de sentimentos será procurada na vida, e a sexualidade pode ser realçada na natureza individual como uma influência que define a auto-imagem. Podem surgir crises periódicas, pois os antigos padrões resistem aos novos impulsos, especialmente quando existe uma necessidade por "alguma outra coisa" na vida, ou uma necessidade de auto-expressão. Os relacionamentos podem ser um solo fértil para a transformação e a revelação do caminho solar, pois através do fracasso podem despojar o indivíduo de quaisquer convicções pessoais, forçando-o a buscar uma maior autocompreensão como um meio de viver consigo mesmo, particularmente no que se refere à submissão à sua sensibilidade de sentimentos e ao poder das emoções.

Cada um dos planetas transpessoais traz uma mudança radical em seu despertar, muitas vezes contra a volição consciente de indivíduos propensos à sua atividade inconsciente. Urano, Netuno e Plutão podem "destruir" vidas quando o ego resiste, ignora ou utiliza mal a sua contribuição, lutando para conservar seu falso domínio na personalidade. Igualmente, eles podem refazer vidas, por sua contribuição para a formação dos três principais elementos do caminho solar integrado em indivíduos que conseguem alcançar uma consciência maior. O Sol é um fator unificador, que pode iluminar a escuridão da mente inconsciente pessoal, libertando energias reprimidas e conduzindo o eu-Sombrio para uma nova vida.

Se houver qualquer aspecto natal solar com um planeta transpessoal, é crucial para a auto-integração que exista uma expressão positiva, construtiva e criativa desta energia, e um esforço que assegure que quaisquer características negativas sejam modificadas ou transmutadas; a alternativa é permanecer acessível às influências sutis e compulsões não resolvidas que possuem o poder de revolucionar uma vida virtualmente da noite para o dia, se a pressão para que se libertem for intensificada. Reconhecer que existem tensões interiores é o passo inicial em direção ao caminho da transformação, e permite que os antigos padrões sejam abandonados com menor apego, quando se reconhece que eles são inadequados e restritivos. O Sol tem o poder de controlar estas energias, devido à inata flexibilidade de movimento entre o eu egóico e o Eu Superior; seguir este caminho é o verdadeiro objetivo da atividade transpessoal e da manipulação da vida, e, ao fazê-lo, os propósitos solar e transpessoal são unidos.

Sol e o Arquétipo do Pai

No mapa natal, uma das analogias do Sol é a do arquétipo do Pai. Este é um padrão intrínseco que existe como uma estrutura formativa ou matriz simbólica dentro da psique a partir do dia do nascimento, tornando-se ativa na infância e continuando a exercer sua influência durante toda a vida adulta. Como esta marca arquetípica está presente no inconsciente individual, existe uma ligação simultânea com o padrão coletivo do pai mundial ou universal, que em culturas recentes se incorporou às imagens religiosas comuns como o deus patriarcal da Bíblia ou do Alcorão.

Deste arquétipo surgem as imagens condicionadoras para o desenvolvimento masculino coletivo, as maneiras específicas de expressar a masculinidade física em cada sociedade, que evoluem como normas culturais; por exemplo, o comportamento masculino homossexual ainda não é totalmente aceito em nossas culturas ocidentais, embora na cultura grega tenha se tornado um elemento importante, reconhecido na ligação entre pessoas do sexo masculino.

Em nossas experiências da infância, o papel da mãe geralmente é dominante, devido ao tempo que a criança passa em sua companhia e por seu maior envolvimento nos primeiros anos da vida do filho. Isto pode relegar o pai e o princípio masculino a um segundo plano de consciência, embora quando as crianças amadurecem, crescem em uma cultura patriarcal, onde a superioridade dos homens e o poder masculino são venerados em todas as áreas da vida e nas estruturas sociais hierárquicas, embora isto esteja lentamente se modificando à medida que o princípio feminino recupera seu poder. Pode ocorrer um conflito através da confusão dentro da mente, uma vez que, para a atual adaptação social, espera-se que a imagem masculina mais inconsciente seja reconhecida na mente consciente da criança como o poder, autoridade, lei e justiça na sociedade, e inversamente, a imagem feminina, que durante uma época incluía estes atributos para a criança, é forçada a se tornar "socialmente subserviente e de segunda classe".

Atualmente, surge uma complexidade adicional devido ao colapso das unidades familiares tradicionais, onde, com o divórcio e a separação, o par original se dissolve, e as crianças provavelmente passam a viver com um dos pais — com freqüência, a mãe —, e a atmosfera doméstica de princípios arquetípicos polarizados torna-se desequilibrada, com a criança perdendo um dos modelos do papel sexual e arquetípico.

Um dos desafios mais importantes que enfrentamos, enquanto nos dirigimos mais profundamente para a Era de Aquário, é desenvolver uma "nova" imagem arquetípica que possa nos levar para além das polaridades dos padrões masculino ou feminino, uma imagem que evoque nossa natureza humana comum. Com freqüência isto é representado pelo símbolo do andrógino, um padrão interior transexual que surge lentamente na mente coletiva e adquire maior reconhecimento social, embora seu potencial tenha sido pressuposto pela imagem do hermafrodita e pela importância de se alcançar o *mysterium coniunctio* do casamento interior divino.

Através da astrologia, podemos estudar o Sol para distinguir as atividades do pólo masculino da personalidade, para obter um *insight* da influência e da importância do pai físico no desenvolvimento formativo da infância. Isto inclui a natureza do relacionamento com o pai atuando nos níveis consciente e inconsciente. Os aspectos solares com a Lua podem indicar o relacionamento parental, e os aspectos tensos com Saturno ou Urano (como padrões arquetípicos dos deuses-pai na mitologia) também podem sugerir dificuldades nos relacionamentos criança-pai, que talvez necessitem cura e solução na psique do adulto. Nestes casos, os padrões arquetípicos podem se entrelaçar com os relacionamentos familiares reais ou com a percepção infantil dos pais.

Neste contexto, o Sol ou planetas na 4ª ou na 10ª casas são especialmente significativos. Há uma divergência de opiniões no que se refere à identificação com o pai; os astrólogos psicológicos modernos são a favor da 4ª casa, e os astrólogos tradicionais preferem a 10ª casa. Esta decisão e a abordagem preferida ficam a cargo de cada astrólogo, pois existem argumentos convincentes para cada uma destas preferências. Em nossa cultura, damos ao princípio masculino uma posição mais importante; assim, como a 4ª casa está associada às raízes e fundações, podemos justificadamente relacionar o Sol e os arquétipos do pai a esta casa. Esta posição oferece uma oportunidade experimental para examinar nossas imagens subjetivas do pai através do signo na cúspide da 4ª casa, ou pela natureza de quaisquer planetas localizados nesta área, especialmente se houver apenas um planeta nesta casa.

Estudar a influência do Sol neste contexto arquetípico pode conduzir à consideração das questões de autoridade patriarcal, tirania, controles econômicos, potência sexual, intelectualismo, expressão emocional, racionalidade e poder de orientação familiar. A exploração desses domínios pode oferecer *insights* sobre a maneira como nossa "expressão natural e atitudes" foram formadas ou condicionadas e sobre nossas reações quando confrontados com estas questões em nossas vidas sociais. Um importante exemplo do arquétipo do pai atuante é a tendência social de projeção, criando personificações da figura dominante do pai através de líderes hierárquicos na política, negócios, escolas e religiões que assumem os poderes das projeções arquetípicas coletivas e de grupo. Nossa tendência a nos submetermos à autoridade é quase instintiva, seja aos nossos governantes sociais ou sacerdotes, e um dos desafios mais difíceis da individuação e da busca do eu é o abandono desta aquiescência submissa a todas as coisas que nos disseram ser corretas. Precisamos descobrir por nós mesmos; embora, paradoxalmente, enquanto pais tendemos a perpetuar o condicionamento social em nossos filhos, pois simultaneamente reconhecemos que a aceitação social exige o conformismo social. O desafio é equilibrar esta adequação necessária com uma igual afirmação das liberdades de expressão e potencial individuais.

Sol e Relacionamentos

O impulso dinâmico do princípio solar nos relacionamentos é a jornada heróica em busca de nossa "metade perdida", para que possamos nos sentir inteiros; esta necessidade se manifesta como uma busca psicológica de esclarecimento ou, mais comumente, como um relacionamento físico entre os princípios masculino ou feminino, seja no casamento social exterior ou no sagrado casamento interior, a união física ou psicológica.

Para os homens, como personificações do *logos* masculino, a necessidade é de união ao Eros feminino visando a integridade, e isto exige a integração consciente do arquétipo da *anima*, que é a incorporação do padrão feminino inconsciente na psique masculina, freqüentemente relacionada às experiências iniciais com a mãe ou outras mulheres. Os aspectos do Sol com a Lua são significativos na indicação da natureza desta marca arquetípica, assim como os aspectos secundários e os signos em que se encontram Vênus e Netuno, que podem refletir as preferências de parceiros e tendências à idealização e romantismo arquetípicos projetados, o sonho do amante perfeito. O problema para os homens é verificar até que ponto conseguem integrar este feminino interior, transformando qualquer impulso ao domínio excessivo — defendido pelas tradições sociais —, e até onde podem modificar e sensibilizar quaisquer tendências agressivamente afirmativas que surgem do medo da qualidade absorvente da natureza feminina.

Para as mulheres, o Sol tende a simbolizar a natureza assimilada da marca do pai, a formação do padrão de seu *animus* arquetípico e a influência da imagem masculina em seus relacionamentos e atitudes com os homens. Na mulher, é Eros que busca o princípio vitalizante do *logos* para sua integridade e equilíbrio individual. Afirmar que homens e mulheres procuram parceiros que sirvam de substitutos para as imagens da mãe e do pai é, com freqüência, um clichê psicológico que, no entanto, é um *insight* verdadeiro. Nos relacionamentos criança-pai positivos, o impulso é encontrar um parceiro que reflita estas qualidades favoráveis, e, nos relacionamentos mais negativos, existe a necessidade de encontrar um parceiro que personifique as qualidades que podem ter faltado nas experiências na infância. O problema para as mulheres é verificar até onde conseguem integrar seu padrão masculino interior, pois, através de seu *animus*, podem desenvolver uma auto-reflexão objetiva que conduz a um autoconhecimento maior.

Para os homens, integrar e lidar com os aspectos da Lua pode ser problemático e desafiador, mas o mesmo é verdadeiro para as mulheres no que se refere aos esforços com aspectos solares, que podem ser facilmente mal utilizados, transformando-se em características masculinas desequilibradas. Com freqüência, o Sol da mulher permanece latente em sua mente inconsciente, pois ela ignora as ambições por reconhecimento social e realizações externas, preferindo viver exclusivamente de acordo com os papéis sociais femininos submissos, de domesticidade e maternidade. Então, os aspectos com o Sol apresentam problemas, assim como com Urano, onde pode estar presente uma necessidade de independência, liberdade e auto-afirmação, ou com Plutão, que muitas vezes pode apresentar associações com o pai ou com os homens, onde a ausência de um amor adequado na infância pode ressurgir em padrões de submissão ao poder masculino e à autoridade, ou em tentativas patentes de "dar o troco" aos homens, sendo manipuladora, voluntariosa e dominadora, numa personalidade matriarcal arquetipicamente inspirada. Para as mulheres, quadraturas e oposições com o Sol refletem estas tensões interiores e exteriores que exigem solução e que muitas vezes conservam em seu âmago padrões psicológicos que repercutem a marca do pai, algumas vezes resultando em complexos distintos ou na escolha de relacionamentos obsessivos.

Nos homens, as imagens arquetípicas da *anima* formam guias femininos, a Imperatriz e a Sacerdotisa do tarô ou as diversas deusas que seguem a jornada heróica; as lendas do Santo Graal estão particularmente repletas destas figuras femininas que se relacionam com os cavaleiros. Nas mulheres, o arquétipo do *animus* gera guias masculinos, o Imperador, o Mágico, o Sumo Sacerdote, o Hierofante, ou diversas imagens de Deus, que seguem a jornada da heroína. Como reconheceu Jung, e as antigas escolas de mistérios esotéricos sabiam há muito tempo, somente através da reassimilação de projeções inconscientes arquetípicas sobre o sexo oposto é possível descobrir um caminho para a harmonia e o equilíbrio interior com a integração individual consciente das polaridades arquetípicas da *anima* e do *animus*. Na astrologia, tanto o Sol quanto a Lua lutam pela mútua inteireza e totalidade, e, ao se trabalhar desta maneira com seus relacionamentos astrológicos e revelar aquele que é menos consciente na natureza individual, pode-se progredir.

A Polaridade Sol-Saturno

A conseqüência de aspectos planetários entre o Sol e Saturno é o fato de que o indivíduo terá de enfrentar determinados testes e desafios na vida, sentindo que tem alguma coisa para provar ou realizar. Com freqüência, esta motivação interior terá uma ligação com o relacionamento individual com o pai na infância ou com um profundo conflito em sua psique.

A polaridade Sol-Saturno indica oportunidades e limitações, tensões entre expansão e contração que, com o tempo, ajudam a moldar uma auto-expressão única. O Sol estimulará a descoberta do potencial latente e o avanço em direção ao caminho solar do destino pessoal; Saturno limitará, restringirá e colocará à prova a qualidade da pessoa a seguir o caminho solitário. Esta não é uma repressão negativa, mas destina-se a confrontar o indivíduo com todas as coisas que precisa transformar e modificar, permitindo-lhe seguir com facilidade pelo caminho solar.

Saturno é conhecido como o "grande professor", o "morador da entrada", e protege o caminho transpessoal daqueles que não estão preparados para sua severidade. A polaridade Sol-Saturno é semelhante aos mitos dos deuses gêmeos de luz e sombra, onde o herói, antes de sua ressurreição, é testado por seu gêmeo sombrio, ou onde o eu consciente fica abalado ao descobrir a existência do eu-sombrio, perpetuamente presente em sua natureza. Saturno pode surgir como uma figura sombria, sepulcral e negra, lançando um véu escuro sobre sonhos e ambições e permanecendo firmemente no caminho. É seu dever refletir os aspectos não integrados da psique, estimular os indivíduos a aprenderem as lições que talvez preferissem evitar; do contrário, o caminho é temporariamente bloqueado. Na vida de todos existem fases em que ficamos "empatados", enfrentando um impasse, que se apresenta como paredes aparentemente impenetráveis; podemos até mesmo reconhecer nosso objetivo além da barreira, mas não conseguimos enxergar os meios para avançar. Com freqüência, este é um processo vitalmente necessário. A passagem livre na verdade pode não nos beneficiar, e é através dos desafios da vida que são evocadas nossas verdadeiras qualidades e habilidades. Deste modo, as restrições impostas por Saturno forçam mudanças interiores que nos fazem progredir. Se nos rendermos ao impasse e voltarmos sem aceitar o desafio, estamos nos declarando despreparados para um desenvolvimento posterior. Saturno é um sábio professor; ele não condena nossos fracassos, mas permite cuidadosamente que cada um viaje em seu próprio ritmo.

Para muitos, Saturno torna-se o lado escuro deles mesmos, as trevas antes do nascer dourado do sol. Ele representa os aspectos não resgatados, reprimidos, adormecidos de nossa natureza, partes que podem ser negadas e eliminadas da aceitação consciente. Seu limiar são os parâmetros em constante transformação da mente consciente e inconsciente, e o objetivo de seu domínio é o surgimento gradual do eu sombrio na consciência, a entrada para a luz. O aparente adversário do "herói" é na realidade seu amigo, pois o guia para que coloque em prática seu potencial solar. Mas somente quando o herói reconhece o sombrio Saturno e permite que ele entre em sua natureza o caminho torna-se claro.

Surge uma fase mais profunda de integração unificadora, através da compreensão das partes separadas da psique individual, onde, permanecendo dentro de um centro pessoal, os aspectos duais de luz e sombra da individualidade são reconhecidos e equilibrados.

Como este é um processo contínuo, tais encontros são periodicamente renovados, porque a tarefa de levar luz para as trevas é o "Grande Trabalho". Isto é conhecido como o "caminho da abrangência", onde podemos progressivamente nos abrir para incorporar a vida de abundância prometida e que nos permite abraçar a complexidade da vida e da humanidade de modo mais amplo. Nosso trabalho astrológico pode nos preparar, pois lidamos com as energias planetárias condicionadoras e modelos psicológicos de humanidade. Como resultado de nossos estudos, tornamo-nos mais abertos, tolerantes e compreensivos para com nossos semelhantes.

O encontro com Saturno é uma conseqüência inevitável das tentativas de seguir o caminho de desenvolvimento do Sol. Ele depende do ritmo de nosso progresso quando Saturno surge em nosso caminho, mas, a cada vez, é um momento de crise e mudança interior potencial. À medida que nosso movimento se intensifica, enfrentamos Saturno mais regularmente, embora ele sempre assuma uma forma diferente para combinar com as lições adequadas, e, a cada fase, a lição se torna mais inclusiva em suas implicações.

No mapa natal, os aspectos Sol-Saturno realçam esta polaridade e asseguram que ela será ativada durante nossas vidas. Podemos sentir o impulso de nos movimentarmos "para a frente" e perceber as barreiras restritivas que limitam nossas opções. As limitações de tempo são obstáculos saturninos, freqüentemente sentidos por aqueles que seguem os caminhos do desenvolvimento. Intuições como "o que deveríamos estar fazendo, e aonde deveríamos estar" são registradas, confrontando-nos imediatamente com a atual situação de vida e com o problema de nos "movimentarmos daqui para lá". Por que esta demora?, perguntamos. Inevitavelmente, a resposta é que ainda não estamos preparados, embora possamos acreditar que sim. Com experiência e percepção, finalmente reconhecemos a capacidade de nossa natureza para adquirir um *insight* e uma compreensão mais elevados.

Com os aspectos positivos do sextil e do trígono, podemos encontrar um Saturno mais receptivo na suavização do caminho para nosso destino solar, com obstáculos menos severos. A conjunção apresenta uma mistura de obstáculos, alguns dentro de nossa capacidade e outros que exigem um esforço considerável para conseguirmos ultrapassá-los sem fracassar. Aqui, Saturno e Sol se apresentam como amigos muito íntimos, e as duras verdades de Saturno podem ser resolvidas dentro da natureza íntima de sua amizade; embora o ocasional atrito possa ser extremamente abrasivo, o resultado é benéfico e essencialmente fortalecedor. Com os aspectos da quadratura e oposição, os desafios são mais diretos e parecem insuperáveis, exigindo resolução, do contrário o indivíduo enfrenta o provável colapso de seus sonhos e direção. A quadratura é vivenciada como estresse, pressão e tensão interior, onde a luta pode ser para integrar tendências distintas da personalidade ou colocar em prática o potencial latente. A oposição projeta esta tensão na realidade externa, que é uma manifestação das restrições saturninas, e a luta é realizada no mundo exterior, aguardando uma transformação consciente da dicotomia interior de percepção dualista. Onde não existem aspectos natais entre o Sol e Saturno, o impulso de garantir a individualidade e deixar uma marca pessoal no mundo é muitas vezes menos desenvolvido, e pode haver uma diminuição da necessidade de alcançar autonomia.

A polaridade Sol-Saturno oferece uma oportunidade para transformar a individualidade, torná-la mais inteira, completa e independente, possibilitando a intensificação da capacidade de expressão do potencial solar através da vontade focalizada e direcionada.

Existem determinadas tendências freqüentemente associadas aos contatos Sol-Saturno, que podem incluir a prudência e a falta de confiança na benevolência da vida, além de uma atitude de confrontação que considera a vida como um desafio a ser superado pela afirmação da força individual. Para a pessoa influenciada por Saturno, "nada é de graça", e todas as coisas precisam ser conquistadas; ela desconfia de tudo que vem com facilidade. "Aonde está a armadilha?" é a pergunta não pronunciada. Trabalhar com os princípios de manifestação espiritual geralmente não é a maneira de agir de Saturno, a não ser que tenha havido uma transformação substancial.

O indivíduo respeita a disciplina e o controle na vida, preferindo as virtudes da ordem à liberdade espontânea e às escolhas impulsivas. Contudo, esta energia é muito valiosa para revelar a ambição solar, pois confere perseverança, reflexão e cautela, garantindo que as indicações serão corretamente interpretadas e o trajeto certo, percorrido. A responsabilidade e os deveres são levados a sério e em alguns casos podem ser usados como uma desculpa para a ausência de progresso, a pessoa permitindo que se tornem barreiras aprisionadoras em lugar de um conjunto estrutural no qual ela pode se expandir. A necessidade interior é criar alguma coisa, impor um pouco de individualidade à sociedade e à vida, deixar a sua marca; ao se fazer isso alcança-se um grau maior de auto-estima e reconhecimento. O esforço e o trabalho duro são qualidades muito valorizadas que devem ser seguidas, e assumir esta atitude significa que o tempo para relaxamento e atividades frívolas será mínimo.

A polaridade Sol-Saturno muitas vezes está associada ao pai e ao relacionamento parental. A realidade e a imagem do pai provavelmente tiveram uma importante influência na formação de atitudes pessoais, e, onde existirem estes aspectos, podem existir boas razões para se observar atentamente este relacionamento, com o intuito de descobrir os padrões subjacentes às atitudes e valores posteriores da vida adulta, especialmente quando estão agindo como limitações.

Enquanto o sextil e o trígono indicam um tipo de relacionamento mais positivo, basicamente de apoio encorajador e amoroso, a conjunção, quadratura e oposição podem indicar uma marca muito mais profunda que se mostra mais influente no desenvolvimento da personalidade e perspectivas da criança. Esses três aspectos são mais problemáticos e podem ser as raízes de tendências adultas compulsivas.

Freqüentemente, surge uma limitação na qualidade do relacionamento pai-filho, onde podem ocorrer desapontamentos emocionais e fracasso das expectativas. Parte disto pode surgir do fracasso do pai em se envolver emocionalmente com seus filhos ou de uma reação interior para não admitir seus sentimentos, ou de preocupações que absorvem seu tempo e energia; talvez sinta-se pressionado por problemas da vida adulta, como falta de dinheiro, um casamento ou um emprego insatisfatórios e, assim, torna-se incapaz de oferecer muito de si mesmo para seus filhos. Podem faltar sensibilidade emocional e empatia com a criança e compreensão da percepção infantil do mundo. Talvez ele prefira a segurança e estabilidade de um modo de vida disciplinado, organizado e controlado que, de várias maneiras, a criança tende a romper. Talvez dê muita ênfase aos valores e posses materiais e as orientações parentais sejam oferecidas apenas para encorajar a criança a satisfazer estas áreas da vida; isto pode inibir a inclinação natural da criança de buscar caminhos mais imaginativos e criativos, ou de explorar o mundo do conhecimento intelectual. Como a maioria dos pais tende a encorajar seus filhos a seguirem suas próprias preferências adultas e a refletirem sua visão do mundo, isto nem sempre corresponde à percepção e interesses da criança em desenvolvimento; assim, podem surgir conflitos, desavenças e mal-entendidos.

Para alguns, a imagem masculina absorvida psicologicamente pode ser deformada. O pai pode ser enfraquecido por uma mãe dominadora e, embora amoroso, pode ser considerado fraco, passivo e ineficaz, especialmente quando não está atingindo seus objetivos e isto se torna uma fonte de controvérsias entre os pais. É necessário existir uma imagem definida do pai durante a infância para que o equilíbrio psicológico seja corretamente ajustado. Estes aspectos entre Sol e Saturno algumas vezes estão associados a um pai doente ou a casos em que existem divergências entre os pais, provocadas por atritos conjugais ou em que o pai deixa a família através do divórcio ou separação.

Seja qual for a natureza específica do relacionamento insatisfatório entre pai e filho, seus efeitos se estendem até a vida adulta. Para os homens, isto muitas vezes estimula ambições e medo do fracasso. O impulso para o sucesso visível, a prosperidade e o *status* podem ser um antídoto atraente a esta insegurança interior, pois o indivíduo prova seu valor pessoal ao mundo, e simultaneamente ao pai, que talvez tenha deixado de reconhecer o valor da criança. O desafio deste padrão atuando na psique é usá-lo como um incentivo para superar todos os obstáculos ao sucesso, ou a aceitação passiva de uma inadequação interior e um destino de fracassos, especialmente quando não se está realizando nenhum avanço. Como as crianças são uma criação do relacionamento parental, existe a tendência a se sentirem responsáveis quando o relacionamento dos pais não é harmonioso; se o casamento se dissolve, elas podem ter sentimentos de culpa e fracasso, que contaminam suas vidas adultas, desvalorizando sua auto-estima.

Se isto acontecer a um menino, cujo relacionamento parental é destruído, ele pode perder a imagem masculina do pai, o modelo interior e exterior para seu desenvolvimento masculino. Assim, perde uma estrutura para sua identidade em desenvolvimento, e ele é forçado a criar sua própria identidade. Dependendo das circunstâncias domésticas, da idade da criança e da força de seu caráter, esta situação pode ser ou muito benéfica ou muito destrutiva. Podem se desenvolver compulsões para provar o sucesso pessoal, e a vida é considerada um desafio a ser superado, com a projeção externa da luta interior por desenvolvimento e integração. É através da afirmação de um tipo de masculinidade — a descoberta de uma identidade independente, valiosa e confiante — que se torna possível suportar os sofrimentos da vida. A conseqüência positiva é que o indivíduo pode se tornar o guia consciente de seu próprio destino, refletindo seu poder solar ao transcender as restrições saturninas. A conseqüência negativa é que o fracasso relativo pode despedaçar uma autoconfiança instável e insegura, além de abalar as tendências não resolvidas de falta de aceitação e auto-rejeição que ainda podem estar presentes na mente inconsciente.

Os padrões psicológicos associados a esta tendência de auto-rejeição incluem a incapacidade de relaxar, ser frívolo e se divertir, de sentir felicidade e satisfação. Existe o medo — "Que emboscada está me esperando?" — que pode estragar o prazer do presente. São comuns alguns tipos de renúncia e estas podem muitas vezes, inconscientemente, criar fracassos pessoais, até que suas causas sejam reconhecidas; isto pode ser notado em atos imprudentes, falta de bom senso, percepção e discriminação, ou em doenças psicossomáticas. Saturno corresponde a um determinado tipo de divindade religiosa, muitas vezes considerada na sociedade ocidental como a imagem bíblica de um Jeová inflexível, que exprime preceitos claros de bom comportamento e ameaça punir todos que não estiverem de acordo com as ordens divinas. O Saturno individual possui uma ambivalência no que se refere à religião, com freqüência aceitando as leis morais e restrições na vida, embora encontre uma divindade monoteísta indiferente à sua busca interior para estabelecer uma identidade única. Raramente o sucesso exterior e a auto-integração ocorrem antes do retorno de Saturno, por volta dos vinte e oito anos de idade, e, mesmo então, isto só acontece com esforço considerável e concentração.

A influência Sol-Saturno sobre as mulheres está relacionada aos seus relacionamentos adultos com os homens e com a expressão da parte de sua psique que reflete o princípio masculino de sua natureza. Se o contato com o pai foi insatisfatório, então o eu adulto da mulher pode ser restringido de várias maneiras. Ela talvez não tenha a capacidade de ser independente, expressar iniciativa, vontade e decisão; pode sentir-se desconfortável com os homens, agindo de modo passivamente subserviente com a imagem masculina dominante ou ser hostil a quaisquer ameaças de usurpação de sua liberdade e individualidade. A tendência pode ser reprimir seu *animus* interior, ou afirmar sua presença de modo desequilibrado, imitando de modo exagerado as características masculinas de domínio e poder sobre as pessoas. Haverá uma atração (ou rejeição inconsciente) por homens que ofereçam a impressão de um "pai substituto", figuras fortes, protetoras, nas quais ela pode confiar e às quais pode se entregar, para quem suas emoções possam fluir livremente e que responderão adequadamente a suas opiniões sobre relacionamentos. Pode ser necessária uma compreensão mais profunda de seus padrões psicológicos e ajustes em suas atitudes, do contrário poderão existir conflitos, ambivalência e emoções oscilantes em seus relacionamentos adultos. Um aspecto benéfico Sol-Saturno pode ser o estímulo para explorar sua natureza mais intensamente, como reação à sua inquietação interior, e para integrar as energias masculinas de seu *animus* e, deste modo, equilibrar a psique, descobrindo uma totalidade unificadora.

Revoluções e Trânsitos Solares

O trânsito anual do Sol ao redor do mapa natal é, simbolicamente, um contato com todos os padrões condicionadores da personalidade — nos níveis consciente e inconsciente — através do poder do *Self*, que indica a renovação do potencial para o propósito individual e para a direção na vida. Este movimento pode ser considerado um estímulo e um apoio para as diversas facetas da personalidade, indicadas pelas posições e aspectos planetários, gerando a rede coesiva que forma a estrutura da personalidade.

O ciclo solar ou revolução solar é um padrão anual em que a revolução do Sol, durante os 365 dias de duração cíclica, renova e ativa todo o potencial do horóscopo natal, através de sua jornada em cada casa, até voltar novamente para o grau solar do dia do nascimento. Neste sentido, os movimentos solares refletem o ciclo heróico anual (veja Capítulo 7) de nascimento-maturidade-declínio-morte e ressurreição renovada, e oferece uma nova oportunidade, a cada ano, para o desenvolvimento em direção ao propósito de vida solar subjacente. Efetivamente, cada ano adulto recapitula os desafios e perspectivas inatas em nossos mapas individuais, confrontando-nos com os padrões interiores e exteriores que ajudam ou impedem nosso autodesenvolvimento.

O Sol se movimenta em média quase um grau por dia, sendo o único a formar os mesmos aspectos anualmente, aproximadamente no mesmo dia, com ligeiras variações, devido ao ajuste do ano bissexto.

As conjunções e oposições são feitas uma vez com cada um dos planetas, e duas vezes por ano para o sextil, o trígono e a quadratura, excluindo os movimentos retrógrados dos planetas mais distantes. Os aspectos formados pelo trânsito solar têm uma influência variável, de mais ou menos dois dias a partir de seu início até o final, embora a ressonância individual dos efeitos solares varie muito, e qualquer impacto imediato do trânsito possa ser percebido antes ou após este período, independente de quaisquer conseqüências a longo prazo. Como o Sol indica tanto o ego externo quanto o *Self* interior, todos os aspectos solares formados pelo movimento de trânsito podem significar momentos de oportunidade para as ambições do eu separado, e contatos inspirativos ou indicadores do *Self* interior.

Os trânsitos solares com o Sol natal podem abrir canais na psique que poderiam ser utilizados por indivíduos treinados em técnicas de meditação, onde o eu separado deliberadamente tenta se alinhar com o propósito de vida mais elevado, talvez até mesmo na forma ritualizada de uma devoção pessoal que busca o caminho iluminado. Estes trânsitos, especialmente os que formam conjunção, trígono ou sextil, podem ser utilizados para desenvolver ou ampliar a auto-expressão e o potencial, para incorporar uma consciência que abranja o inter-relacionamento entre o eu e a sociedade. Podem existir intuições sobre as maneiras de melhorar o bem-estar, ou o vislumbre de talentos latentes e direções a se explorar, ou mesmo a aquisição de uma nova perspectiva sobre ambições e propósitos de vida. É muito eficaz considerar cada aniversário natalício como um momento particularmente potente para o restabelecimento do ciclo solar; podemos aproveitar a natureza das comemorações e festas de aniversário, mas quantas vezes usamos este momento para rever e refletir sobre a realização de nosso potencial solar, ou para nos comprometermos com esforços futuros mais amplos? A cada ano que passa, diminui o número de determinadas oportunidades; embora cada um de nós tenha apenas um espaço de tempo limitado para viver neste mundo, gastamos grande parte de nossas vidas sem direção e propósito, despertando finalmente na meia-idade e perguntando a nós mesmos: para onde foi o tempo, o que fiz com minha vida e por que me sinto tão insatisfeito? Ao evocarmos um contato solar, com certeza estes sentimentos não surgirão, exceto como um estímulo para a ação e o início da jornada.

O trânsito através de cada casa e o contato com cada um dos planetas servem como uma renovação solar, com o potencial para a transformação anual de quaisquer padrões estagnados ou estáticos da personalidade que estão inibindo qualquer expressão criativa. Podemos trabalhar com este ciclo solar como um caminho através das casas da vida.

Existem duas maneiras para se considerar este movimento, a primeira é traçar o movimento do Sol pelas quadraturas ou quadrantes (através dos ângulos do Ascendente, Descendente, Meio do Céu e Nadir, ou o eixo do horizonte e meridiano).

O trânsito solar das quadraturas corresponde às quatro estações, com o Ascendente sendo considerado como o nascimento da criança solar no solstício de inverno, o Nadir correspondendo ao equinócio da primavera, o Descendente ao solstício de verão e o Meio do Céu ao equinócio do outono.

Os trânsitos solares pelas 1.ª, 2.ª e 3.ª casas são o quadrante de inverno, associados à Intuição e à subjetividade interior de um novo impulso ainda latente, mas que começa a anunciar a sua presença dentro da psique/mundo e envolve a assimilação das experiências e resultados dos três meses anteriores do ciclo com a intenção de obter esclarecimento da natureza do eu e do propósito individual. Durante esta fase podemos receber um vislumbre intuitivo de nosso destino solar.

Os trânsitos pelas 4.ª, 5.ª e 6.ª casas são o quadrante da primavera, associados ao Sentimento e ao reconhecimento dos sinais objetivos da nova vida dentro de nós. Isto pode acontecer através da descoberta de maneiras mais eficazes para utilizarmos nosso potencial solar, qualidades e talentos, como um trampolim para a auto-exploração e direção de vida. Podemos adaptar adequadamente nosso estilo de vida e canais de expressão abrindo espaço para que este novo impulso em desenvolvimento deixe uma marca em nosso mundo.

Os trânsitos pelas 7.ª, 8.ª e 9.ª casas são o quadrante de verão e são associados à Sensação, quando o desafio é utilizar nossos talentos e qualidades florescentes para beneficiar o coletivo, através da ação e exteriorização eficaz em nossa sociedade. Nossa luz interior resplandecendo em harmonia com nosso padrão solar pede que manifestemos nossa função solar. Com a chegada no Meio do Céu, atingimos o ápice de nosso ano solar.

Os trânsitos pelas 10.ª, 11.ª e 12.ª casas são o quadrante da colheita de outono e estão associados ao Pensamento, onde as sementes plantadas durante este ciclo anual devem ser colhidas, e apresentadas as conseqüências de nossas ações e esforços. Isto inclui o reconhecimento social de nossa manifestação solar, que pode ser insignificante ou considerável; assim, forma-se a semente que estimula a renovação do ciclo e a próxima fase de oportunidades. Quando o trânsito do Sol cruza o Ascendente, pode ocorrer um momento de "apreciação", na forma de um processo interior ou experiência exterior quando enfrentamos novas opções positivas ou padrões não resolvidos que se repetem.

A maneira alternativa para se considerar este movimento é literalmente estudar cada casa e suas correspondências e considerar seu significado em nossa vida e psique, mensalmente, observando profundamente nossas atitudes, valores e crenças associados à casa, avaliando como podem ajudar ou impedir o nosso propósito solar, e então decidir se são necessárias mudanças ou modificações. Este ciclo de exame interior pode ser iniciado quando o Sol entra na 1.ª casa, ou quando o Sol transita na casa natal, e pode se tornar um padrão anual para a renovação. Isto pode parecer fácil, mas na realidade, se seriamente utilizada, pode ser uma tarefa muito poderosa estimulando uma revolução pessoal.

O essencial é reconhecer que o Sol e a Lua oferecem caminhos para que penetremos em nosso interior permitindo que encontremos a totalidade e que, ao trabalharmos com eles, as dualidades dos opostos podem se transformar em unidade.

PONTOS MÉDIOS

Considerar um mapa natal a partir da perspectiva de pontos médios pode ser muito útil para aqueles que estão aplicando seriamente a teoria e *insight* astrológicos como uma base para a auto-exploração e para o caminho de desenvolvimento.

Os pontos médios são pontos no espaço calculados a partir das posições relativas de dois planetas, que idealmente formam aspecto natal. O ponto médio pode ser visualizado como o ápice de um triângulo criado pela linha de base de relacionamento traçada entre os dois planetas. Neste sentido, o ponto médio torna-se um fator de solução, uma posição de harmonia potencial ou liberação dinâmica para as energias planetárias envolvidas.

Por exemplo, Marte a 17 graus de Touro (6.ª casa) está em quadratura com Urano a 17 graus de Leão (9.ª casa), formando um ponto médio a 2 graus de Câncer na 8.ª casa. Isso pode indicar que a ação pessoal e a expressão da vontade através da casa do trabalho e do serviço estão sendo interiormente afetadas pela necessidade de Urano por novidade e estímulo mental na 9.ª casa, criando uma situação insatisfatória e perturbadora no emprego, uma ausência de direção nítida ou resultados práticos e tangíveis. Contudo, ao considerarmos o ponto médio como indicador do local onde estas energias envolvidas no atrito interior podem ser liberadas com maior êxito, subentende-se que, ao olharmos para Câncer na 8.ª casa, podemos alcançar uma liberação adequada que diminui o atrito e a tensão interiores. Aqui, as frustrações emocionais e as pressões originadas pela insatisfação no trabalho são redirecionadas para atividades que conduzem estas energias para canais construtivos e positivos, tornando-as regenerativas e reequilibradoras. Nota-se o potencial para trabalhar em estreita colaboração com as pessoas, talvez através de respostas emocionais à vida mutuamente compatíveis (Câncer), que idealmente incluem uma nova visão mental progressiva e inspirada (Urano) que absorve a vitalidade da vida (Marte) ao tentar se manifestar na vida real. Os problemas com trabalho, serviços, novas experiências e estímulo mental podem ser satisfeitos por um esforço de colaboração em grupo, que enriquece a qualidade da sociedade ao criar melhoras visíveis, tarefa que também pode ser emocionalmente satisfatória.

O grau, signo e casa do ponto médio sugerem simbolicamente o canal através do qual as energias do relacionamento formado pelo aspecto planetário podem ser liberadas de modo mais dinâmico e externamente focalizado. Se houver outro planeta localizado dentro dos dois graus deste ponto médio, então considere este planeta especialmente importante para liberar ou dirigir a energia.

O ponto inverso encontra-se na posição oposta à do ponto médio. Referindo-nos ao exemplo acima, o ponto inverso de 2 graus de Câncer encontra-se a 2 graus de Capricórnio. Diferente da realização e uso prático das energias planetárias através de Câncer, esta posição em Capricórnio representa o significado e *insight* interior da natureza destes planetas, uma intuição de seu papel na integração da personalidade e no desenvolvimento evolucionário interior. Observar os símbolos sabeus relevantes para estes graus zodiacais pode ser sugestivo, além de acrescentar uma dimensão extra à exploração pessoal (veja Capítulo 8 para obter mais referências sobre os símbolos sabeus).

Os pontos médios planetários envolvendo sextis e trígonos podem indicar a liberação das energias construtivas dos planetas envolvidos, mas as quadraturas e oposições, em particular, podem se beneficiar com a aplicação da teoria do ponto médio, que oferece direções para resolver as frustrações e conflitos interiores e exteriores. Os pontos médios das conjunções são idênticos ou extremamente próximos à posição do aspecto; assim, provavelmente, não vale a pena levá-los em consideração, a menos que o ponto médio esteja em um signo ou casa adjacente; então, ele poderia ser importante para indicar uma direção alternativa para a expressão, especialmente se o relacionamento planetário da conjunção for uma combinação de energias menos harmoniosas.

Os pontos médios entre o Sol e a Lua sugerem a esfera de externalização do propósito individual através da realização prática e expressão de habilidades pessoais; uma maneira de fundir a auto-aceitação e nutrição, visando proporcionar uma base firme para o desenvolvimento solar e afirmação individual, ao se seguir a luz da "estrela" pessoal. Os pontos médios formados pelos aspectos da quadratura ou oposição podem sugerir caminhos para a solução de divergências interiores entre as mensagens dos instintos e os sentimentos do propósito individual; a atração entre os padrões do passado e o eu futuro tentando nascer, as reações dos outros e do meio ambiente.

Como a conjunção é o único aspecto importante que pode ser formado pelo Sol com Mercúrio ou Vênus, os pontos médios neste caso são menos relevantes. Numa conjunção isolada, os pontos médios refletem os problemas da conjunção.

Os pontos médios entre Sol e Marte sugerem maneiras de se unificar a vontade e o propósito com a ação, para que a determinação e o foco sejam esclarecidos e uma abordagem única possa ser utilizada para se alcançar as metas. Os pontos médios da quadratura e oposição indicam direções que podem oferecer canais de expressão que liberam, de modo menos abrasivo, tensões internas e atritos em relacionamentos externos nas dimensões da vida indicadas pela casa e signo do ponto médio.

Os pontos médios do trígono e sextil entre Sol e Júpiter oferecem uma direção na qual se expandir, onde podem ser sentidas a confiança e a fé na abundância e na benevolência do universo. Os pontos médios dos aspectos tensos indicam uma esfera na qual se pode alcançar a solução de dúvidas e desconfianças da vida e das pessoas, uma fonte para uma nova visão da vida que possibilita uma mudança de opiniões através da expansão.

Sol-Saturno indicam uma área em que o indivíduo pode atuar positivamente dentro de seus limites e restrições, aproveitando ao máximo o "estar aqui agora". Os pontos médios da quadratura e da oposição podem indicar uma direção alternativa para solucionar dificuldades criadas pelas próprias atitudes, valores e crenças restritivas do indivíduo, que podem afetar negativamente os relacionamentos.

Os pontos médios do trígono e sextil entre Sol e Urano indicam uma possível área de foco construtivo para qualquer necessidade interior de estímulo, mudança e novidades, ao se dirigir conscientemente este impulso. O ponto médio da quadratura e da oposição oferece uma nova direção para libertar estas pressões de todas as restrições, indicando um canal de expressão mais positivo, em vez de um modelo de liberação potencialmente destrutivo que pode despedaçar relacionamentos e modos de vida.

Os pontos médios entre Sol e Netuno estão relacionados à direção de tendências criativas e imaginativas na personalidade, concentrando-as em áreas e formas de criatividade específicas. O surgimento da espiritualidade e serviço compassivo também podem estar associados a este ponto médio. O ponto médio da quadratura e da oposição podem indicar a liberação de habilidades criativas e imaginativas bloqueadas, a aquisição de uma nova percepção menos influenciada pelo *glamour* e pela ilusão, projetados no eu e nos outros.

Os pontos médios entre Sol e Plutão se referem ao potencial de renascimento, novos canais para que as energias regenerativas e transformativas destruam as limitações interiores. O ponto médio da quadratura e da oposição está relacionado à liberação de energias reprimidas e retraídas, para que possa ocorrer a cura, purificação e liberação destas energias, permitindo que sejam utilizadas em uma futura aplicação mais positiva.

O Sol e a Fisiologia

No corpo humano, o Sol está associado ao coração e à sua função na circulação do sangue, bombeando-o através das artérias e capilares e recebendo-o de volta através das veias. Esta é a versão humana para a energia vitalizante do Sol transmitida através do organismo, embora a forma humana seja um sistema independente, onde ocorre a reciclagem de energias.

O papel dos movimentos do coração é o de distribuir vitalidade, nutrientes e oxigênio através da corrente sanguínea, utilizando processos rítmicos de contração e relaxamento muscular, que também movimentam os materiais excedentes que posteriormente serão excretados. Devido a esta atividade, que se inicia independentemente no nascimento e continua até a morte, o coração possui uma função muito importante para o bem-estar do corpo inteiro, e os efeitos de seu sistema circulatório através da rede de veias pode determinar a saúde física.

Como o coração está localizado no centro do tronco, sua função implícita é manter o equilíbrio, integrando todo o sistema corporal. Existem muitos ensinamentos esotéricos referentes ao coração e ao sangue, confirmando sua importância para o desenvolvimento evolucionário da humanidade. A ação da válvula do coração na perpetuação de um fluxo constante de energias para fora do corpo e depois de volta para seu interior, onde ocorre a reciclagem, reflete-se no processo universal de vida e na interação entre espírito e matéria, onde força e forma possuem um relacionamento complementar. A esfera cabalística de Tiferet (veja Capítulo 8) refere-se a esta função de equilíbrio e transmissão de energias.

Para o indivíduo, o coração é de suprema importância. Ao perguntarmos ‘‘Qual a duração de sua vida?’’, a resposta pode ser ‘‘até minha próxima pulsação’’. Embora a medicina moderna e a cirurgia tenham iniciado uma era de transplantes de órgãos, o problema cardíaco ainda é um importante fator de doenças e mortes. Nosso coração físico pode estar intimamente relacionado ao nosso bem-estar emocional e espiritual, e muitos corações foram ‘‘partidos’’ por romances e casos amorosos fracassados. No caminho espiritual, abrir o coração é um estágio inicial e vital a ser alcançado, pois é a base para o progresso posterior. Esta consideração conduz a um exame de dimensões menos físicas, e o fluxo de energia pessoal equilibrado nos níveis emocional e espiritual pode ser muito importante para manter a correta atividade física do coração. Hoje em dia, reconhecemos que o excesso de estresse e tensões pode levar a ataques cardíacos; assim, a ligação entre as experiências de vida e as reações a elas contribuem nitidamente para o estado de saúde pessoal. Para ajudar o equilíbrio pessoal é saudável reduzir as tensões através da meditação, técnicas de relaxamento e exercícios moderados para melhorar a circulação. É necessário também criar um estilo de vida adequado e viver de acordo com o ‘‘centro do coração’’ para iniciarmos nosso caminho solar pessoal. Ao fazê-lo, nossa saúde pode ser melhorada e certamente aproveitaremos e apreciaremos mais a vida, aumentando nossa vitalidade.

Uma das glândulas associadas ao Sol é o timo, glândula endócrina localizada próxima à base do pescoço. Existem algumas dúvidas referentes ao seu papel específico na fisiologia humana. O que parece estar definida é sua atuação durante a infância, quando é regulado o ritmo dos processos naturais de crescimento, que harmoniza e coordena as profundas mudanças que ocorrem seqüencialmente durante a passagem para a maturidade. Novamente é indicado um papel de sintetização e organização no corpo, uma orientação para os diversos processos físicos iniciando seu plano de atividades programado. Antigamente, acreditava-se que o timo diminuía sua atuação quando terminava a infância, embora atualmente esta glândula seja considerada muito influente nos aspectos imunológicos do corpo, especialmente no que se refere ao conteúdo e qualidade do sangue, à química específica de nosso corpo e nossas reações biológicas.

O timo produz os linfócitos e as ''células auxiliares'' T-4, que são glóbulos brancos do sangue que ajudam o sistema imunológico do corpo, reconhecendo exposições anteriores aos ''intrusos'' e lutando contra as infecções. Observou-se que, na AIDS e outras doenças do sistema imunológico, a quantidade destes glóbulos brancos T de apoio estava muito diminuída e que as células tinham sido danificadas.

Especulativamente, isto pode sugerir que, ao trabalharmos mais estreitamente com o caminho solar pessoal, podemos alcançar uma saúde melhor, pois a correspondente vitalização deste centro pode ser estimulada por uma ressonância solar, melhorando todo o sistema imunológico. Os curandeiros esculapianos acreditavam na potência solar acima de tudo em seu trabalho terapêutico, e atualmente muitas pessoas acreditam que a exposição ao calor e luz do sol tem efeitos rejuvenescedores sobre a vitalidade física e espiritual e satisfação na vida. Atualmente, a experimentação em algumas terapias alternativas progressistas visa orientar o potencial de meditação e a visualização criativa para ativar o timo, melhorando a qualidade do sistema imunológico individual, e isto pode ajudar a diminuir a velocidade com que a AIDS e outras doenças similares atacam o corpo. Para os adeptos dos caminhos de meditação onde ''a energia segue o pensamento'', o uso da visualização orientada para ajudar a equilibrar anomalias específicas das glândulas oferece oportunidades de experimentação e cura potencial, substituindo ou colaborando com as prescrições de drogas.

CAPÍTULO 4

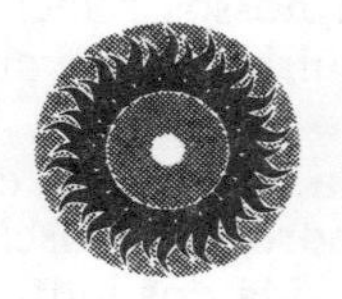

O Sol e os Aspectos Planetários

Os aspectos formados pelo Sol indicam planetas especialmente significativos na revelação do propósito e do caminho solar individual, quer sugerindo uma expressão mais fácil do potencial através dos sextis, trígonos e determinadas conjunções, quer observando os planetas com aspectos tensos como a quadratura e oposição, que incluem a necessidade de solução interior dos conflitos da personalidade. Qualquer planeta aspectado recebe uma infusão energizada da força solar vitalizante, e assim torna-se mais proeminente através de sua influência dentro da psique.

Os caminhos para a liberação do poder solar são sugeridos pela natureza do planeta aspectado, seja pelo livre fluir da vitalidade do Sol, ou pelo local onde esta energia está sendo bloqueada e frustrada, devido aos aspectos desafiantes. Devemos observar mais atentamente a quadratura ou a oposição, porque o sucesso na liberação destas energias favorece uma integração maior e aprofunda o contato com o eu solar.

Os aspectos tensos revelam áreas da vida individual onde muitas vezes surgem dificuldades para satisfazer metas, ambições e necessidades; a quadratura indica tensões interiores, onde o uso da vontade e do potencial está restringido, freqüentemente por escolhas originadas de atitudes, valores e crenças pessoais com respeito à realidade. A quadratura sugere que a resposta se encontra na personalidade e que, através do esforço deliberado e consciente, as mudanças podem ser realizadas com mais facilidade. Como as crenças e atitudes muitas vezes atraem experiências de vida correspondentes — especialmente quando são dolorosas ou insatisfatórias —, a solução pode estar na aquisição de maior autoconhecimento, para que, através de uma modificação interior, possam ser feitas escolhas e decisões mais sábias. Com a oposição, a ênfase aparentemente se transforma em resistências externas, com as escolhas dos outros diminuindo a liberdade e opções individuais. Contudo, com freqüência, ao se transformar a perspectiva individual podemos dissolver e reintegrar com segurança quaisquer projeções inconscientes refletidas pela "oposição externa" de pessoas ou circunstâncias. Todas as pessoas se projetam no mundo exterior; assim, é crucial adquirirmos *insight* sobre a forma como nosso eu-Sombra gera muitas de nossas experiências e molda nossos relacionamentos, e isto com freqüência é a chave para adquirirmos novamente o controle de nossas vidas.

Estes difíceis aspectos da quadratura e da oposição podem incluir determinadas pressões ou padrões inconscientes da personalidade que em alguns casos dominam a vida dos indivíduos, dependendo dos planetas envolvidos. Os planetas transpessoais, Urano, Netuno e Plutão, podem estar bastante ativados em muitas pessoas, mesmo quando sua presença está no inconsciente. Uma das conseqüências de sua atividade é o enfraquecimento de energias vitais, onde a força solar está redirecionada ou bloqueada por sua deformadora presença interior. Os resultados são a frustração, a ausência de autoconfiança, o enfraquecimento da vontade, que leva à indecisão, e a rendição ao *status quo*, mesmo quando o estilo de vida é insatisfatório. Ou então, as pressões interiores atingem o máximo e precisam ser explosivamente liberadas, muitas vezes despedaçando as estruturas da personalidade ou da família. Surgirão desafios relacionados à expressão e à afirmação pessoal, que criarão inseguranças na psique e nos relacionamentos íntimos. Contudo, estes desafios também podem estimular a busca da compreensão do eu e a solução do sofrimento interior e, se abordados corretamente, podem ser a fonte para uma poderosa auto-renovação e liberação de energia solar. Lidar com os obstáculos das quadraturas e oposições é um componente importante da jornada heróica, e todos possuem sua cota de dificuldades para superar; elas se tornam "formadoras do caráter", e cada passo para eliminar a escuridão interior torna-se a intensificação da luz interior.

Uma outra dimensão dos aspectos tensos pode envolver a infância, os relacionamentos com os pais e o surgimento do eu individual a partir da proteção do condicionamento parental e social. Analisar um mapa sob esta perspectiva proporciona *insights* sobre a formação da auto-imagem baseada nas experiências da infância e sobre a internalização de atitudes e crenças parentais, ou mesmo sobre a qualidade do amor e preocupação dos pais com a criança.

Os aspectos fluentes, harmoniosos do Sol com qualquer planeta (sextil, trígono e algumas conjunções) revelam onde podem ocorrer mais facilmente os talentos, habilidades e facilidade de expressão. Eles se tornam qualidades inatas que devem ser expressadas com fluência e através dos quais a vitalidade solar pode se movimentar, manifestando o potencial e os caminhos de vida individuais. Eles podem ser considerados como atributos inatos, sejam eles o charme e o encanto venusianos, a harmonização com a mente superior de Urano ou a imaginação artística criativa de Netuno; a presença desses atributos pode ajudar a formar a direção, o propósito e o significado na vida pessoal. Para todos, o principal problema é assegurar que este potencial latente seja realmente liberado, pois todos possuímos potenciais que não utilizamos. Talvez seja útil e interessante avaliar os padrões de nossos aspectos, não apenas os do Sol, embora sejam importantes, mas todos os nossos sextis, trígonos e conjunções, analisando se empregamos de maneira eficaz essas dádivas positivas e construtivas, e, depois, analisando os aspectos tensos, tentando focalizar nossas energias inibidas e encontrando meios de transformá-las, possibilitando a cura de estresses, bem como nossa expansão e desenvolvimento.

Conjunção Lua-Sol

Todos os contatos entre a Lua e o Sol indicam o grau relativo de integração individual entre os instintos, emoções e sentimentos, que foram influenciados e condicionados pelas primeiras experiências da infância e relacionamento com os pais, e o senso de identidade única e direção na vida, qualidades essenciais subjacentes às características da personalidade.

A conjunção indica a potencial personalidade integrada, voltada ao autocontrole e auto-suficiência focalizados em uma identidade firme e um propósito de vida dirigido. Pode existir uma harmonia interior fundamental entre seus sentimentos e vontade, e assim a energia não será desviada ao lidar com os conflitos e tensões interiores, permitindo que você se concentre na manifestação de um caminho de vida ou carreira.

Você se sentirá à vontade com seu temperamento, e a procura de suas metas absorverá grande parte de seu tempo e energia. Provavelmente será bem-sucedido, devido ao nível estável de motivação e perseverança que pode utilizar, e sua grande vantagem é a capacidade de usar ao máximo os recursos pessoais e materiais, o que favorece as suas ambições. Desperdiçar tempo ou esforços não é o seu estilo, pois sente que está seguindo o fio dourado do destino que oferece significado, e continuamente ele o estimula a seguir sua direção. Se a dimensão espiritual for a rota escolhida, você pode sentir que há uma "missão" esperando para ser realizada, algum tipo de serviço ao mundo que talvez seja a presença de seu centro solar criando um impacto em sua consciência, tentando guiar o caminho de seus objetivos.

É importante assumir a responsabilidade pela direção de sua vida, e você pode exibir uma confiante independência de espírito, recusando-se a aceitar qualquer interferência desnecessária, determinado a seguir sua própria luz. Talvez pense que trabalhar sozinho ou assumir a total responsabilidade em uma atividade autônoma é melhor do que ser empregado, pois permite que ele receba todos os benefícios por seus esforços. Embora seja capaz de atuar em posições de autoridade, pode-se questionar seu estilo de relacionamento. Através de tendências a se absorver em si mesmo, pode não ter consciência dos outros e pode gerar atitudes autoritárias, criar barreiras na comunicação e manter-se isolado, desprovido de qualquer preocupação com as reações dos outros. Os relacionamentos podem ser um ponto fraco, exceto em níveis sociais basicamente superficiais, e as pessoas podem ter a impressão de que você não está muito interessado em contatos humanos e amizades. Podem também notar em você uma certa inflexibilidade, que raramente se dissolve, a não ser em assuntos que realmente o beneficiam; com tal atitude, as concessões para uma harmonia mútua podem ser mera casualidade, podendo ser descritas como um egocentrismo quase inocente. Para você, a privacidade e independência de pensamento e ação continuam sendo prioridades máximas.

Grande parte dessa atitude se origina da necessidade de proteção, que emana da influência da Lua. Não que você se sinta ameaçado pelos outros, mas sim que deve proteger suas vulneráveis emoções. Este lado de sua personalidade muitas vezes é mantido oculto, embora você reconheça que a natureza de seus sentimentos é muito intensa e em muitas circunstâncias ele seja dominado e influenciado pelas sugestões da Lua em suas escolhas e decisões. Existe o medo de que suas emoções sejam feridas pelas experiências; assim, você às vezes pode evitar determinados relacionamentos ou questões controversas, porque sua sensação de bem-estar está intimamente ligada ao caráter sensível de sua natureza emocional. Você pode ser emocionalmente impulsivo, especialmente se o equilíbrio entre o Sol e a Lua estiver pendendo a favor da Lua, podendo existir um padrão alternativo em que um planeta é mais dominante do que o outro antes que o equilíbrio se estabeleça novamente.

Talvez seja uma sorte você ser capaz de acreditar na unidade de sentimentos e vontade, utilizando-a instintiva e espontaneamente em direções escolhidas e esperando que ela o leve em direção aos resultados certos. Isto lhe permite concentrar sua energia em canais de atenção limitados e, através da focalização, torná-la mais poderosa e penetrante.

Sendo uma pessoa controlada, podem lhe faltar a habilidade para a auto-reflexão, a perspectiva objetiva e a avaliação de suas ações e temperamento; raramente você tentará a auto-análise. Suas ambições com freqüência são de natureza extremamente pessoal e talvez não sejam compreendidas pelos outros. Você deveria se prevenir contra uma ênfase excessiva das tendências do Sol ou da Lua, talvez pela preocupação com o progresso na carreira, que pode aumentar o princípio do Sol em sua natureza, ou mesmo através da absorção nas tradicionais preocupações lunares com a vida doméstica. É necessário um equilíbrio e expressão iguais, ou podem surgir problemas de saúde, se um dos planetas se tornar consistentemente dominante. Seu bem-estar emocional e físico pode ser afetado pela atividade desequilibrada, especialmente se a consciência da carreira/missão adquirir predominância. Para corrigir isto, você talvez precise se retirar para periódicas comunicações interiores, possivelmente pela meditação e pelo recolhimento sereno para recarregar suas baterias. Você também deve se certificar de que sua natureza emocional seja regularmente vitalizada pelo contato humano íntimo para que não se atrofie devido a um temporário esquecimento de suas necessidades. Manter um equilíbrio fluente ajuda a atingir suas metas e mantém seu temperamento saudável.

SEXTIL LUA-SOL

Isso indica que você deveria estar em paz com seu temperamento, aceitando facilmente sua natureza e vivenciando bons relacionamentos e uma fluência na comunicação com os outros. Sua personalidade possui uma firmeza que lhe permite sentir-se relativamente tranqüilo na vida, não sendo afetado por tempestades interiores. Você se sente confortável com seus sentimentos, transmitindo uma sensação de prazer e boa vontade. Se necessário, e se acreditar que com isso os relacionamentos melhorarão, fará adaptações no seu meio ambiente social através de concessões e compromissos; você considera estes atos sensíveis e benéficos e acha que o compromisso é qualidade de uma pessoa madura e não uma ação que diminui a expressão individual.

Seus relacionamentos são caracterizados pela tolerância, consideração e compreensão, que serão apreciadas por quaisquer colaboradores, amigos e conhecidos. Sua atitude é essencialmente "faça para os outros o que gostaria que lhe fizessem" e você reconhece as fraquezas do ser humano, geralmente resistindo às tentações de expressar atitudes condenatórias. Você é otimista e acredita que, através da compreensão mútua, muitas divergências entre as pessoas podem ser resolvidas e que a igualdade de condições sociais e oportunidades é um caminho social a ser encorajado. Esta facilidade para se comunicar com os outros muitas vezes o coloca na posição de confidente, pois, ao ouvir os outros, você os ajuda, e seu senso de autoconfiança e suas atitudes equilibradas oferecem uma perspectiva objetiva para que outros adquiram uma clareza refletida sobre seus problemas. Eles conseguem sentir sua preocupação genuína, e algumas vezes apenas isto proporciona a cura para aqueles que necessitam, quando a sensação de isolamento torna-se muito grande e os problemas parecem estar aumentando.

Com freqüência, você considera a vida como uma lição, uma escola contínua de experiências e tenta reconhecer as mensagens contidas em suas experiências. Você sente que, se aprender a lição agora, não precisará passar por esta experiência novamente e que isto proporcionará uma plataforma para o progresso e sucesso futuros. O passado não o atrai excessivamente, a não ser como uma fonte de compreensão, e você garante a liberdade de movimentar-se para a frente. Você reconhecerá o que é necessário para se sentir emocionalmente satisfeito e o que deve ser feito para realizar seus desejos, tentando organizar sua vida de modo a maximizar o prazer, o que, na verdade, é uma abordagem sensível.

Provavelmente possui um talento criativo dentro de si, criando idéias e esquemas que podem ser tentados, embora talvez necessite de um pouco de autodisciplina para expressar totalmente estes dons. Contudo, suas emoções estão em harmonia com sua vontade, e, assim, desde que exista uma ressonância emocional em suas ações, haverá um mínimo de conflito interior para impedir a realização de objetivos. Como sua intenção e o impulso de sua energia estão unidos, provavelmente existirá uma reação correspondente do mundo exterior, e as pessoas com freqüência estarão presentes, colaborando para que você realize estas ambições. Contudo, algumas vezes pode ser necessário observar se a sua vontade forte e seu foco agressivo não estão se tornando muito dominantes e produzindo inconscientemente um impacto negativo na sensibilidade dos outros.

Você deve achar que os relacionamentos íntimos são agradáveis e bem-sucedidos e que o casamento e a vida familiar permitem a expressão natural de suas emoções e o mantém em harmonia com suas atividades e necessidades. Sua infância e o relacionamento com seus pais provavelmente foram muito bons, e você tenta repeti-los em sua própria família, criando laços profundos e amorosos e transmitindo a todos os filhos os benefícios de sua própria filosofia de vida. O nível geral de saúde e vitalidade deve ser bom, embora isto possa depender da manutenção do bem-estar emocional.

Como sua vida interior é relativamente centralizada, e as emoções estão bem integradas em sua natureza, pode existir uma falta de estímulo para crescer e mudar. Você talvez prefira permanecer com aqueles padrões de comportamento confortáveis e bem-sucedidos, em vez de arriscar qualquer grau de rompimento para si mesmo ou sua família. Talvez lhe falte um espelho objetivo no qual se olhar, e pode ser aconselhável avaliar as coisas periodicamente, não para destruí-las, mas partindo desta perspectiva: "Como posso melhorar este nível de satisfação?". Sem estimular uma fase de descontentamento, ainda existem áreas em sua vida que provavelmente poderiam ser facilmente melhoradas, assim, por que não tentar? Expandir-se pode também servir de estímulo para encorajá-lo a usar totalmente todos estes talentos latentes; você possui uma base firme na qual se apoiar, assim, aceitar desafios para o crescimento não seria muito ameaçador e evocaria as forças de sua natureza solar de modo ainda mais eficiente.

Trígono Lua-Sol

Isto indica que pode existir uma harmonia positiva da vontade consciente com seus padrões instintivos, emocionais e habituais de resposta à vida; devem surgir poucos conflitos interiores entre suas reações emocionais e a execução de seu propósito. Provavelmente, você se sente autoconfiante e otimista no que diz respeito à realização de seu potencial, objetivos e ambições e pode descobrir que as portas se abrem para você nos momentos certos, ou que as pessoas oferecem apoio e ajuda que lhe permitem movimentar-se para a frente; a sorte pode ser um fator em sua vida.

Suas primeiras experiências de vida, relacionamento com os pais e condicionamento social na infância provavelmente foram favoráveis de um modo geral, e pouca negatividade teve qualquer efeito deletério em seu desenvolvimento. Podem existir benefícios originados de influências hereditárias, possivelmente na forma de talentos e dons naturais, e alguns dos padrões de suas tendências habituais podem ser características familiares, embora a probabilidade é que elas sejam essencialmente positivas e construtivas. Em sua vida adulta, você tentará manter bons relacionamentos familiares, seja com seus pais ou com qualquer família pela qual seja responsável. Você tende a se relacionar bem com crianças pequenas, que apreciam sua sincera preocupação, cuidados, compreensão e atenção.

Você se certifica de que aprendeu com todas as experiências para que as lições não precisem ser dolorosamente repetidas. A execução prática é uma das áreas que pode necessitar de um estímulo extra. Como seu temperamento básico é tranqüilo e sereno, criar impulso suficiente para atingir metas algumas vezes pode ser considerado muito trabalhoso. Talvez você não esteja disposto a se expandir e realmente desafiar a si mesmo para se desenvolver e, assim, pode deixar de perceber a profundidade do potencial latente que realmente possui. Na verdade, devem existir talentos naturais consideráveis esperando para serem explorados, e você deveria ficar atento a qualquer oportunidade que ofereça perspectiva de crescimento e manifestação, para que seus impulsos criativos e sua capacidade para unir sentimentos e vontade sejam liberados com êxito em seu meio ambiente.

A auto-afirmação pode necessitar de um foco concentrado para que você progrida em uma carreira; embora o potencial esteja lá, esperando para realizar um bom avanço, talvez haja incertezas referentes ao seu nível de compromisso e desejo para realmente atingir posições mais elevadas. Contudo, sua natureza sensível pode não ser uma vantagem nestas posições, onde podem ser exigidas severas decisões impessoais para a viabilidade dos negócios. Entretanto, você poderia efetivamente assumir um papel de autoridade, especialmente na esfera de contato interpessoal e comunicação, onde seus atributos de amizade, sinceridade, persuasão e compreensão das motivações das pessoas podem torná-lo um bom mediador entre diversos níveis de empregados.

É importante sentir-se bem consigo mesmo, e você reconhece que isto é a chave para a boa saúde pessoal e prazer na vida. A natureza fluente deste contato entre Sol e Lua o ajuda a valorizar sua forte vitalidade física, energia e capacidade para se recuperar facilmente de quaisquer enfermidades temporárias.

Em situações sociais, você tende a agir como uma ''ponte'' entre as pessoas, sendo capaz de compreender e empatizar com diferentes tipos, e, através deste aspecto conciliador de sua natureza, pode ajudar as pessoas a se unirem com mais facilidade. Você pode ser sexualmente atraente e isto pode conduzi-lo a experiências bem-sucedidas nos relacionamentos. A principal questão é utilizar esta natureza positiva e construtiva do aspecto tão completamente quanto possível e não apenas permitir que esta natureza estável, tranqüila e serena lance um feitiço soporífero sobre você. Você precisa despertar sua natureza solar e suas qualidades, além de expressar confortavelmente suas qualidades lunares, porque elas se tornarão seu caminho para o autodesenvolvimento.

Quadratura Lua-Sol

Isso sugere a existência de estresse e tensão interiores muito importantes dentro da personalidade, onde a vontade solar está em conflito com sentimentos, emoções e instintos profundamente enraizados e onde o eu consciente e evolucionário pode estar tentando seguir uma direção contrária a determinados padrões de hábitos, especialmente os relacionados à segurança e proteção dos limites do eu.

O esforço contínuo é resolver as mensagens interiores contraditórias, uma tendência psicológica que pode ter suas profundas raízes nas percepções infantis referentes ao relacionamento dos pais e a percepção dos contatos emocionais com seus pais. Como neste contexto a Lua simboliza a mãe e o Sol simboliza o pai, existe a implicação de que havia um problema crucial inerente no relacionamento dos pais, talvez incompatibilidade em algum nível vital, ou uma falta de comunicação que pode ter levado ao colapso do casamento. Talvez isso não fosse evidente na superfície daquele relacionamento, mas existia como um fluxo subjacente dentro da atmosfera psíquica do lar que você registrou. Pode ter havido uma identificação parcial com um dos pais a ponto de excluir o outro, talvez porque um deles tivesse pouco tempo para ficar com você. De algum modo, a dinâmica interior foi deformada, resultando em frustração pessoal e dificuldades para unir vontade e sentimentos em mútua colaboração.

A menos que sejam dados alguns passos para alcançar a integração individual, você pode sofrer uma insegurança emocional baseada na resistência para aceitar totalmente a natureza de suas respostas emocionais habituais. Uma atitude provável é aceitar uma negação e uma repressão interiores, e isto trará conseqüências eventuais, intensificando estas tensões interiores e possibilitando divisões na personalidade. Entretanto, como estas poderosas emoções parecem queimar dentro de você, você tenta controlar sua liberação expressando-as na vida diária, e, devido às pressões que podem se acumular, às vezes exibe tendências argumentativas, provocativas e agressivas em seus relacionamentos.

O perigo é se tornar vítima da poderosa natureza de seu desejo, e ficar perpetuamente frustrado ao ter altas pretensões e deixar de valorizar o que existe no presente. Pode existir uma qualidade minuciosa, incansável neste aspecto, resultante da necessidade de solucionar profundos conflitos interiores; o importante é descobrir uma maneira de realizar estes desejos. Esta necessidade estimula a pergunta interior, especialmente relacionada a "O que significa isso?" e "Qual o significado da vida?" Elas se tornam sugestões de seu Sol interior, encorajando-o a iniciar sua jornada heróica para descobrir o centro solar e a dimensão espiritual da vida.

Contudo, muitas vezes você pode agir como seu pior inimigo, reagindo de modo a diminuir qualquer possibilidade de sucesso. Você pode deixar de ver como utilizar os recursos existentes para aprofundar o prazer da vida ou atingir metas; pode se recusar a aceitar os compromissos necessários; pode conscientemente desvalorizar seu potencial e habilidades, destruindo a autoconfiança; pode entrar em conflito com pessoas que poderiam ter apoiado seus esforços. Estes padrões inconscientes de frustrações não resolvidas interferem entre sua vontade consciente e suas necessidades mais profundas, tendendo a negar a satisfação de ambas. Algumas vezes, como resultado desta tensão interior, tudo o que gostaria de fazer é ser muito destrutivo, liberando as energias reprimidas através de expressões físicas ou verbais de mau humor.

O problema que você enfrenta é o movimento "daqui para lá". O abismo é muito nítido e não desaparecerá, e, aparentemente, por mais que tente, ainda não consegue passar para a terra prometida. Estar "aqui" parece errado, e você acredita que deveria estar "lá", mas como isto pode ser realizado? O único caminho para atingir suas metas é através de uma transformação radical, para que o "antigo você" permaneça deste lado, e o "novo você" apareça lá, reivindicando sua ambição. Este é o desafio que confronta o herói em cada fase de sua busca, e cada passo percorrido neste caminho representa dificuldades superadas na jornada em direção à luz magnética que ele percebe e segue.

Como isso pode ser feito? A resposta honesta deve ser "com dificuldade" e com muito trabalho. Sua terra prometida não será alcançada sem grande perseverança e esforço, provando suas capacidades, ultrapassando quaisquer obstáculos no caminho e jamais aceitando a derrota. Talvez seja necessário procurar um treinamento ou estudo adicional para ser capaz de uma habilidade específica, ou para ajudar a manifestar qualidades e talentos latentes. Você talvez precise usar a autodisciplina para manter seus esforços e manifestar sua intenção de trabalhar até obter o sucesso.

Os relacionamentos talvez necessitem melhorar através do compromisso de evitar conflitos desnecessários, resultantes de suas frustrações. É preciso aprender lições com as experiências anteriores e utilizá-las na vida diária. Talvez seja exigida uma clareza entre aquilo que deseja e o que é capaz de fazer para alcançá-lo, e você deve tentar assegurar que suas metas sejam realmente satisfatórias quando atingidas. É vitalmente necessária a integração entre sua vontade consciente e as emoções subjacentes, e o melhor meio de consegui-la é permitindo que as emoções venham à superfície de sua mente: observe sua natureza e desenvolva a compreensão de suas necessidades e, então, tente unir vontade e emoções através da mente intelectual, impondo uma luz mais poderosa sobre este mar emocional. Investir grandes esforços resultaria em providências para a realização destes desejos. Este não é um caminho fácil, mas ao considerar a tensão interior como motivação, surge uma percepção positiva daquilo que a frustração pessoal pode oferecer como incentivo para a transformação.

Do contrário, quais as outras opções que lhe restam? Viver em desarmonia pessoal; experimentar a falta de sucesso e frustração de metas; a restrição do potencial pessoal; problemas transbordando em sua vida doméstica, carreira e relacionamentos sociais; insatisfação em relacionamentos íntimos com o sexo oposto; responsabilidades e deveres domésticos limitando a liberdade para atingir suas ambições e, possivelmente, uma saúde precária (problemas digestivos) estimulada por tensões emocionais e psicossomáticas.

Se você aceitar o desafio para resolver os conflitos e contradições desta quadratura e encontrar saídas construtivas para suas poderosas energias, pode ajudar a criar seu novo caminho. Aprender a ouvir estes sentimentos perturbados e conseguir integrá-los em sua vida, em vez de ignorá-los, ajudará a restabelecer o senso de equilíbrio e bem-estar.

Oposição Lua-Sol

Isto indica que provavelmente existem duas principais áreas de desafio em sua vida. A primeira envolve seus relacionamentos íntimos e sociais e a capacidade de adaptar-se às exigências do mundo exterior; a segunda está relacionada às tensões interiores associadas ao conflito e contradições entre sua vontade egóica consciente e sua mente inconsciente, sentimentos e emoções. O estudo da natureza das casas específicas desta oposição planetária pode oferecer indicações valiosas quanto às esferas da vida que provavelmente estão sendo influenciadas.

Você provavelmente sentirá uma divisão interna, com mensagens e impulsos opostos surgindo das diferentes tendências de Sol e Lua, e isto cria estresse e confusão quanto à voz interior que deve ouvir. Você talvez perceba uma voz encorajando-o a seguir um caminho adulto na carreira, vocação e desenvolvimento (o Sol) e outra voz, mais instintiva (a Lua), tentando fazer com que você preste mais atenção às suas necessidades emocionais para sua nutrição pessoal. Ao ser atraído para duas direções, visando as metas e os desejos futuros individuais e ao mesmo tempo voltando-se para o passado seguro e familiar, você se torna inseguro quanto ao que fazer. As respostas instintivas da Lua podem rejeitar as ambições egóicas do Sol, e o Sol se recusa a conceder tempo e atenção para satisfazer a necessidade da Lua de nutrição emocional, pois isto não se ajusta a uma auto-imagem adulta de maturidade independente.

Uma das conseqüências desta polarização interior é a diminuição de vitalidade e energia, que são lentamente consumidas pela tensão e luta interior por supremacia. Diminuir a expressão do Sol e da Lua reduz suas oportunidades de satisfação em todas as esferas da vida, as ambições podem deixar de ser realizadas e os relacionamentos deixam de preencher suas necessidades emocionais. Com o tempo, desenvolve-se um padrão de oscilação, dependendo se seu equilíbrio interior entre o Sol e a Lua pende a favor de um ou do outro; se o equilíbrio for regularmente a favor de um planeta, então as qualidades do outro planeta são reprimidas na mente inconsciente. A tendência pode ser reprimir as energias mais profundas da Lua de volta para o inconsciente, que é onde ela possui uma afinidade natural, mas, ao elevar e ouvir apenas o Sol são negadas muitas necessidades emocionais pessoais, e isto finalmente irá estimular problemas posteriores de integração que irromperão sob esta pressão em futuros relacionamentos amorosos.

Na oposição, muitas vezes parte da polaridade planetária menos expressada e integrada é projetada externamente no mundo e nas pessoas, e provavelmente a existência de seu conflito interior será inconscientemente transmitida aos outros, que, então, servirão para refletir seu aspecto não integrado. O estresse existente na psique reflete-se em dificuldades nos relacionamentos e talvez este seja um desafio contínuo a ser solucionado, podendo transbordar em situações domésticas, financeiras, românticas e conjugais. A tensão contínua pode criar problemas de saúde e esgotar sua vitalidade, e um sinal disso pode ser a sensação de inquietação, agitação nervosa e doenças psicossomáticas. Podem ocorrer mudanças de humor e reações emocionais, abrangendo desde a alegria e sensação de propósito, significado e autoconfiança, até depressões profundas, sentimentos de carência no amor e perda da estabilidade individual. Isto pode ser desencadeado pelo movimento de sua polaridade interior entre Sol e Lua, quando o equilíbrio de energia flui desordenadamente.

Este fluxo instável de energia pode ser notado quando você inicia um novo projeto ou muda de direção com grande entusiasmo e vontade e então subitamente tudo parece ser uma perda de tempo e um erro, à medida que seu nível de energia decresce. Esquemas, projetos e idéias dispersos e incompletos podem desorganizar sua vida. Os relacionamentos também podem seguir um padrão semelhante, começando como "o amor de sua vida" e então se transformando em um retraimento insatisfatório, enquanto os sentimentos mudam, e a desilusão se estabelece.

Subjacente aos seus relacionamentos estão aqueles profundos desejos e necessidades da Lua; satisfazê-los é a raiz das dificuldades nos relacionamentos. Você tende a manter a imagem de um parceiro amoroso capaz de satisfazer todas as suas necessidades, mesmo aquelas que você, com freqüência, nega ou escolhe nem mesmo reconhecer para si mesmo, alguém em quem possa quase se perder e confiar totalmente. Provavelmente estes são reflexos de padrões anteriores da infância, quando seus pais não foram capazes de satisfazer completamente suas necessidades; agora, você procura outro adulto para satisfazê-las. Para você, um parceiro deve ser um amante, um amigo e companheiro, que o apóie, resolva seus conflitos, atenda às suas necessidades e ofereça direções nítidas na vida. Existem necessidades de dependência entrelaçadas neste padrão, o desejo de pertencer a alguém, que breves romances temporários não conseguirão satisfazer. Você espera encontrar alguém que cuide das coisas, ou que o ajude a desenvolver seu próprio potencial; de algum modo, você se sente incapaz de fazê-lo sozinho.

A dificuldade consiste na tendência a projetar suas tensões interiores nos relacionamentos íntimos, com fases de desentendimentos, disputas e discussões, que ocorrem como um meio de liberar energias. Talvez você precise se comprometer mais, sendo essencial aprender a dar, em vez de apenas receber. O equilíbrio e a moderação são abordagens a serem consideradas, em lugar de reagir a sentimentos contraditórios e responder apenas à voz temporariamente dominante. Dê um tempo a si mesmo para determinar as metas mais consistentes em sua vida, avalie realisticamente suas qualidades, talentos e potenciais e tente descobrir uma forma de unir e integrar o Sol e a Lua em uma mensagem única a ser seguida. Liberte-se dessa prisão subjetiva, descubra um senso de objetividade e recuse-se a culpar o ambiente ou as pessoas pelos obstáculos que permanecem no caminho de seu desenvolvimento.

Embora parte desse padrão de personalidade possa ter se desenvolvido durante a infância, quando você percebia que seus pais lhe ofereciam dois tipos de mensagens opostas, ou, talvez, pela perda de um deles por divórcio ou morte, é sua responsabilidade como adulto superar esta dificuldade em vez de perpetuá-la novamente. Pode não ser fácil integrar os princípios do Sol e da Lua em sua psique, e você deve buscar um cuidadoso equilíbrio entre ouvir e acatar ambas as vozes, o que pode ser essencial para seu bem-estar, que ocorre após um período de perda de significado e propósito na vida. Você pode conseguir uma mudança na consciência e integração das necessidades mais profundas e ignoradas da Lua se tiver vontade para fazê-lo. Neste estágio, talvez seja adequado buscar técnicas de autoterapia, que visam liberar sentimentos reprimidos e desejos/necessidades individuais, assim como pode ser bom procurar a psicossíntese, *gestalt* e grupos de encontro e aconselhamento, que podem ajudar a estimular a qualidade integrativa dos centros lunar e solar, conduzindo ao equilíbrio interior e à liberdade de expressão.

Conjunção Mercúrio-Sol

Somente os aspectos da conjunção e do semi-sextil são astronomicamente possíveis entre o Sol e Mercúrio, pois a distância máxima entre eles é de 28 graus.

Sua auto-imagem e identidade estão intimamente relacionadas à sua expressão mental e atividade e você provavelmente será um comunicador eficaz e eloqüente, que gosta de impressionar os outros com sua inteligência e acuidade verbal. Contudo, podem existir "pontos cegos" em seus relacionamentos ou em sua capacidade de auto-reflexão, e seria útil tornar-se consciente destas tendências.

Ao se identificar tão estreitamente com seus pensamentos, crenças, atitudes, valores e opiniões, com freqüência você deixa de ouvir adequadamente pontos de vista diferentes ou de analisá-los com o devido respeito e consideração. Isto acontece porque qualquer desafio às suas percepções é considerado um desafio pessoal, e, como você assume uma postura mais egocêntrica, raramente ele é bem-vindo. Enquanto gosta de expressar vigorosamente seus pensamentos, também acha necessário ser dominante na sociedade, e pode tentar forçar os outros a concordarem com você através do simples poder de comunicação. Alguns podem reagir contra seu estilo, especialmente se você for obviamente indiferente a pontos de vista alternativos. Sua tendência a ser excessivamente preocupado com seus pensamentos e preocupações pessoais pode limitar a comunicação verdadeira, e os outros podem ter a impressão de que as preocupações deles são facilmente esquecidas ou que seu aparente interesse por eles não é genuíno.

Devido à agilidade mental e habilidades verbais, você é capaz de se projetar muito bem na sociedade ou nos negócios, podendo atingir posições elevadas. Você gosta desses papéis, pois eles elevam sua auto-imagem, apoiando a crença na exatidão de seus pensamentos, acrescentando uma força extra em sua expressão. Mas, como qualquer pessoa, você não está certo o tempo todo e suas instruções podem ser desafiadas. Você acha difícil admitir erros, pois isto é considerado como uma "perda de prestígio" e pode tentar impor idéias e decisões utilizando o poder de sua posição ou de sua vontade, ignorando quaisquer objeções. O tempo dirá se esta é uma atitude sábia.

Você possui uma rapidez de pensamento que nem sempre atua a seu favor, pois prefere agir o mais rápido possível e, em alguns casos, pode deixar de avaliar informações relevantes ou opções necessárias para tomar decisões sensíveis. Permitir que a energia nervosa carregada o domine também aumentará a tendência de fazer escolhas insensatas, e talvez precise modificar esta atividade compulsiva que pode conduzir a caminhos sem objetivos.

A verdadeira qualidade de seus processos de pensamento também pode ser variável, dependendo da distância que Mercúrio se encontra do Sol. Se a órbita da conjunção for no máximo de 7 graus, o mais favorável seria uma conjunção exata aonde Mercúrio e Sol estivessem alinhados e em harmonia de vibrações, pois isto intensificaria o fluxo de comunicação mental e percepção intelectual. Se a órbita estiver entre 4 e 8 graus, a harmonia das vibrações pode periodicamente se dissolver, tornando-se desordenada e propensa a uma atividade mental sobrecarregada e nervosa, podendo resultar em ilusões e autopercepção deformada. Outra tendência desta conjunção é a fusão estreita entre a visão de mundo do signo do Sol e as atitudes mentais de Mercúrio, que são muito semelhantes e por isso formam um filtro sobre as experiências e a compreensão da vida, transmitindo mensagens semelhantes que excluem outras maneiras de perceber a vida. Isto cria uma falta de compreensão e entendimento complacentes, e poderia ser melhor para o Sol e Mercúrio se estivessem em signos diferentes, possibilitando uma maior amplitude de visão.

Quando você se certificar de que nota as reações dos outros ao seu estilo de expressão, modificando-o se necessário, ou quando perceber que não possui objetividade no que se refere à sua natureza e procurar uma autopercepção mais clara, será capaz de utilizar mais positivamente as habilidades envolvidas nesta conjunção; entre elas, o talento para criar "idéias", que podem ser usadas por outras pessoas mais aptas para desenvolvê-las e colocá-las no lugar certo. Você se sente estimulado pelas idéias, e pode transmitir este entusiasmo aos outros, incentivando suas mentes a perceberem as possibilidades que está sugerindo. Suas idéias podem ser criativas e inspiradas e você é capaz de usar este talento nas áreas de educação, talvez como conferencista ou escritor, embora suas habilidades verbais possam ser mais desenvolvidas.

Nos negócios, você pode ser valorizado por suas contribuições em "debates livres" e novas direções da empresa, pois incentiva novos pensamentos nos outros e espalha sementes que seus colegas irão plantar. Contudo, algumas vezes pode encontrar resistência daqueles que acreditam que suas idéias não foram totalmente elaboradas, ou cujos sentimentos pessoais foram deprezados por você no passado. Você jamais deve ignorar a dimensão das relações humanas.

CONJUNÇÃO VÊNUS-SOL

Apenas os aspectos da conjunção e da semiquadratura são astronomicamente possíveis entre o Sol e Vênus, pois a distância máxima entre estes planetas é de 48 graus.

Isto fornece um espírito otimista e jovial, em que você aprecia muito a vida social e os prazeres da vida, e, assim, se entrega a atividades estéticas e hedonísticas para estimular sua natureza sensual. Os relacionamentos sociais e amorosos são enfatizados e você se sentirá atraído a participar da roda social, circulando com sua coleção de amigos, família e conhecidos.

Considera importante que os outros gostem de você, e esta necessidade pode fazê-lo agir de determinadas maneiras para obter a aprovação das pessoas, portanto, tente não comprometer excessivamente seus próprios sentimentos e pensamentos para ser aceito socialmente. Pode existir uma qualidade dramática na sua maneira de se apresentar, talvez originada de uma sensibilidade artística e criativa, e isto será utilizado para chamar a atenção das pessoas; você prefere deixar sua marca e precisa sentir que é reconhecido.

Embora muitos possam vê-lo sob uma luz superficial, não é deste modo que você deseja ser socialmente reconhecido. O reconhecimento que procura é o de sua personalidade como um todo, de seus talentos e qualidades, e à medida que for envelhecendo irá preferir a companhia daqueles que conseguem valorizá-lo mais completamente. Isto pode acontecer através de interesses mútuos em arte, cultura ou na beleza da natureza, porque, sob qualquer verniz social, encontra-se a sua verdadeira valorização da harmonia da vida e da natureza que evoca o espírito romântico e poético que inspira sua percepção da vida e que infunde um desejo oculto por paz e integração interiores. Você aprecia a qualidade na vida e tentará criar um ambiente familiar agradável que permita sua tranqüilidade nos confortos e prazeres domésticos.

Você irá atrair os outros por sua poderosa personalidade magnética, e provavelmente vivenciará uma série de relacionamentos como conseqüência de suas atitudes românticas. Você demonstra facilmente amor e afeto, e seu coração pode se derreter muito rapidamente. Como amante da vida, existirá uma certa intensidade, assim como períodos de alegrias e sofrimentos no amor, mas jamais tente abandonar sua natureza amorosa, ou pode descobrir que a vida rapidamente perde seu brilho e torna-se cinzenta, rotineira e triste. Parte de seu papel é disseminar a valorização da vida, estimulando os outros a poderem também se tornar sinceros amantes da vida, e você não acha que esta é uma tarefa que vale a pena ser realizada?

Algumas pessoas podem considerá-lo "muito aceso" ou narcisista; assim, talvez precise tornar-se consciente das reações dos outros e, se estiverem corretos em sua avaliação a respeito de seu egocentrismo, pode ser aconselhável você realizar algumas modificações, para que também possa reconhecer suas naturezas, qualidades e personalidades. Nas conversas, a arte de ouvir é tão importante quanto a arte de se comunicar, e seus entusiasmos podem precisar de uma eventual moderação.

Você pode proporcionar benefícios positivos àqueles que se tornam intimamente ligados a você, compartilhando sua vitalidade, amor e afeto, e, mesmo que seus relacionamentos não persistam, espera que as pessoas que se envolveram com você não se arrependam do tempo que foi compartilhado. As mudanças surgirão através da expressão de sua sensibilidade e de seu prazer de viver, e, com o tempo, podem transformar sua identidade consciente e auto-imagem, permitindo que comece a manifestar mais profundidade e *insight*. Os outros podem procurá-lo em busca de apoio e conselhos, desejando que sua chama reacenda as deles. Seu caminho de desenvolvimento solar é através das energias amorosas e unificadoras de Vênus, assim, deixe que elas irradiem para o mundo, tocando e inflamando os corações de outras pessoas.

CONJUNÇÃO MARTE-SOL

Isso indica a presença de uma energia "masculina" em essência, altamente vitalizada, vigorosa, potente e agressiva. A utilização e exploração de sua poderosa vontade torna-se um impulso importante que exige expressão, muitas vezes resultando em um nível mais egoísta de preocupação, concentrado na satisfação de seus desejos e ambições.

Você pode possuir um temperamento agressivo, combativo, que reage rapidamente a qualquer sinal de ameaça ou situações potencialmente competitivas, considerando-as como uma oportunidade para exibir sua força, talentos e habilidades inatos. Você sentirá uma necessidade de provar seu valor ao mundo através de realizações, ou, pelo menos, alcançando um perfil social mais elevado do que a maioria. Você pode tender a assumir atitudes de superioridade, freqüentemente derivada de um sentimento de autoconfiança, e interiormente mantém uma auto-imagem de liderança em determinada área. Próximo à superfície de sua personalidade, encontra-se um impulso para lutar, e você pode abordar a vida como um desafio, quase provocando batalhas ao "atirar a luva", como um teste para sua força e poder.

Para alguns, você pode parecer excessivamente agressivo, e sua presença pode ameaçá-los devido à sua poderosa vibração. Talvez adquira diversos adversários no decorrer de sua jornada pela vida, especialmente porque está propenso a ser insensível aos sentimentos alheios. Isto pode ocorrer particularmente em sua vida profissional, onde provavelmente estará em contato com outros indivíduos poderosos. Você gosta muito de utilizar sua força de vontade e talvez necessite prestar mais atenção à maneira como se relaciona e se expressa, pois isto pode se tornar fonte de controvérsias e declínio quando mal utilizado. A tendência a se irritar rapidamente também pode precisar de algum controle, ou palavras ditas impensadamente podem arruinar relacionamentos ou amizades.

Você reage contra limitações e restrições e considera o apego ao *status quo* ou rotinas repetitivas uma maldição para seu espírito volátil. Você adora a ação, e a carga de adrenalina de esportes físicos ou atividades perigosas o atraem muito. Seus entusiasmos podem ser espontâneos e impulsivos, e você prefere deixar um espaço em seu estilo de vida para decisões súbitas e mudanças de direção que podem renovar a vitalidade e acrescentar um toque de novidade quando a vida se tornar aborrecida e familiar. Você pode sentir-se atraído a compartilhar este amor pela vida e excesso de energia, estimulando as pessoas a se libertarem de suas rotinas auto-impostas e abandonarem sua apatia. Contudo, alguns podem não valorizar os seus esforços, e você precisa saber reconhecer se eles não irão cair em terreno pedregoso.

Existe um traço autoritário em seu caráter que se ofende quando alguém desafia suas atitudes, seus valores, seus pensamentos ou suas crenças, e você considera isto como um ataque pessoal, não como uma troca de diferentes pontos de vista. Pode adotar uma atitude do tipo "Eu estou certo e você está errado" quando surgem estes confrontos, e recusar-se a considerar percepções alternativas; isto pode se tornar uma restrição para sua receptividade às muitas maravilhas da vida e infinitas variedades de percepção.

Nos relacionamentos, você não se compromete com facilidade, pois tende a ser egoísta e preocupado com a realização de seus desejos; isto pode se tornar um problema a não ser que seja cuidadosamente modificado, ou caso você consiga um parceiro extremamente passivo e tolerante. Um forte impulso sexual e paixões inflamadas são prováveis fatores em seus relacionamentos e você pode sentir-se especialmente atraído por casos amorosos inesperados, particularmente se a questão da "conquista" for importante em sua natureza.

Embora provavelmente possua habilidades criativas consideráveis, pode ter dificuldade para concentrá-las construtiva e solidamente e, a despeito de seu elevado nível de atividade, desperdiçar energia que poderia ser utilizada mais positivamente. Em parte, isto é devido a uma impulsividade que prefere a ação ao planejamento e à reflexão, e esta tendência pode necessitar moderação, devendo você utilizar melhor os seus recursos e ter menos pressa em se lançar em direção aos seus objetivos. Escute os conselhos dos outros ou aceite sugestões profissionais; talvez nem sempre você saiba mais.

Seu foco é o poder através da ação, e as principais áreas para liberá-lo são a casa da conjunção e as casas regidas pelo Sol e por Marte em seu mapa. Observe-as, pois elas podem oferecer oportunidades adicionais para o emprego bem-sucedido de seus talentos e energias, especialmente quando você começar a lidar com elas com maior auto-compreensão.

SEXTIL MARTE-SOL

O sextil pode oferecer uma energia poderosa, que seria melhor utilizada através de sua mente e intelecto, e este nível pode se tornar a fonte de sua direção na vida, da qual podem se originar suas principais realizações.

Você talvez possua um dom para o pensamento criativo que pode se transformar em empreendimentos positivos e construtivos, e, através de seu desenvolvimento, seus talentos especiais serão manifestados. Esta dimensão de sua natureza poderia ser revelada pela dedicação aos seus interesses e pela criação de canais para a expressão de seu espírito criativo. Esta criatividade pode fluir através das casas e signos ocupados e regidos pelo Sol e Marte, e, se os seus interesses coincidirem com as associações destas posições planetárias, observe mais profundamente seu potencial para exploração. Podem ocorrer oportunidades adicionais quando os movimentos de trânsito ou progressão estiverem em contato com o sextil natal, reestimulando o fluxo de idéias inspiradas.

A energia do sextil é mais equilibrada e capaz de uma assimilação mais fácil do que a vibração abrasiva da conjunção e, embora você tenha uma personalidade poderosa com uma vontade forte, é mais controlado e socialmente menos agressivo. Sua percepção dos relacionamentos é desenvolvida e, assim, você não parece ameaçador ou excessivamente competitivo para os outros. Sua personalidade pode ser confiante, segura e relativamente estável, e as pessoas podem reconhecer sua integridade e habilidades de comunicação interpessoal procurando sua ajuda e apoio. Sua tendência será expressar as opiniões de modo firme, mas está sempre disposto a ouvir o que os outros estão dizendo ou sugerindo, reconhecendo que suas contribuições podem ser tão úteis quanto as suas; você não acredita possuir o monopólio da verdade.

Você possui habilidade para iniciar novos projetos e esquemas e pode ser um líder ou coordenador eficiente, capaz de lidar com tarefas que exigem cooperação conjunta. Geralmente planeja as ações e toma decisões cuidadosamente, resistindo a qualquer impulso para se lançar à ação até sentir-se totalmente satisfeito com relação à viabilidade de qualquer empreendimento. Você reconhece que pode cometer erros e, assim, tenta minimizá-los.

Os interesses sociais são muito ativos e a dedicação a assuntos do mundo atual será uma área de estudo a ser procurada. Qualquer área de pesquisa, estudo e acúmulo de informações e conhecimento atrairão sua mente curiosa, proporcionando uma fonte constante de estímulo mental e especulação inteligente. Você pode preferir uma variedade de "diferentes *inputs*" em seu computador mental e provavelmente permanecerá um "estudante" durante toda sua vida, quer através do desenvolvimento de habilidades e conhecimentos em cursos formais de educação, quer dedicando-se aos seus interesses em pesquisas independentes. Seu interesse pode estar ligado a áreas de oportunidade, especialmente nas esferas da escrita, jornalismo, ensino, comunicação e consultoria. Pode sentir-se atraído para trabalhar com as mentes dos jovens, inspirando a futura geração ou desenvolvendo direções futuras para o benefício do mundo, enquanto tenta expressar uma responsabilidade social.

Você possui um senso de justiça e de imparcialidade muito desenvolvido, e com freqüência enxerga o mundo através desta ótica, possivelmente envolvendo-se em questões de direitos civis e problemas sociais.

Embora possa ser intelectualmente preconceituoso, possui a percepção de que todas as pessoas têm seus dons e talentos, mesmo sendo diferentes dos seus, e que todos podem contribuir com algo valioso para o bem-estar da sociedade.

Nos relacionamentos, prefere companhias inteligentes e cultas, que reconhecem a sensibilidade da vida e valorizam sua beleza. Os parceiros podem ter um intelecto desenvolvido ou uma percepção artística, e você apreciará conversar sobre estes assuntos. No amor, espera um parceiro de qualidade superior, alguém que combine com você em todos os níveis, e que também seja adequado à sua natureza física energizada. Será cuidadoso ao escolher suas parcerias, e encontrar um bom relacionamento pode ser a chave para a descoberta de uma direção na vida, mais profunda e satisfatória.

TRÍGONO MARTE-SOL

O trígono possibilita a transformação da teoria em prática, e esta qualidade conciliadora pode se tornar a fonte de sua direção na vida, pois sua habilidade para utilizar positivamente a energia pode criar maneiras para resolver situações problemáticas. Isto pode ocorrer através de uma abordagem que utiliza a energia de modo criativo e benéfico, propondo desafios que você pretende superar.

Você é autoconfiante e acredita em suas próprias habilidades, estabelecendo metas e perseguindo ambições que surgem de seus propósitos únicos voltados à criação de um estilo de vida adequado, mas que nem sempre corresponde aos caminhos e indicações de sucesso tradicionais. Não aprecia uma existência ou ambiente de trabalho instáveis, preferindo uma atmosfera mais tranqüila onde se sinta livre para se dedicar aos seus interesses. Embora goste de novos desafios, o vaivém da competição parece menos atraente, e acha que não vale a pena se exaltar, se isto exigir a queda de outra pessoa.

Justiça, integridade e honestidade são qualidades que você respeita e que espera em suas negociações com os outros, e as questões éticas ou morais são consideradas em sua vida. Estas questões formam seu código de relacionamentos e você tenta permanecer o máximo possível fiel a elas, mesmo que às vezes isto possa exigir a privação de alguns sucessos e progressos, pois geralmente não está disposto a se comprometer em favor de qualquer avanço. Você pode adotar um estilo de conduta galante; embora possua a habilidade da liderança, tenta se certificar de que está lidando corretamente com pessoas de qualquer posição de responsabilidade e está disposto a auxiliar os outros em seu caminho, desde que eles não tentem táticas menos escrupulosas para vencer.

É provável que você tenha qualidades administrativas e de organização e possa assumir as dificuldades de tarefas que exigem muito, provando ser um trabalhador confiável, eficiente e consciencioso, que consegue realizar e criar planos de ação bem-sucedidos.

As áreas que podem atraí-lo incluem a lei, administração de negócios, educação, meios de comunicação, criatividade pessoal e esforços físicos. As oportunidades podem conduzi-lo a contatos interpessoais mais profundos, e atuações em áreas de aconselhamento e orientação podem interessá-lo. Uma de suas vantagens para este tipo de trabalho é a genuína tolerância com os outros, permitindo que cada um mantenha sua visão individual de vida e respeitando-os por sua natureza livre. Muitos podem condenar interiormente as pessoas que não são iguais a eles, assumindo a atitude de que todos deveriam se encaixar na imagem que desenvolveram. Felizmente, a vida discorda desta atitude e exibe uma inacreditável abundância de variedades.

Você tende a formar uma percepção de vida realista e, assim, suas expectativas não são excessivas e irreais; você valoriza os progressos que faz ao expressar seus talentos criativos e energias poderosas. De vez em quando, pode ser necessário um foco disciplinado, pois talvez se veja diante de diversas opções e da ausência de clareza de propósitos, que dispersam sua força de vontade. Tenha cuidado com atos impulsivos ocasionais; nem sempre eles o beneficiam e um avanço cuidadoso e seguro pode mostrar-se mais benéfico. Agir em harmonia com a energia deste trígono pode servir para abrir portas em sua vida; fique alerta e reconheça quando as oportunidades se apresentam para que possa aproveitar ao máximo as dádivas da vida.

QUADRATURA MARTE-SOL

Você pode enfrentar frustrações e insatisfações como conseqüências parciais de suas próprias atitudes e de sua maneira de se expressar, que, com freqüência, desperdiçam as chances de sucesso e realização; pode sentir uma energia incansável que busca liberação, e esta agitação interior ligada a desejos fortes pode levá-lo a uma vida acidentada e agitada, resultante dos efeitos de ações impulsivas e algumas vezes inadequadas. Você fica impaciente com facilidade, especialmente quando os resultados demoram a surgir, sentindo raiva e frustração quando isto acontece; então, sua reação natural é utilizar mais poder e força de vontade para atingir suas metas, mas sem necessariamente criar os efeitos que deseja. Tendendo a agir sem pensar, muitas vezes espalha as sementes de seus fracassos futuros, destruindo planos que poderiam ser perfeitamente razoáveis se tivessem sido mais cuidadosamente elaborados.

Você é uma pessoa egoísta, procura impor sua presença na sociedade e deixar uma marca no mundo. Ao lutar para provar seu valor, pode descobrir que obteria mais sucesso se modificasse sua abordagem. Você tem muita energia e entusiasmo, embora possam ocorrer problemas no que se refere à habilidade para direcioná-los e focalizá-los em canais positivos e construtivos. Talvez determinadas lições precisem ser aprendidas antes que o caminho se abra à sua frente. Seria útil um pouco mais de planejamento e reflexão para minimizar o desperdício de energia e direções restritivas e para permitir-lhe planejar antecipadamente e criar eventuais caminhos para superar quaisquer obstáculos previsíveis. É preciso paciência para que os contratempos temporários não o frustrem demais e para que você possa confiar em seu talento e ter fé em suas habilidades de perseverança. Também é importante manter seu foco direcional, pois existe em você a tendência de perder a confiança e mudar de direção quando surgem obstáculos e resultados que desapontam.

Mudar seus relacionamentos também pode ser a chave para beneficiá-lo, especialmente ao modificar conscientemente quaisquer tendências a ser temperamental, discutir, exigir atenção e ao egocentrismo. Embora você possa ser uma boa companhia, sua falta de tato e diplomacia algumas vezes se tornam um empecilho para os relacionamentos; comentários impulsivos e inadequados podem não ser apreciados, bem como quaisquer tentativas para desviar as conversas visando concentrá-las somente em você e em seus interesses. Você pode reagir contra quaisquer pontos de vista opostos, com freqüência considerando-os um ataque pessoal, em vez de ouvir cuidadosamente e verificar se oferecem novas perspectivas que possam enriquecer sua percepção e compreensão da vida ou de um assunto específico.

A sexualidade é um importante foco de expressão, e suas paixões fluem fortemente com este aspecto, embora também possam existir frustrações e repressões que variam da ausência de um parceiro, desejo por alguém inacessível e até a falta de amor pelo parceiro. O amante ideal é aquele que satisfaz suas necessidades em todos os níveis, e você deve fazer uma escolha cuidadosa ao decidir se comprometer com alguém, do contrário pode descobrir que sua liberdade foi limitada por um ato impulsivo. As escolhas certas dependem do autoconhecimento; uma autocompreensão mais profunda irá revelar o tipo de parceiro que pode complementá-lo. Tenha cuidado para não permitir que uma natureza controversa interfira em seus relacionamentos íntimos, senão eles podem se transformar em um campo de batalha emocional. Se as suas energias sexuais permanecerem elevadas e houver pouca oportunidade para que sejam saudavelmente liberadas, talvez seja recomendável um novo direcionamento delas para canais criativos, para que você não se torne progressivamente irritável e instável. Também não é sensato permitir que as preocupações sexuais se tornem dominantes na personalidade e talvez seja necessário um reequilíbrio para um melhor ajuste.

Com diversas modificações na personalidade, seu futuro pode ser mais promissor, e você pode direcionar as energias para as áreas da escrita, lei, medicina, ensino ou carreiras militares, que se ajustariam a seu temperamento, embora também possam ser limitações à sua liberdade. Para você, a liberdade é importante, assim, se opõe a quaisquer exigências de compromisso no trabalho ou parceria e, até que esta questão seja resolvida, você pode se sentir incapaz de aproveitar ao máximo as oportunidades apresentadas. Ao enfrentar situações que podem comprometer sua liberdade, reage sendo menos decidido, pois detesta sentir-se aprisionado. Encontrar um emprego que lhe permita liberdade de ação e independência e um parceiro que reconheça esta sua necessidade pode ser um passo na direção certa. Suas habilidades existem, mas podem exigir uma abertura maior que lhes permita se manifestarem; porém, assim que começarem a fluir, podem ser muito transformativas.

Oposição Marte-Sol

Provavelmente você tem uma visão que percebe a vida como um desafio, uma luta por supremacia entre você e o mundo, e adota esta postura combativa e agressiva na tentativa de provar seu valor pessoal. Subjacente a esta atitude há um choque de energias interiores, projetadas como adversários-sombras no mundo externo, de modo que as discussões, discórdias e conflitos parecem seguir seus passos. Existe pouca tranqüilidade em seu mundo; ele é mais um campo de batalha, onde você acredita que pode "se destacar" provando sua capacidade. Você é incentivado pelo espírito competitivo, pretende vencer e ser o número um. Contudo, a qualidade de sua vibração agressiva tende a atrair pessoas iguais em sua vida, e isto pode resultar em lutas pelo poder nos ambientes de trabalho e familiar. Utilizar uma força extra pode colocá-lo em posição de superioridade, embora também possa aumentar o número de adversários que deixa em seu caminho; agindo desta maneira, existem poucas possibilidades de conquistar amizades verdadeiras.

Você possui uma poderosa natureza ambiciosa e se concentra facilmente para realizar seus desejos, sejam estes amantes, posições executivas ou outra coisa qualquer, mesmo que suas energias se concentrem apenas temporariamente nas direções específicas. Estes desejos podem refletir os problemas das casas e signos de Marte e do Sol, e muitas vezes contêm os assuntos que o fazem sentir-se mais combativo. Pode haver uma aura de "perigo" ao seu redor, possivelmente com um poder agressivo e magnetismo sexual, que alguns consideram extremamente atraente, embora esta energia possa transbordar através da manifestação de um temperamento irascível e violência potencial se não for controlada. Você é muito reativo fisicamente e tem uma apreciação visual e sensual da vida muito desenvolvida. Talvez precise fazer com que seus desejos não se tornem compulsivos ou obsessivos.

Nos relacionamentos, talvez não tenha sensibilidade para os sentimentos e necessidades dos outros e pode precisar modificar suas expectativas com relação a um parceiro, fazendo com que elas se adaptem mais estreitamente a uma apreciação realista, em vez de estimularem desilusões posteriores. É necessária uma escolha sábia do parceiro, do contrário sua vida doméstica pode se tornar instável e traumatizante; um parceiro que evoque sua natureza e qualidades mais elevadas é provavelmente mais ideal do que um que apenas estimule sua natureza ardente e vigorosa. Encontrar uma companhia adequada, suficientemente forte para permitir que você a domine, o ajudaria a modificar sua atitude com relação à vida. O perigo pode ser a tendência a tomar decisões ou a agir impulsivamente, do que você se arrependerá mais tarde.

Talvez a experiência finalmente o leve a fazer modificações em sua expressão, embora provavelmente isto só aconteça mais tarde, depois dos trinta anos de idade e com o desenvolvimento da maturidade. Felizmente, chegará o momento em que este impulsivo sentimento de insegurança e falta de valor diminuirá, e você conseguirá reconhecer seu verdadeiro valor e potencial. Ao diminuir esta pressão auto-imposta por desafios e competição, terá atingido o reconhecimento de seu desempenho e poderá abrir novas direções em sua vida. Quando isto acontecer, aproveite a oportunidade para destruir suas atitudes combativas, ampliando sua visão de mundo e superando as tendências limitativas que o fazem perceber a vida simplesmente em preto-e-branco. Isto poderia ser desenvolvido para incluir o envolvimento com causas sociais e grupos de protesto, onde sua abordagem partidária e energias abundantes poderiam ser usadas positivamente, desde que você mantivesse uma perspectiva equilibrada de suas crenças e atitudes, não tentando assumir um partidarismo vigoroso e expressão fanática.

CONJUNÇÃO JÚPITER-SOL

Você será naturalmente otimista, entusiasmado e ansioso por explorar o potencial da vida, procurando investigar seu poder solar e a tendência expansiva jupiteriana, que lhe permitem sentir a vida tão profundamente quanto possível. A imagem que se ajusta a este aspecto é a do "pesquisador", que acredita estar seguindo um caminho secreto em direção ao destino futuro, reagindo e resistindo a quaisquer limitações restritivas que possam surgir como obstáculos ao seu progresso.

Contudo, esta pode ser uma tendência ambivalente. Você pode estar certo em sua intuição, diferenciando as indicações de seu caminho; mas isto pode igualmente se tornar um meio de fuga se você acreditar que lhe oferece uma justificativa para opções egoístas, ou se reivindicar a liberdade pessoal a ponto de perambular pela vida sem nenhum sentido preciso de direção.

Uma de suas principais vantagens é uma autoconfiança inata que cria uma fé poderosa em sua habilidade para atingir as metas. Com o pensamento positivo você pode atrair a "boa sorte" para sua vida, esperando naturalmente que todos trabalharão a seu favor. Geralmente, suas atitudes positivas se mostrarão eficazes, embora possam surgir ocasiões em que suas tendências excessivamente otimistas forçam demais suas verdadeiras habilidades, fazendo-o experimentar contratempos temporários em seus planos. Mesmo então, você será capaz de descobrir novas estradas para viajar, pois é receptivo às novas oportunidades e direções.

Talvez necessite utilizar de modo mais eficiente seus talentos e recursos pessoais, através de maior autodisciplina e concentração em seus propósitos. Reflexão e planejamento podem ser habilidades que exijam um maior desenvolvimento e que podem ajudar a maximizar seu futuro sucesso. Você desejará utilizar todo seu potencial e a procura de caminhos para fazê-lo podem torná-lo inquieto e incapaz de se fixar por muito tempo. Esta agitação é provocada pela qualidade de expansão jupiteriana, e, ao reconhecer esta atividade, você pode garantir que um modo de vida ou um trabalho rotineiros não o limitarão ou aprisionarão, pois, do contrário, sua contribuição positiva em sua vida poderá inicialmente resultar em efeitos destrutivos.

As áreas que podem atrair seu interesse incluem a educação, a medicina, a lei, viagens, filosofia, religião, influência social e humanitária. Você busca o progresso e oportunidades para se expandir em tudo que se envolve, especialmente quando sua contribuição pode beneficiar o bem-estar de outras pessoas. Existe o potencial para unir seus talentos e interesses em áreas de interesse social, permitindo que sua energia flua na solução de questões sociais, ou você pode se tornar porta-voz ou representante de grupos idealistas e com propósitos sociais. O trabalho envolvendo o impulso inicial para projetos de transformação social pode ser particularmente adequado e oferecer amplas oportunidades para um desenvolvimento contínuo. Unir seu caminho às necessidades sociais poderia ser uma ação adequada e uma escolha sábia.

Você gosta de expressar criatividade e imaginação pessoal, sentindo esta energia fluir em novas formas e canais, desencadeando novos pensamentos, direções e percepções. É muito importante descobrir um caminho que evoque a automotivação, permitindo que esta energia entusiasmada seja liberada. Você gosta de ser bem informado e estará consciente das tendências sociais mais atuais e notícias mundiais e aprecia especialmente o aprendizado contínuo, pois ele proporciona uma fonte para a renovação do interesse na vida e revela novas áreas de atração e experiência. Você busca a plenitude da vida, o verdadeiro desfrute de si mesmo e do mundo, e isto pode fazer com que se sinta atraído por explorações mais hedonísticas. Contudo, isto indica a existência subjacente da necessidade de criar uma percepção, filosofia e visão de mundo únicas e individuais, refletindo uma necessidade espiritual de descobrir seu próprio significado e propósitos da vida.

Seus interesses espirituais não se encaixam nos ensinamentos ortodoxos e organizações religiosas e se originam principalmente do sentido de orientação interior e confiança na generosidade da vida. Você adotará uma posição de tolerância e liberdade, valorizando em especial a unidade de toda a vida e o conceito de solidariedade humana universal, assim, as questões de direitos civis ou ecológicas podem interessá-lo.

Nos relacionamentos, prefere parceiros que estejam fundamentalmente em harmonia com sua percepção da vida, companheiros entusiastas e pensadores positivos, que valorizem as qualidades mais sutis das pessoas e das experiências, não se preocupando com assuntos materialistas ou acúmulo de dinheiro e poder social. Você espera muito de um parceiro e inadvertidamente pode pressionar os outros a satisfazerem suas necessidades, em vez de também se conscientizar de seus sentimentos e desejos. Talvez necessite de mais percepção em seus relacionamentos íntimos, como, por exemplo, controlar sua tendência a se dedicar excessivamente a atividades prazerosas. Do contrário, pode criar desequilíbrios em si mesmo, que irão necessitar ajustes através de maiores cuidados com a saúde. Às vezes, pode ser necessário controlar este espírito inquieto e perceber que, ao se concentrar sempre no horizonte, pode esquecer o que existe ao seu redor, diminuindo a apreciação de coisas atualmente presentes em sua vida.

SEXTIL JÚPITER-SOL

Você se considera capaz de focalizar suas metas e ambições e pensa que uni-las ao seu otimismo e autoconfiança inatos lhe assseguraria o sucesso. Pode sentir-se especialmente atraído por oportunidades ligadas aos meios de comunicação, ou pela criação de idéias para esquemas e projetos que melhorem a qualidade de vida na sociedade.

Sente necessidade de desenvolver um estilo de vida adequado em que existam oportunidades de liberdade, crescimento e desenvolvimento criativo, permitindo que diminuam os aspectos menos agradáveis da vida, conscientemente substituindo-os por atividades que evoquem sua força e talentos. A procura da riqueza pode não envolver sua sincera participação, mas a abundância e prosperidade de um estilo de vida adequado irão atrair seus esforços criativos. Isto poderia ocorrer através da criação de um estilo de vida mais simplificado e natural, desde que satisfaça sua necessidade de prazer.

Muitos tipos de emprego parecerão restritivos, pois, com freqüência, provam ser inimigos da criatividade e do uso da inteligência por serem repetitivos e limitarem a exploração de talentos naturais e qualidades pessoais. Pode lhe ser necessário buscar novos caminhos ou voltar-se para um caminho autodirigido para obter uma satisfação real e maiores oportunidades.

Suas habilidades de comunicação poderiam ser proveitosamente utilizadas, e as possíveis áreas de consideração seriam a educação, o ensino, as relações públicas, consultoria, lei, meios de comunicação e artes dramáticas. Como seu foco provavelmente se encontra no nível mental, envolvido com a atividade intelectual, você pode estudar e aprender facilmente e, com o tempo, isto irá aumentar seu repertório interior de conhecimentos e informação, proporcionando uma mente "bem abastecida". Ao utilizá-la, pode criar oportunidades para suas habilidades de persuasão, argumentação convincente e exibição de lógica; sua associação com a aptidão pela expressão dramática poderia transformá-lo num "personagem" capaz de projeção da personalidade através dos canais de comunicação. A eloqüência verbal é uma habilidade valiosa e, caso se sinta confortável com esta habilidade, procure oportunidades adequadas de expressão.

Você sente uma ressonância interior com os problemas e sofrimentos decorrentes das questões sociais, nacionais ou mundiais, e seu temperamento é naturalmente solidário e preocupado. Prefere agir e viver de modo a beneficiar a todos, e isto implica uma natureza filosófica ou religiosa subjacente, que forma sua visão de mundo. Embora possa se voltar à realização de suas metas pessoais, prefere alcançá-las sem tirar proveito de outras pessoas, e sua tendência é buscar um caminho no qual possa existir uma cooperação construtiva para resolver as dificuldades, sem manipular as coisas em benefício próprio. Esta qualidade poderia apresentar caminhos para a solução de conflitos, onde, ao utilizar suas habilidades de pensamento criativo, as diferenças podem ser sanadas pelo contato mútuo e ajustes.

A integridade e as questões éticas podem se tornar importantes, e você irá cuidadosamente escolher seus parceiros e amigos íntimos, de acordo com determinadas orientações e métodos de avaliação. Terá muitos conhecidos, mas o círculo seleto será escolhido mais restritamente e será composto de indivíduos igualmente confiantes e ativos. As portas se abrem para você, e talvez sinta que sua vida é guiada e protegida por um anjo da guarda invisível, que o ajuda a aproveitar as oportunidades que surgem em sua vida. As viagens também podem se tornar importantes, ou o contato com outras nacionalidades, pois você é receptivo à riqueza do mundo e ao multicolorido das diferentes culturas. Períodos de contemplação e recolhimento temporário da roda da vida podem ser valiosos, pois lhe permitem adquirir uma perspectiva renovada e recarregar estas baterias interiores através da união com o seu eu mais profundo, especialmente se seu estilo de vida exige o contato com outras pessoas ou "projeção de personalidade".

Sua atitude básica é dedicar muita energia à vida, pois ela retorna ampliada, intensificando sua alegria e prazer. Se você criar um estilo de vida adequado, poderá reconhecer que sua vida foi abençoada, e que até sua infância ajudou a espalhar as sementes que o beneficiarão no futuro.

TRÍGONO JÚPITER-SOL

Existe a indicação de que sua vida é "protegida e guiada" e que a "sorte" pode colocá-lo no caminho do sucesso. Entretanto, seu desafio é utilizar mais completamente suas qualidades, talentos e dons naturais como meios para ativar esta "benção interior". Embora o trígono ofereça uma reconciliação destas energias planetárias, o resultado pode ser uma inclinação para se acomodar em um estilo de vida confortável, deslizando modesta e razoavelmente, sem realmente se dedicar e se esforçar. O crescimento e autodesenvolvimento necessariamente não surgem através da experiência da vida e, até certo ponto, exigem uma busca consciente e um esforço deliberado para estimular o processo.

Você reconhece seus atributos, sua criatividade potencial e qualidades ou talentos que poderiam ser empregados positivamente? Sabe o que realmente deseja fazer, quais são suas metas e ambições? Estas metas são importantes para você? Ou contenta-se em passar pela vida sem fazer muito esforço, deixando de manifestar seu potencial latente? Somente você pode responder a estas perguntas, e somente você pode escolher como viver sua vida. Embora a reflexão sobre algumas das indicações astrológicas deste aspecto possa ajudá-lo a ver a si mesmo sob uma perspectiva alternativa.

Você tende a ser otimista, entusiasmado, autoconfiante e assumir uma atitude positiva, construtiva e altruísta com relação à vida e às pessoas. Pode ser muito generoso e ajudar muito as pessoas, pois considera os contatos sociais fáceis e aprecia companhia. Sua atitude é despreocupada e tranqüila e recusa sentir-se pressionado para se adaptar às expectativas dos outros. A liberdade e o prazer pessoal o atraem mais, e, a não ser para a criação deste confortável estilo de vida, podem evitar esforços mais exigentes. Talvez você se encaixe na categoria "abaixo da média" tantas vezes utilizada nas escolas. Contudo, você também desenvolve sua própria filosofia, baseada em ideais, honestidade, ensinamentos morais ou religiosos que sustentam suas ações e escolhas na vida.

O assunto que talvez exija uma confrontação é o da execução prática de seus recursos. Você é inteligente e razoavelmente eloqüente, mas até onde pretende realmente utilizar esta inteligência e em que direções? Existem maneiras para se esforçar mais, que ofereçam maior satisfação na vida sem comprometer seus ideais filosóficos e sem exigir que você entre em situações competitivas? Existem oportunidades em áreas que podem interessá-lo — como medicina, lei, escrita, educação, estudo, a comunidade, a comunicação —, nas quais você poderia crescer, expandindo seu potencial sem restringir demais sua liberdade? Como poderia utilizar seu prazer no estudo, no conhecimento e na contemplação interior para criar uma carreira compatível? Ou isto poderia ser associado a uma habilidade para prever tendências futuras, talvez como "analista do futuro" e comentarista social profético em determinada área? Descobrir caminhos alternativos para perceber o uso de talentos, qualidades e interesses pode ser crucial na formação de caminhos de vida únicos e individuais, embora com freqüência exista uma falta de incentivo social para se aprender os meios e técnicas para atingi-los. É sua responsabilidade determinar seu próprio grau de ambição e esforço, mas, antes de mais nada, verifique se um novo caminho alternativo poderia lhe ser revelado através de uma mudança de percepção e auto-avaliação.

Seus relacionamentos sociais podem ser muito variados, e seu nível de tolerância é elevado, pois você prefere ser receptivo com as pessoas, aceitando-as como elas são e não esperando que se adaptem a quaisquer impressões interiormente preconcebidas. Você pode apreciar a vitalidade e as mentes frescas das crianças, e sua habilidade nesta direção poderia ser proveitosamente utilizada, desde que você não esteja procurando evitar desafios e desenvolvimento em outras áreas. Você prefere a simplicidade na vida e talvez não se sinta muito atraído por pessoas que oferecem grandes desafios intelectuais e complexidade. Isto não significa que não possa lidar com eles, mas que pode resistir ao esforço exigido.

Você procurará um parceiro com qualidades elevadas, alguém que também tenha seus próprios padrões morais na vida e possua uma filosofia compatível com a sua. As habilidades práticas serão valorizadas, bem como a firmeza de personalidade, tolerância e compreensão genuínas; seu parceiro será alguém com quem você possa relaxar com facilidade e apreciar a vida, e, idealmente, alguém que também o estimule em vez de anulá-lo.

QUADRATURA JÚPITER-SOL

Este aspecto mostra frustrações que têm suas raízes em sua natureza e atitudes e que só podem ser resolvidas mediante mudanças e modificações dentro de você mesmo. A qualidade de expansão de Júpiter é muito potente, estimulando um excesso de expansão em suas ações e atitudes, incitando-o a ir além de sua capacidade. Podem lhe faltar paciência, planejamento, autodisciplina e persistência, e isto trabalhará contra o sucesso de suas ambições, embora a realização de suas metas possa ser muito motivadora.

Isto não significa que você seja incapaz de alcançar o sucesso, mas sim que sua abordagem espalha sementes para o fracasso futuro. Se isto já aconteceu em sua vida, você deve reconhecer e perceber que o progresso futuro pode ser alcançado quando se realizam determinadas mudanças interiores. O primeiro passo é certificar-se se você determina suas intenções e objetivos e qual a forma que usa para conseguir realizá-los. Como seus desejos e sonhos podem ser múltiplos e variados, torna-se mais difícil para você concentrar-se em seu caminho e talvez precise fazer uma total reavaliação de suas prioridades e necessidades mais prementes, para obter uma clareza de propósitos. Agir muito rapidamente com freqüência pode levá-lo ao fracasso, devido a planos mal elaborados; assim, talvez seja necessário parar e pensar mais profundamente antes de se lançar à ação, ou, então, prestar mais atenção nos conselhos dos outros. É exigida uma cuidadosa avaliação de suas capacidades reais para que elas combinem com o nível necessário à realização de suas metas;

utilizar os talentos tende a expandir o potencial latente, mas inicialmente, é necessário um determinado nível de habilidade. É essencial que haja uma apreciação mais realista do tempo, do contrário você sentirá frustração se o sucesso não surgir rapidamente. O otimismo e entusiasmo excessivos devem ser cuidadosamente controlados, assim como tendências a realizar mudanças na vida, que, se não forem compreendidas, podem destruir em vez de ajudar.

As áreas da vida especialmente afetadas são as casas e os signos regidos e ocupados pelo Sol e Júpiter, e é através dessas esferas que você pode expandir-se demais ou procurar realização. Se deseja sinceramente transformar qualquer padrão de frustração em sua vida, torne-se mais realista, maduro e controlado e, desse modo, os benefícios começarão a surgir, especialmente se você sistematicamente se disciplinar para superar os obstáculos à medida que surgirem. Aceitar que o fracasso não precisa ser necessariamente permanente, ou que o sucesso nunca é definitivo ou garantido pode lhe proporcionar uma perspectiva mais equilibrada para considerar seu progresso. Modificar suas atitudes com relação aos desafios da vida permitindo que eles se tornem oportunidades de desenvolvimento e crescimento, em vez de perpetuar atitudes antagônicas impostas por uma intenção do universo de frustrar seus sonhos, irá garantir que todas as experiências apresentem algo de valor potencial para ser utilizado como base de seu sucesso final.

O equilíbrio e a moderação talvez necessitem ser conscientemente desenvolvidos em sua natureza e estilo de vida e talvez você precise controlar tendências à extravagância e ostentação existentes em função de um padrão de consumo excessivo que pode ter sido adotado como compensação de outras áreas de fracasso pessoal. É importante para você aprender a utilizar suas energias e seu tempo, pois pode desperdiçá-los em atividades fúteis. Pode ser difícil você manifestar seu potencial criativo latente, porém, se conseguir, isto pode lhe abrir diversas novas oportunidades, liberando as energias interiores bloqueadas e proporcionando a chave para o sucesso futuro.

Nos relacionamentos, talvez precise prevenir-se contra tendências a manipular as pessoas, pois isso raramente funcionará a seu favor; sempre existirá alguém capaz de manipulá-lo também. Igualmente, as tentativas de distorcer informações em favor de seus próprios objetivos podem voltar-se contra você através de pessoas que também são hábeis nestas táticas. Tratar as pessoas honesta e diretamente é a melhor abordagem, e você possui habilidades de comunicação que poderiam ser utilizadas para transformar bloqueios e obstáculos. Você irá descobrir que, se confiar apenas em sua "sorte", o progresso pode ser limitado; mas, se começar a mudar essas atitudes e abordagens problemáticas, a "sorte" começará a fluir novamente a seu favor.

Você tem expectativas elevadas nos relacionamentos íntimos, especialmente concentradas na satisfação de suas necessidades e desejos;

lembre-se que são necessárias duas pessoas para formar uma parceria e um casamento, e que não existe nenhuma lei que afirme que suas necessidades são mais importantes. O verdadeiro amor inclui participação e cooperação mútuas, um ajudando o outro a ser feliz, realizado e capaz de alcançar seu potencial mais elevado; o amor não deve ser uma via de mão única. A cooperação e interdependência precisam se desenvolver, através da diminuição das insistentes exigências de seu ego, do contrário o egoísmo excessivo pode estimular problemas de saúde. Tenha certeza de que suas expectativas e exigências com um parceiro sejam iguais à sua própria contribuição e também do grau de compromisso e esforço utilizado para que o relacionamento tenha sucesso.

Você pode realizar mudanças para aumentar a qualidade e a satisfação em sua vida; mas só se estiver disposto a iniciar o processo e depois continuar persistindo até a "consumação". Talvez isto nem sempre seja fácil, mas todos os passos positivos nesta direção trarão benefícios para sua vida, e a escolha do caminho a ser seguido é inteiramente sua.

Oposição Júpiter-Sol

Este aspecto indica que podem existir lutas e dificuldades no mundo externo que precisam ser superadas antes que você possa iniciar o caminho de seu propósito solar e expansão jupiteriana. Existem obstáculos externos que podem obstruir ou testar sua coragem, colocando-o em situações que apresentam dilemas e evocam sua força de caráter.

Você terá muitas oportunidades na vida e possui suficiente energia, vitalidade, criatividade e inteligência que podem conduzi-lo a muitas direções diferentes. Como tem uma natureza inquieta e aprecia a variedade, pode sentir periodicamente insatisfação e desejo de mudanças radicais. Isto pode criar "viagens" mentais ou físicas e fases de mudanças no estilo de vida, pois novas direções, divertimentos, trabalhos e pessoas entram em sua vida. Existe um elemento errante ligado a este padrão, ativado sempre que suas prioridades mudam, embora com o passar do tempo você possa começar a diferenciar um importante padrão subjacente às mudanças pelas quais passou e à ampla variedade de experiências que vivenciou. Até mesmo o rio cheio de curvas, finalmente, volta ao mar.

Um princípio vital, felizmente percebido assim que possível, é o fato de que você cria a sua vida e que a "sorte" ou o "destino", com freqüência, são aquilo que você mesmo determina. Assumir a responsabilidade pelas escolhas o transforma no capitão do navio. Então, é sua obrigação utilizar seu potencial e confiar menos nas decisões e impactos de influências externas. Este é o caminho que evoca seu poder solar e a forma de aprofundar sua expansão e compreensão na vida.

Quando começar a ser mais direto, harmonizando seu estilo de vida com seus propósitos e ambições, vivendo a partir de seu centro, sua vida irá adquirir um novo padrão, interiormente criado por seus sonhos e intenções. É importante liberar esta criatividade interior, porque através deste poder solar ela pode se tornar atuante. O planejamento cuidadoso e a reflexão serão de valor inestimável e podem minimizar qualquer excesso de otimismo e expansão que poderiam provocar desequilíbrios. Mantenha seus pés no chão e não esqueça das questões práticas.

O relacionamento com os outros pode precisar de uma dimensão impessoal, e pontos de possível controvérsia podem permanecer durante sua vida, pois as frustrações causadas pelo mundo externo estão sempre propensas a desafiar suas metas e seu desenvolvimento. Você pode ser uma personalidade vigorosa, confiante, que goste de partilhar suas opiniões com os outros, mas talvez existam tendências a ser autoritário e muito presunçoso, especialmente porque gosta de persuadir os outros a concordarem com suas idéias. A manifestação de ensinamentos religiosos ou filosóficos pode facilmente se encaixar na categoria de Júpiter, e é preciso que você demonstre mais sutileza, cuidado e tolerância, caso contrário os outros irão considerá-lo muito inflexível e fixado em suas atitudes. Além disso, você terá de enfrentar o desafio público de agir e fazer escolhas à luz de seus próprios valores, afirmações, opiniões e atitudes; do contrário as pessoas podem acreditar que sua filosofia é "da boca para fora" e que você não vive no mundo real.

Nos relacionamentos íntimos, espera muito de um parceiro e pode ser um pouco egoísta, pois assume a posição do número um, quase sem pensar. Talvez leve algum tempo e experiência, antes que você finalmente se dedique a um compromisso, e uma escolha sábia será a chave para seu sucesso. Você tende a dar ordens, querendo que tudo seja feito à sua maneira, e isto talvez necessite ser modificado para que o relacionamento seja mutuamente satisfatório e bem-sucedido. Se escolher um parceiro igualmente poderoso, podem haver lutas pelo poder, até que os assuntos controversos sejam resolvidos. Às vezes, seus sentimentos podem oscilar, especialmente quando acredita que o mundo está contra você, porém enfrentar um desafio com esta idéia errada pode ser a pior abordagem; você precisa abrir a porta para seu potencial. As áreas de medicina, educação, comunicação, negócios, viagens mentais/físicas podem atraí-lo e abrir canais adequados para a manifestação de seus talentos e qualidades. Certifique-se de que quaisquer promessas sejam cumpridas tanto quanto possível, do contrário o poder e a integridade de seu mundo serão lentamente destruídos. A tendência a assumir gestos dramáticos e pretensiosos ou a se atirar em esquemas amplos pode necessitar controle, senão você pode facilmente cometer erros sob a influência de um otimismo excessivo.

Desviar seu foco dos desafios "lá de fora" para favorecer a liberação e a execução prática de seu potencial pode ser a chave para a realização e também uma ajuda para descarregar as pressões de expectativas frustradas. Você irá descobrir mais significado e propósito à medida que revelar seu potencial e seu caminho lentamente se formar à sua frente.

CONJUNÇÃO SATURNO-SOL

Seu sucesso potencial depende das qualidades pessoais de perseverança, disciplina, organização e habilidade para maximizar a eficácia dos recursos disponíveis. A ambição provavelmente é uma poderosa força motivadora em sua personalidade, e, assim que seus objetivos estiverem nítidos, um cuidadoso planejamento e execução podem ajudá-lo na realização deles. A persistência e a dedicação podem ser as chaves para o sucesso posterior, e provavelmente o progresso não será imediato nem as metas serão alcançadas muito cedo na vida. Como Saturno envolve limitações e barreiras, é provável que, mesmo ao seguir seu caminho solar, existam obstáculos e frustrações e talvez haja períodos em que você comece a sentir vivamente as inibições de sua natureza e de seu caminho.

Você talvez não tenha confiança suficiente e adote uma atitude de autocensura como justificativa para qualquer fracasso em seu desenvolvimento. Seu temperamento é sério e reservado, com freqüência taciturno, controlado e disciplinado, e você observa a vida com uma atitude apreensiva. Para você, a vida exige esforço e aplicação, nada vindo de graça e com facilidade. Assim, acredita que, para ter conforto material, precisa negar determinados sentimentos ou necessidades, concentrando-se em seus objetivos. Infelizmente, através de atitudes austeras e abnegadas, você pode se reprimir e criar desequilíbrios interiores que posteriormente terão efeitos negativos que poderão se tornar predominantes se houver uma fase de frustrações em que os desapontamentos criarão tensões, estresses, pensamentos irados e atitudes emocionais. Os distúrbios do sistema digestivo podem estar associados a isto, e você talvez precise relaxar mais, destruindo conscientemente qualquer rigidez em seu estilo de vida e padrões de hábitos diários, que podem inconscientemente ter-se erguido ao seu redor, como uma barreira protetora.

A posição da casa da conjunção é uma esfera de oportunidade e limitação, dependendo das mudanças interiores que você pode fazer conscientemente. O sucesso pode resultar da utilização de suas forças, que provavelmente se encontram nas áreas de organização, autoconfiança, disciplina, persistência e execução determinada. A questão de consolidação e construção está associada a este aspecto, onde os recursos existentes são utilizados de forma a aproveitar ao máximo o seu potencial, que se expande a partir de uma base segura, porém não excessivamente perigosa ou especulativa. Carreiras em administração, política, lei, pesquisa científica, ensino, governo local podem ser atraentes, especialmente se você for capaz de usar a habilidade para assumir responsabilidades em seu emprego.

Seu desenvolvimento na infância deve ter sido influenciado pelo relacionamento com o seu pai. Lembre das atitudes de seus pais com relação à vida, e veja se elas também se tornaram atitudes e valores dominantes em você. Talvez tenha recebido de seus pais uma disciplina muito organizada e rígida que encorajava a submissão aos desejos e códigos de conduta dos pais; atitudes moralistas ou religiosas podem ter condicionado sua visão de mundo. Pode ter havido uma falta de aprovação dos pais ou reações à sua natureza infantil única, talvez ausência de afinidade emocional (real ou imaginária) que fizeram com que se sentisse mais isolado e independente; com certeza você passou por um processo precoce de maturidade interior. Você se tornou o que seus pais desejavam? E isto está de acordo com seus desejos e sonhos? Você talvez precise se libertar desta programação psicológica anterior que ainda atua em você, para que possa se voltar para novas direções ou superar as restrições que agem como barreiras para a realização e sucesso.

Você possui muito valor para partilhar com o mundo, mas ele pode necessitar de uma liberação mais ampla. Por exemplo, você talvez sinta que cada um faz seu próprio destino (e certamente, até certo ponto, isto é correto), mas não deixa de ser generoso se estiver em boa situação financeira; você poderia ajudar os outros a ajudarem a si mesmos. Talvez exista a crença de que todas as experiências de vida trazem uma lição ou uma mensagem, mas isto não deve jamais impedir que sentimentos de amor e amizade fluam naturalmente para os outros. Talvez seja necessário perceber os outros de modo diferente, para que você se torne mais consciente das necessidades e qualidades deles, e isto pode desviá-lo de suas preocupações pessoais. Com certeza você irá exigir um parceiro compatível, que reconheça sua necessidade de realização e que esteja disposto a apoiar seus esforços; mas não deve igualmente esquecer que seu parceiro também possui seu próprio caminho a seguir na vida e necessidades próprias. A ajuda mútua é a abordagem ideal. Solte as correntes de suas limitações auto-impostas e talvez se surpreenda ao verificar como sua vida pode mudar favoravelmente.

SEXTIL SATURNO-SOL

Isto indica que você terá uma atitude conservadora frente à vida, preferindo a ordem e a disciplina associadas a valores e vida social convencionais. Você irá naturalmente seguir um trajeto tradicional, que também ofereça rotas estabelecidas para a realização do "sucesso".

O sextil é especialmente eficaz em sua natureza mental, ajudando-o a aprofundar sua compreensão e ampliar suas habilidades de comunicação. Seus processos de pensamento provavelmente terão uma lógica natural, organização, clareza e percepção que podem ser explorados em diversas carreiras. A precisão mental é valorizada em papéis administrativos, pesquisa científica, lei, política, ensino, negócios, e é sustentada por uma capacidade de liderança, praticidade e metodologia que facilitarão a realização de suas ambições.

O trabalho pode se tornar extremamente importante, oferecendo um propósito e direção na vida, assim como uma área onde muitos de seus atributos pessoais mais importantes podem ser aplicados. Embora bastante motivado pelo sucesso, pode existir uma aversão para assumir "um perfil elevado" que chame atenção, pois você prefere permanecer trabalhando silenciosamente em segundo plano. Pode sentir-se desconfortável para demonstrar uma certa extroversão, e, assim, em algumas situações isto pode agir contra você, que é esquecido ou pouco valorizado, podendo perder oportunidades e vendo seu progresso impedido. Se isto acontecer, enfrentará duas alternativas: ou adota um perfil mais elevado de personalidade, ou considera diferentes caminhos para realizar as ambições, talvez através da mudança de emprego ou carreira. As portas nunca se fecham para sempre, a não ser que você se recuse a abri-las; sempre existem alternativas e diferentes opções para aqueles que recusam se limitar.

Lembre de suas qualidades de competência, eficiência, honestidade, aplicação, confiança, responsabilidade e de sua habilidade para absorver conhecimento e informação prestando atenção em novos desenvolvimentos. Todos esses atributos podem ser proveitosamente utilizados em muitas situações, assim, certifique-se de não estar sendo enganado por superiores menos sensíveis. Isto pode acontecer, especialmente porque você naturalmente respeita a autoridade e pode facilmente ficar limitado por um papel permanente como subordinado.

Você pode encontrar seu caminho na vida nas áreas de comunicação e ensino, principalmente através de sua habilidade de explicar e transmitir seu conhecimento de modo acessível e expressivo. Você percebe a essência de um assunto e faz com que seja compreendida, transmitindo deste modo uma boa base de conhecimentos. À medida que envelhece, as questões sociais podem se tornar predominantes em sua vida, e assuntos políticos talvez atraiam sua atenção. Pode se envolver com a comunidade ou em atividades sociais, ou buscar poder e responsabilidade associados às ambições políticas. Embora prefira atitudes e valores tradicionais, também reconhece a necessidade de desenvolvimento e progresso, assim tenta agir como uma "ponte" entre passado-presente-futuro, conservando cuidadosamente o valor do passado com a percepção do que será exigido no futuro.

Nos relacionamentos sociais e íntimos, prefere a companhia de indivíduos com pensamentos semelhantes, que possuam uma percepção igual ou compatível e cujas atitudes não desafiem ou perturbem abertamente as crenças implícitas sobre a vida e sobre você mesmo. No lar, você adotará um estilo de vida social estabelecido, considerando raramente quaisquer desvios radicais ou se afastando dos padrões convencionais. Embora tenha consciência de seus próprios limites — mas não tanto dos auto-impostos —, talvez nem sempre aproveite todo seu potencial e pode criar linhas sutis de demarcação de restrições pessoais formadas por suas atitudes inconscientes. Talvez uma maior tolerância com os que não sentem tanta necessidade de se adaptar possa lhe revelar o potencial e as possibilidades da vida; nem todos precisam seguir a mesma estrada, e existem mais caminhos à sua frente do que aqueles que você percebe conscientemente.

Trígono Saturno-Sol

O trígono ajuda a harmonizar estas duas energias planetárias com maior êxito, e há menos evidência de qualquer tendência saturnina subjacente para restringir e limitar. As qualidades e habilidades positivas dos contatos entre Sol e Saturno estão presentes: responsabilidade, autodisciplina, praticidade, paciência, organização, confiança, concentração, determinação, persistência e honestidade; todas podem ser utilizadas para favorecer suas ambições, embora você talvez precise se conscientizar das tendências inatas de Saturno a ser cauteloso, pois elas podem impedi-lo de aproveitar todas as oportunidades.

O mais importante ao utilizar estas energias e qualidades é determinar seu propósito solar e perceber este poder, e adquirir *insight* de sua direção na vida pode ser o primeiro passo necessário antes que este trígono possa ser positivamente utilizado. Você pode avançar suavemente em sua vida sem enfrentar desafios difíceis e, assim, nem sempre sente a necessidade de recorrer a todo seu potencial. Sente-se atraído por uma "vida confortável" e, com sua autoconfiança e criatividade, espera que ela venha naturalmente.

Você é capaz de usar as qualidades e recursos pessoais de modo eficiente, especialmente para produzir o resultado prático pretendido, e provavelmente possui um senso de oportunidade adequado que garante que suas ações serão bem-sucedidas. Isto pode ser aplicado em uma variedade de empregos e carreiras, especialmente administração, lei, política, conservação, finanças e cargos de organização. Você apreciará assumir quaisquer posições de responsabilidade, mas pode sentir resistências interiores em qualquer ambiente que esteja passando por mudanças rápidas provenientes do progresso social ou tecnológico, pois isto pode entrar em choque com seu conservadorismo inato e sua preferência por coisas familiares.

É provável que seu estilo de vida reflita as atitudes sociais convencionais, e você tentará desenvolvê-lo de forma moderada e equilibrada, procurando criar bases sólidas e segurança financeira. Prefere que a vida seja estável e quase previsível, e cada passo será realizado com uma atitude paciente, geralmente rejeitando quaisquer chances que possam acelerar o progresso, mas que também possam conduzi-lo ao fracasso. Uma filosofia e um sistema de valores pessoais serão estabelecidos, e, ao sentir-se confortável com sua visão de mundo única, pode evitar situações que ofereçam alternativas válidas para a perspectiva que escolheu. Neste contexto, a rigidez de Saturno pode agir como uma limitação, mas, como seu conformismo está baseado em valores sociais estabelecidos, isto não deve impedir que realize suas ambições.

É importante escolher o parceiro certo, pois ele precisa ser de natureza igual à sua, apoiar sinceramente seus objetivos, ou buscar alternativamente suas próprias ambições. A carreira e o envolvimento social serão provavelmente áreas de esforço mútuo, e a honestidade pessoal e integridade são qualidades desejadas nesta relação, assim como a estabilidade e a responsabilidade. Equilíbrio e moderação são duas linhas de ação que se ajustarão à sua natureza e estilo de vida, e isto irá se refletir em sua boa saúde e sensação de bem-estar. Sentir-se respeitado e amado pelos outros e reconhecer seus próprios talentos aumentará seu valor pessoal e permitirá que você se mova com confiança em seu caminho solar.

QUADRATURA SATURNO-SOL

A quadratura indica que provavelmente enfrentará restrições e limitações originadas de suas atitudes psicológicas interiores, valores, crenças e auto-imagem, com freqüência resultantes da ausência de auto-estima e de inseguranças pessoais.

O poder de sua energia solar está sendo reprimido — quase aprisionado — por Saturno até que você consiga "aprender determinadas lições", "reconhecer mensagens interiores" e transformar estas atitudes repressoras que podem provocar o fracasso de seus sonhos, atraindo obstáculos em seu caminho.

Parte deste comportamento pode ter sido influenciado pelo ambiente de sua infância, onde os conflitos com os pais (especialmente com seu pai) ou com figuras de autoridade fizeram com que você se sentisse derrotado e psicologicamente magoado. Possivelmente, as tentativas de ser assertivo de maneira infantil foram friamente oprimidas e rejeitadas por adultos rígidos e disciplinadores, ou seus esforços de auto-expressão e manifestação de sentimentos foram desprezados e ignorados. Quaisquer que tenham sido as circunstâncias que você viveu, o resultado foi a diminuição de uma personalidade em desenvolvimento e a perda da confiança e da auto-estima.

Você provavelmente mantém atitudes psicologicamente defensivas com relação à vida, não confiando na benevolência do universo ou das pessoas, muitas vezes esperando que a rejeição e o fracasso serão os únicos resultados que alcançará. Com tais expectativas, o universo devolverá estes resultados. É necessário que haja uma transformação de sua visão de mundo para alterar este padrão.

Os efeitos atuantes desse padrão são os seguintes: medo de "superiores" e figuras de autoridade e a criação de comparações negativas entre você e os outros; desvalorização ou incapacidade para reconhecer seu potencial latente, qualidades e forças; ausência de autoconfiança e tendência a ser passivo, fatalista, pessimista, rígido e inseguro; falta de confiança e a crença de que você não é digno de ser amado e de que jamais experimentará o sucesso; a saúde pode ser afetada, com perda de vitalidade e vigor, ou com o surgimento periódico de doenças psicossomáticas. Observando a vida, você pode imaginar a constante frustração de seus esforços, uma vida de muito trabalho e poucos resultados e a dispersão de sonhos não realizados.

Se este for o caso, cabe a você transformar as atitudes interiores que geram tal realidade; sua vida sempre pode ser modificada para melhor. Este é o desafio e o teste que irá enfrentar, vencer as aparentes limitações e restrições interiores que, até certo ponto, você mesmo escolhe. As áreas específicas de opressão podem ser aquelas associadas ao signo e à casa do Sol e Saturno, e a solução das lições envolvidas nestas esferas pode ser a chave para descobrir um futuro mais favorável.

As sementes do possível sucesso se encontram no fracasso e rejeição, desde que você reconheça as lições e mensagens contidas nestas experiências. É necessária uma nova abordagem de auto-avaliação que não seja previamente depreciativa e negativa, mas valorize suas forças e qualidades considerando-as atributos que podem ser utilizados com êxito. Talvez você precise rever todas as atitudes tradicionais e sua visão de mundo, e verificar se são restritivas ou podem servi-lo de modo positivo. Quando a vida coloca obstáculos em seu caminho, você tem duas opções fundamentais: a derrota ou a descoberta de um caminho para prosseguir. A primeira é um caminho de autolimitação e estagnação; a segunda, o caminho do autodesenvolvimento e crescimento evolucionário e a confirmação do poder solar e do Eu Superior. O segundo caminho é aquele que está acenando para você.

Embora o sucesso possa não ser fácil e você precise trabalhar muito para dar um passo à frente, a mudança de suas atitudes condicionadoras é a chave para a transformação. Seu caráter pode se fortalecer e se ampliar com atitudes otimistas e disposição positiva; comece a confiar no universo e em si mesmo, e conseguirá devolver uma percepção positiva à sua auto-imagem. O objetivo é ficar novamente no controle. Uma das maneiras mais eficazes para isto é através de técnicas de visualização criativa, que podem ajudar na reprogramação psicológica de todas as atitudes interiores, substituindo-as por crenças e opiniões que atraem positivamente boas experiências na vida. Dedique algum tempo para a exploração destas técnicas.

Os relacionamentos também podem ser transformados. Se você possui uma auto-imagem negativa, é sempre difícil acreditar que alguém possa amá-lo ou se interessar por você, assim, os relacionamentos podem ter sido insatisfatórios, difíceis e sem desenvolvimento. Ao transformar quaisquer auto-imagens inadequadas, os relacionamentos podem adquirir uma nova luz e vitalidade. Podem surgir parceiros que o compreendam e valorizem pelo que você é, com fé e confiança na realização de seu potencial latente. O amor é uma grande força transformadora, e, a partir desta reflexão, você irá se desenvolver. Ao consolidar e reconhecer seu poder, poderá utilizar sua vontade solar na realização de suas ambições. Compartilhando com um parceiro, você pode obter uma perspectiva renovada, curar e solucionar conflitos que anteriormente o prejudicavam. A tendência à negatividade, presente nesta quadratura, não é inviolável; ela pode ser o incentivo às mudanças, desde que você escolha tomar o futuro em suas mãos, e recriá-lo dentro de um padrão positivo. Esta é a lição de Saturno e o teste que você verdadeiramente está enfrentando; a exigência de reivindicar seu poder solar único.

Oposição Saturno-Sol

A oposição reflete um conflito interior manifestado no ambiente exterior e nos relacionamentos. Os problemas de auto-estima e valor são realçados, e você pode sentir alguma insegurança oculta e medo de se envolver totalmente na vida.

Talvez sinta que seu sucesso está sendo frustrado pelo mundo, que parece confrontá-lo colocando obstáculos em seu caminho. Grande parte dele depende de suas reações a estas experiências, e suas atitudes interiores determinarão como você irá lidar com elas. Às vezes, você pode parecer quase que excessivamente agressivo, e isto pode diminuir as oportunidades para encontrar a cooperação que lhe permitiria se desenvolver, especialmente quando deixa de perceber seu efeito sobre as outras pessoas, ou inadvertidamente ignora os sentimentos e sensibilidades delas. Com freqüência, isto é apenas a reação excessiva ao medo que sente de se relacionar com as pessoas, e, em vez de relaxar mais, sua severidade pode projetar uma energia muito dominante que os outros consideram desconfortável. Alternativamente, você pode se retrair em uma postura passiva frente aos desafios da vida, sentindo-se derrotado de antemão. Certamente aprender a viver com quaisquer restrições impostas por Saturno pode ser uma forma necessária de adaptação, embora isto nem sempre implique a submissão a elas, mas simplesmente numa modificação consciente diante das circunstâncias e o conseqüente passo para superá-las mais tarde. Você é quem deve reformular seu padrão de vida, tornando-o mais adequado e aberto ao desenvolvimento.

A auto-expressão e a criatividade podem estar restringidos, embora, com freqüência, isto dependa de sua confiança nas habilidades e na auto-imagem, e não da ausência de talentos e qualidades. Ser capaz de perceber a si mesmo de forma positiva pode se tornar a chave para o sucesso, pois isto também alteraria seu relacionamento com os outros. Talvez exista uma reserva emocional e falta de calor em seus contatos sociais, fazendo com que você se sinta desconfortável ao transpor diferenças sociais e iniciar relacionamentos mais profundos. A cooperação talvez necessite um desenvolvimento maior e aquele formalismo e rigidez podem precisar de mais relaxamento para que possa criar mais facilmente amizades ou parcerias.

A necessidade de relaxamento está presente tanto em seus relacionamentos exteriores quanto nos interiores. Você talvez seja incapaz de perceber nitidamente sua natureza e direção e isto cria uma insegurança que desestabiliza sua auto-estima. Você tenta protegê-la estabelecendo barreiras defensivas contra o mundo e provavelmente negando inseguranças interiores e "encerrando" as necessidades e o potencial. Talvez prefira se esconder por trás de responsabilidades, trabalho ou carreira, família ou pais, tornando-os uma desculpa para opções limitadas e incapacidade para exercer seu poder na realização do sucesso. Talvez precise abandonar uma rigidez e controle pessoais, e um maior relaxamento seria muito benéfico, especialmente a mudança de determinadas atitudes e o aumento de sua vitalidade física, que periodicamente pode se tornar baixa uma vez que a energia está voltada à repressão. Tornando-se mais solto, mais tolerante, aceitando e compreendendo resultaria em maior liberação, do contrário você pode começar a ceder sob a pressão destas restrições auto-impostas, especialmente à medida que seu prazer na vida diminui progressivamente.

É necessário um novo equilíbrio interior e auto-imagem. Quando isto for alcançado, quaisquer frustrações externas irão correspondentemente começar a se dissolver em proporções iguais ao aumento de sua autoconfiança e perspectiva interior mais nítida. Embora inicialmente possa parecer que o mundo externo e as pessoas estão contra você, esta é a fonte que pode oferecer grandes oportunidades enquanto você realiza essas mudanças. Através da interação de sua natureza e o meio ambiente, muitas crises e tensões interiores podem ser curadas e resolvidas, liberando qualidades, talentos e potenciais latentes que renovarão as energias bloqueadas. Observe com mais atenção as casas e signos da oposição Sol-Saturno para encontrar áreas que podem ser revitalizadas, ou onde seus talentos podem ser utilizados com eficácia.

Igualmente, os relacionamentos íntimos com os parceiros ou os pais poderiam ser transformados, pois antigos padrões originados de atritos da infância com figuras de autoridade ou pais severos são substituídos por outros, mais adultos e adequados à sua personalidade desenvolvida. Encontrar um parceiro amoroso e sincero pode ser muito importante, pois um amante irá restaurar sua auto-imagem, refletindo suas qualidades, e isto talvez o convença de que você é digno de ser amado. A pergunta interior sobre este assunto precisa ser urgentemente resolvida. Um parceiro também pode ser uma fonte de conselhos e confiança, e a cooperação mútua irá abrir muitas novas áreas de potencial, desde que você relaxe o suficiente para ser receptivo aos seus sentimentos e medos, e também perceba a vulnerabilidade emocional dos outros. Através de uma sensibilidade maior, você pode iniciar um tipo diferente de relacionamento social, pois as barreiras terão sido destruídas e sua natureza controladora reduzida. Talvez a princípio você se sinta desconfortável e perturbado, mas ao fazê-lo irá transformar a natureza de seu universo e liberar muitas energias reprimidas, recriando seu futuro e permitindo a realização de seu propósito solar.

Conjunção Urano-Sol

Você provavelmente enfrenta conflitos e discórdia com os outros e com a sociedade. Isto é devido à sua tendência a ser muito individualista e não conformista, o que inevitavelmente o colocará em conflito com as tradições sociais e padrões de vida em seu país, através de sua determinação em seguir um caminho único na vida. Você não terá uma natureza passiva, nem aceitará facilmente o que exigem seus pais, a escola, a religião ou as formas de vida social aprovadas; você será um espírito rebelde apaixonado, rejeitando, questionando, se opondo às pressões com que não concorda ou que acredita estarem tentando impedir sua liberdade. Contudo, esta "paixão" não está realmente emocionalmente enraizada, mas é uma forma de liberar um excesso de energia que precisa encontrar um modo para sair, semelhante à água fervente que se transforma em vapor para escapar de um recipiente. À menor ameaça ou medo de aprisionamento, você começa a procurar o caminho de fuga.

Esta necessidade de liberdade — quaisquer que sejam suas definições de "liberdade" — será um fator dominante que influenciará sua vida. A necessidade urgente de expressar esta tendência irá criar um impacto perturbador em suas escolhas adultas e na direção de sua vida e provavelmente irá interferir na focalização de seu caminho solar. Como resultado desta pressão interior que exige mudanças, é provável que observe os elementos da imprevisibilidade fluindo em seus padrões de vida estabelecidos. Sob certos aspectos isto pode ser benéfico, porém uma energia agindo de forma inconscientemente descontrolada pode prejudicar severamente um estilo de vida ou uma família relativamente harmoniosos, porque a pessoa sob esta influência começa a agir de modo potencialmente destrutivo. Apenas "livrar-se da energia" tentando reduzir a pressão interior não é construtivo nem sensível. Este processo interior indica que é necessária uma mudança, geralmente associada a uma determinada área na vida (indicada pela conjunção na casa natal ou por trânsitos planetários ativando este aspecto), e que é exigida uma atenção consciente para criar harmonia entre as mensagens interiormente desencadeadas, permitindo que a energia se oriente para canais de expressão adequados.

Você precisará reconhecer e enfrentar as implicações de qualquer aversão inata a restrições, pois a vida invariavelmente as apresenta através da família, empregos e tipos de ambiente social. Talvez lute contra as restrições durante toda a vida, desejando ser "livre", mas livre para fazer o quê? E livre para viver de que maneira e onde? Provavelmente você não tem respostas reais, mas para você, a busca de uma direção satisfatória é crucial e irá refletir a procura de seu caminho solar mais elevado; do contrário, ao obter sua liberdade, descobrirá que, ao cortar as amarras que o prendiam, você se perdeu ou destruiu as bases que agora reconhece como importantes e significativas.

Em seus relacionamentos íntimos, terá que tomar consciência de uma tendência a conferir um valor e importância supremos às suas necessidades, insistindo em seus direitos individuais e liberdade para expressar sua própria natureza sem se comprometer, embora muitas vezes não ofereça o mesmo ao seu parceiro. Você pode ter um problema de impaciência com vestígios de intolerância que pode criar atritos, assim como com sua atração por experiências que talvez sejam consideradas não ortodoxas ou que se afastam de qualquer norma socialmente aceita. Estas reações não o preocupam muito; na verdade, você pode se sentir tentado a exibir estas preferências diante dos outros.

Você provavelmente se sentirá atraído por relacionamentos físicos e emocionais inesperados, intensos, excitantes, especialmente os que são espontâneos e ocorrem sem muita consideração a respeito de quaisquer implicações futuras. Prefere a "novidade", explorando o desconhecido e muitas vezes afastando-se do compromisso e da responsabilidade, parcialmente baseado no medo e na incapacidade de considerar as necessidades do parceiro com a mesma consideração que confere às suas próprias necessidades. O problema é encontrar uma maneira de equilibrar sua necessidade de novidade e novas experiências, a aversão às restrições e o desejo de liberdade individual com as exigências da vida em sociedade.

Você precisa se tornar mais maduro nos relacionamentos, mais consciente do valor da participação mútua, preocupar-se com o parceiro tanto quanto se preocupa consigo mesmo, ajudando-o a expressar sua própria totalidade, e não reprimir seu desenvolvimento pessoal pela insistência dominante de suas próprias necessidades, aprender a caminhar lado a lado com liberdade e satisfação.

O reconhecimento destas tendências é o primeiro passo para começar a assumir o controle consciente da utilização das energias inatas; isso tornará sua vida melhor, mais significativa e satisfatória, e você adquirirá maior coesão solar através da integração destas energias planetárias.

Uma direção que pode ajudar esta auto-renovação e reorientação pessoal se encontra na expressão de sua ânsia de exploração, de investigação de novos horizontes e interesses; tente não viver de maneira puramente egoísta, mas se esforce para redirecionar quaisquer benefícios visando também o bem-estar de outros, especialmente através da melhora da qualidade de relacionamentos.

Sua mente pode estar em harmonia com a "mente superior" uraniana ou "mente universal". Isto pode sugerir a existência de poder mental, talvez através de saltos inesperados de lógica e conexões que podem oferecer novos *insights* ou formas de considerar a vida. Embora algumas vezes se apresente de maneira muito vacilante e indisciplinada para que possa ser totalmente utilizada, sua direção natural é futurista. Isto é uma reação contra as restrições das tradições sociais previsíveis, sólidas e estáveis, e também pode ser uma ferramenta a ser utilizada na visualização e formação de possíveis sociedades futuras. Ao combinar suas tendências naturais à tolerância e expressão criativa, você pode se desenvolver em função de filosofias e atitudes futuristas progressistas, juntando-se a grupos e indivíduos que pensem como você para ajudar a construir a Nova Humanidade de Aquário. Incorporar novos modelos de estilos de vida e atitudes mais abertas pode lhe oferecer um novo mundo a ser explorado do qual os outros também possam se beneficiar. Aqui se encontra a liberdade com menos restrições, permitindo-lhe expressar uma natureza rebelde contra as limitações sociais enquanto ajuda a construir um mundo mais livre e compreensivo para todos. Voltar-se nesta direção pode capacitá-lo a destruir as preocupações pessoais anteriores transformando-as em esforços de participação em grupo. Esta fusão de suas tendências uranianas com um caminho heróico projetado pode construir um caminho iluminado em sua vida, onde as contribuições positivas do Sol e de Urano serão liberadas para o benefício individual e coletivo.

SEXTIL URANO-SOL

O uso mais radical das energias da conjunção é potencialmente mais fácil de se expressar no sextil e no trígono. Embora seja necessária uma importante mudança no indivíduo que tem o aspecto da conjunção — para renovar e redirecionar qualquer excesso da insistente energia uraniana através da unificação do centro do Sol —, estes dois aspectos harmoniosos, dinâmicos estão prontos para serem explorados e manifestados.

Você pode ter uma perspectiva progressista e um senso de afinidade social voltado à afirmação de seu lado positivo e potencial para melhoras futuras na qualidade de vida. Sua postura rebelde e possivelmente agressiva já foi transformada em uma tendência reformista. Sua linha de ação está mais para "mudança interior" do que para um ataque direto destrutivo ou tentativas negativas para se afastar da participação na sociedade.

Sua mente será muito ativa, questionadora, pesquisadora e naturalmente exploradora, associada a uma necessidade intuitiva criativa de auto-expressão. Será muito importante ser pessoalmente agressivo, porém o excesso de excentricidade não é seu estilo. Devido a este relacionamento solar positivo, você se sentirá mais centrado, formando um caráter interior estável e aumentando a capacidade para dirigir sua vida e fazer escolhas mais sábias. A tolerância e a compreensão estarão mais evidentes, especialmente uma tolerância intelectual baseada em seus instintos humanitários inatos, embora muitas vezes sua afinidade emocional com os outros possa ser um pouco fria ou retraída. Você não se sente em harmonia com o mundo, embora se sinta assim intelectualmente; talvez seja preciso um pouco mais de empatia.

Você provavelmente contribui com grupos que apóiam reformas sociais, e sustenta a atitude de "mudar o mundo tornando-o um lugar melhor para todos que vivem nele". Provavelmente poderá ocupar posições importantes nesses grupos, transmitindo seu entusiasmo e positividade, tornando-se porta-voz de suas visões e ideais. Geralmente suas opiniões são francas, e você tenta permanecer fiel e envolvido em suas crenças. Honestidade e lealdade são valores essenciais, e você não tolera mentiras e fraudes e aqueles que as cometem. Isso pode facilmente conduzi-lo a uma oposição ao governo ou grupos de negócios que "economizam a verdade" por ordem de seus "superiores". Igualmente, isso pode levá-lo a se afastar de grupos aos quais está ligado, se eles — em sua opinião — descerem a estes níveis inferiores ou deixarem de viver de acordo com os ideais elevados que podem oferecer às pessoas.

Você acredita que a vida tem um valioso significado interior e procura continuamente por ele, durante toda a vida, acreditando que a vida é boa, apesar das aparências. Isto faz parte de sua busca pela dimensão espiritual de seu centro solar e irá conduzi-lo cada vez mais para perto da essência integrativa de sua natureza. Contudo, você conhece os lados sombrios da existência, e sente-se tentado a melhorar a qualidade da vida daqueles que sofrem ou das gerações seguintes. Às vezes, especialmente após alguns desapontamentos em seu caminho, pode friamente se afastar de relacionamentos ou da participação social. Considere este fato apenas como uma fase temporária para reavaliação. Você precisa se comunicar com mentes iguais à sua, partilhando experiências, *insight* e conhecimento. Com o tempo, isto pode facilmente evoluir para formas de ensino, onde, através da participação, você pode contribuir para o progresso de outros, e isto pode se tornar um caminho satisfatório na concretização de um propósito solar mais elevado.

TRÍGONO URANO-SOL

Semelhante ao sextil, a energia que emana do trígono é harmoniosa em sua direção e capaz de ser assimilada positivamente. Muitas das características do sextil se repetem no trígono.

A natural harmonia com a "mente universal" deve ajudá-lo a receber *insights* e intuições válidas, especialmente quando o trígono é reativado pelos movimentos de trânsito ou progressão, que oferecem oportunidades para uma maior criatividade e idéias que podem ser concretizadas. Estes períodos também podem estimular uma elevada percepção de seu propósito e caminho solar, e devem ser cuidadosamente observados para que você possa atuar de forma meditativa e receptiva, possibilitando que os *insights* e inspirações sejam conscientemente registrados e executados.

Você explora sua criatividade de maneira relativamente fácil, pois este aspecto libera uma grande quantidade de idéias potencialmente produtivas nas áreas da vida em que você precisa de inspiração. Estude as posições de casas e signos do Sol e Urano procurando conhecer as áreas que podem ser especificamente influenciadas por este trígono. Auxiliado pela perseverança e concretização de uma vontade focalizada, você não deve encontrar obstáculos reais aos seus esforços para manifestar idéias criativas, que podem assumir uma infinidade de formas, desde a experimentação visando o desenvolvimento de novos projetos, até modificações mais adequadas de produtos já existentes.

Provavelmente existe um desapego interior em suas buscas e em sua criatividade, uma busca eterna de pesquisa e fascinação, com uma forma de criatividade que atua através do criador e jamais é percebida sob qualquer perspectiva egotista. Isto pode ajudá-lo a se tornar bastante produtivo e abrangente na área escolhida, pois você olha ao seu redor para encontrar maneiras adequadas de estender suas asas e explorar novos horizontes.

Suas tendências reformistas, idealistas e humanitárias podem ter sucesso através da comunicação e participação com os outros, e isto pode ser importante para seu bem-estar, uma vez que você realmente precisa sentir que, de algum modo, é útil para os outros. Seu sentido de envolvimento, entusiasmo e positivismo pode ser muito útil para apoiar os outros, e transmitir estas energias pode ajudar a motivar esforços em grupo. Seus relacionamentos também podem se beneficiar deste transbordamento de otimismo, positivismo e senso de participação mútua, ajudando a desenvolver os elementos de significado e propósito intrínsecos em sua vida e na de outras pessoas.

Quadratura Urano-Sol

A energia da quadratura pode se sentir muito frustrada e em alguns casos se voltar para uma forma mais agressiva e potencialmente violenta de expressão se não houver um canal adequado para sua liberação. Para ancorar com sucesso a energia uraniana, é importante descobrir formas adequadas, assim, evocar a coesão do centro do Sol é essencial para lidar com a energia muito carregada de Urano, comum a todos os aspectos formados com o Urano natal. Esta é uma eterna tarefa solar-uraniana.

Você pode ser caprichoso, individualista, incansável e nervosamente agitado, desejando independência e liberdade de todas as restrições sociais. Pode ser um dissidente natural, um encrenqueiro, preferindo sustentar sua própria opinião minoritária; é até mesmo provável que sua tendência a discordar possa torná-lo isolado e alienado dos outros ou dos grupos radicais com os quais possui um acordo básico. Se esta energia permanecer inalterada e for indiscriminadamente liberada, é bem capaz de "causar problemas em uma casa vazia!" Ser o advogado do diabo é uma função que com freqüência pode levar à confusão e à perda do eu, pois finalmente você se desgasta ou perde de vista suas próprias atitudes, crenças ou ideais, e isto o afasta do fortalecimento de seu centro solar. Quando a maioria sustenta determinada opinião, apenas isto pode fazê-lo discordar de sua validade e rejeitá-la. Sob uma perspectiva mais abrangente pode haver um pouco de verdade neste ponto de vista, pois a opinião da maioria com freqüência é a do "mínimo denominador comum" e pode refletir crenças e opiniões muito separativas.

Devemos lembrar que esta atitude é realmente a tônica da energia uraniana excitável, muito carregada e volátil, mas levada a um extremo pessoalmente mais destrutivo. A exaltação da individualidade única deve ser alcançada de maneira correta e sábia, através da harmonização com o centro da individualidade solar mais profundo, do contrário as tendências destrutivas negativas e separativas podem entrar em ação.

Você pode ser indisciplinado, detestando as rotinas previsíveis da vida e do trabalho, muitas vezes achando difícil agir de modo responsável e com envolvimento total. Reage contra a submissão às regras sociais, sentindo que elas limitam sua liberdade, e muitas vezes segue suas próprias escolhas, sem levar em consideração as repercussões e conseqüências destes atos. Provavelmente não ouve conselhos bem-intencionados, e a necessidade teimosa de auto-afirmação pode levá-lo às experiências contra as quais foi prevenido. Se encarar honestamente sua vida, verá as ocasiões em que você se enganou, fazendo escolhas e decisões insensatas, muitas vezes por mera obstinação e afirmação de sua "liberdade individual". Ninguém é livre sem consciência, sendo então simplesmente prisioneiro de suas próprias tendências inconscientes, presa delas, como um joguete de deuses interiores. Somente através de seu centro solar as influências planetárias podem ser controladas e equilibradas, para que as características positivas possam brilhar, iluminando sua vida e expressão criativa.

Às vezes você pode se tornar um pouco paranóico, especialmente quando fez escolhas imprudentes, influenciado por fatores não integrados e menos conscientes de sua psique. Isto não precisa acontecer. Você pode escolher assumir um papel consciente mais direto em sua vida e não se tornar uma vítima de sua própria ignorância. Os "inimigos" que você pode projetar no mundo externo com freqüência são seus próprios demônios interiores não resolvidos que lentamente o estão consumindo por dentro.

A quadratura pode ser um aspecto de renovação e transformação bloqueadas e frustradas; a revolução pessoal interior que o Sol e Urano gostariam de trazer está bloqueada. Estas tensões interiores podem se tornar potencialmente violentas e precisam ser redirecionadas para canais positivos e construtivos. Você precisa abandonar quaisquer tendências à ausência de praticidade, atitudes anti-sociais e anseios ocultos pelo poder pessoal, deixar de ser antagonista apenas para desempenhar o papel de adversário e usar as energias liberadas para renovar sua própria vida. O compromisso e o equilíbrio de sua natureza e a transformação interior para fortalecer o enfoque de seu centro solar é a chave para um relacionamento mais satisfatório com a comunidade mais ampla e para que inicie relacionamentos íntimos mais harmoniosos e benéficos.

Como provavelmente já sabe, você gosta que os outros sejam submissos, embora tenda a perder o respeito pela individualidade deles quando agem dessa forma. Você precisa aprender a respeitar e a elevar a singularidade das pessoas porque ela é o resultado de sua "viagem" e "filosofia". As profundezas emocionais devem ser revolvidas para permitir que os venenos da frustração e conflitos emocionais subam à superfície, sejam conhecidos e compreendidos, liberados e transformados se aceitos como uma parte sombria do indivíduo que deve ser reconhecida e jamais negada. Ao fazê-lo, você irá se harmonizar mais com as energias, oferecer maior paz e tranqüilidade interior (até onde Urano permitir!) e tirar estes venenos de dentro de você. Isto permitirá que sua individualidade única desabroche livremente. Sua vida pode mudar, você deixa de agir como um oponente frustrado e torna-se mais aquilo que realmente é e o que realmente defende, afastando-se de uma postura negativa para uma mais positiva. A escolha é sua, e os benefícios também, à medida que os objetivos de sua natureza solar começarem a dar nova forma à sua vida.

Oposição Urano-Sol

Os aspectos da quadratura e da oposição têm uma qualidade peculiar semelhante a um "interruptor" do tipo "liga-desliga". Pode-se esperar um comportamento interior e exterior extravagante, que pode levar a mudanças de comportamento e estilo de vida dramáticas e muitas vezes drásticas.

É provável que em sua vida interior oculta você sinta as correntes submersas de uma atividade incansável, que, embora com altos e baixos, está sempre presente em sua natureza. Isso pode trazer tensões nervosas e irritabilidade, um caráter agitado à sua natureza e que, com freqüência, é psiquicamente transmitido ou recebido pelas pessoas e vivenciado como uma sensação intangível de inquietação. Sua disposição emocional e mental é instável, imprevisível e temperamental, criando súbitas mudanças em suas atitudes e relacionamentos, ou mesmo contradizendo afirmações que acabou de fazer. Algumas vezes você não tem consciência desta falta de continuidade.

A individualidade e a independência serão enfatizadas com insistência em suas necessidades e liberdade de todas as restrições. Isto pode se manifestar como uma compulsão a exibir uma atitude anti-social rebelde, principalmente como uma explosão reacionária de energia, em lugar de uma resposta ponderada que poderia também oferecer alguns caminhos alternativos viáveis. Provavelmente suas reações são mais negativas em qualidade e conteúdo e podem necessitar de uma automoderação consciente para evitar uma reação instintiva "atravessada". Talvez descubra que sente prazer em ver os outros reagirem à sua atitude inococlasta, pois isto pode acrescentar um pouco de excitação à vida, mas provavelmente não é uma ação inerentemente positiva ou criativa, visto que muitas vezes você não possui nada de valor para colocar no lugar do objeto de sua oposição.

Você é inseguro, sentindo-se perdido e frustrado com o mundo e consigo. O fluxo de sua energia interior é instável; algumas vezes você está muito carregado e tem dificuldade para lidar com este fato, outras vezes, a energia parece ter sido desligada e a vida torna-se monótona e sem graça. Provavelmente não possui um centro de coesão estável, perde o positivismo de um relacionamento planetário adaptado ao seu Sol, e pode ter de se esforçar muito para estabelecer um ponto de equilíbrio firme, seguro, em sua identidade.

Você pode ser hiper-sensível, mas tende a negar este aspecto, sentindo-se desconfortável com sua natureza emocional e com seus fluxos e refluxos, pois isto não se encaixa na auto-imagem intelectualizada que desenvolveu. Ela pode ser muito ilusória, mas também é um apoio ao redor do qual você pode centralizar sua identidade. Tais imagens podem incluir uma afirmação a respeito de si mesmo, considerando-se "à frente de seu tempo", um gênio ou artista não reconhecido, um boêmio cultural, um revolucionário radical, um importante adversário social. Imagens fascinantes surgem desta elevada opinião a respeito de si mesmo e dos *insights* e idéias peculiares que você tenta transmitir aos outros. Podem existir algumas pepitas de ouro espalhadas, que com freqüência você não transmite, deixando-as como filetes de intenções que se desmaterializam no ar. Com freqüência suas avaliações não são práticas e, devido à atração por novas idéias fascinantes, ou por uma vontade não focalizada, você não desenvolve totalmente quaisquer talentos naturais.

Embora seja propenso a insistir que sua vontade é suprema, você realmente precisa aprender formas mais eficazes de compromisso social, percebendo seu engano ao se considerar o centro mais importante do universo, sintomático de um Sol não equilibrado. Você pode aprender muito apenas ouvindo seriamente outros pontos de vista e percepções, diferentes de um de seus padrões de comportamento, que considera este contato e esta comunicação como uma forma de desafio competitivo, colocando-se mentalmente como um adversário a qualquer outro ponto de vista.

Talvez seja necessário deixar de lutar contra moinhos de vento. Sua jornada heróica não deve se dirigir para o exterior, mas sim, internalizarse na tentativa de obter uma transformação interior. Isto não quer dizer que os moinhos de vento não existam —, provavelmente eles existem — mas que você precisa se esforçar para redirecionar e redisciplinar sua natureza e suas energias para que o centro solar se torne mais poderoso e integrativo. Deve fazer uma redefinição deste espírito rebelde, recanalisar suas energias dispersas.

Aprender formas de relaxamento ou técnicas de meditação pode ser muito importante para seu bem-estar, e talvez ajude neste processo de recentralização que evoca o poder solar. Condições muito tensas não fazem bem à saúde. Os relacionamentos também podem estar carregados de problemas, pois sua cooperação instável, às vezes quente, às vezes fria, nem sempre é oferecida no momento certo para os padrões de comportamento de um parceiro. Você precisa ter cuidado para não fazer exigências emocionais em excesso, especialmente quando pode não estar tão equilibrado em sua natureza emocional e provavelmente não tem compreensão neste nível. De muitas maneiras, este provavelmente é um aspecto imaturo de sua natureza que exige um desenvolvimento consciente e maior exploração.

As tentativas para restringir a liberdade dos outros também devem ser evitadas, assim como a atração excessiva pela promiscuidade, a não ser que você seja pessoalmente livre de qualquer reação emocional contra tais liberdades em seus parceiros.

Conjunção Netuno-Sol

Qualquer aspecto de Netuno com o Sol pode ter um impacto definido na expressão individual do poder pessoal, da identidade e da direção na vida, assim, é importante criar uma abordagem positiva da energia netuniana, especialmente com os aspectos mais influentes da conjunção, quadratura e oposição. A dificuldade com um Netuno não integrado ou reprimido está no fato de que sua influência muitas vezes parece ser negativa, e, com o aspecto da conjunção, é imperativo descobrir uma maneira para unir esta energia à forma natural de expressão indicada pelo signo do Sol.

Você provavelmente irá sentir o desafio constante da autoconfiança e do estabelecimento de um estilo de vida e um propósito adequados e satisfatórios. A obscura influência das brumas do mar de Netuno tende a confundi-lo, dissolvendo muitas de suas intenções e, às vezes, tornando quase transparente sua percepção de identidade individual, pois esta personalidade parece fluir e refluir em harmonia com o ritmo de uma maré interior. Devido a uma experiência interior associada à insubstancialidade, pode lhe faltar a força de uma individualidade firme e estável, que diminui a confiança em sua verdadeira capacidade e vontade para alcançar quaisquer objetivos. Pode achar difícil ser constante e perseverar com autodisciplina e concentração durante muito tempo.

Sua identidade periodicamente pode parecer submersa pela poderosa energia de Netuno, que dissolve planos e ambições e depois o abandona na praia de outro local interior, imaginando o que fazer em seguida, antes de ter terminado o último projeto.

Esta etérea música netuniana irá invadir sua mente consciente, agindo como uma distração e, em alguns casos, você pode influenciar o ouvinte e deixá-lo perdido no turbilhão de sua própria imaginação hiperativa, conduzindo-o a ilusões. Nem sempre é fácil enfrentar as duras realidades da vida com um Netuno proeminente. Existe uma tendência a construir uma realidade privada, que exclui os lados sombrios do eu e do mundo, estabelecendo uma perspectiva de vida limitada e obscura que somente cria atividade através da repressão adicional na mente insconsciente. Se possível, a responsabilidade pessoal é evitada, e todas as experiências são filtradas por este véu restritivo, um estado que, se prolongado, leva à alienação interior e exterior.

Com freqüência estas formas de auto-ilusão emanam de desejos pessoais, emoções e sentimentos, pois Netuno está associado ao nível astral maleável e influenciável. Você pode desenvolver desejos e necessidades incomuns, sutis, intangíveis, embora peculiarmente insistentes, e talvez se sinta interiormente incentivado a experimentá-los ou concretizá-los de alguma maneira. Para muitos, estes sentimentos e anseios, difíceis de definir, criam mais confusão e decepção, especialmente quando associados a imagens idealistas de perfeição e expectativas irreais que só podem trazer desilusão e desapontamento em seu despertar. Para uma minoria, Netuno pode trazer uma inspiração genuína, embora, mesmo nestes casos, ela possa se misturar aos desejos de autoprojeção e ambições, especialmente na esfera da casa da conjunção.

Uma das lições mais difíceis para quem possui um aspecto muito próximo com Netuno é enfrentar as realidades da vida. Netuno considera estas confrontações quase como inimigas de sua sensibilidade e prefere afastar-se cuidadosamente em vez de olhar. Você talvez tenha reparado nesta atitude evasiva em sua vida que se manifesta através dos anos em uma série de disfarces: a fuga de problemas — a síndrome do avestruz; a fuga das decisões; da auto-afirmação; e a fuga do esforço para manifestar seu potencial interior. Pode ser difícil afirmar que seu caminho solar é nítido, quando as brumas de Netuno envolvem tudo, confundindo as direções e mascarando as indicações ao longo do caminho.

Os disfarces de Netuno são muitos, mas seu efeito cumulativo é considerável, criando gradualmente um estilo de vida insatisfatório e diminuindo a direção, o significado e o propósito, pois o verdadeiro eu está perdido nos véus do escapismo. Todos estamos propensos a esta tendência, e é ela que nos mantém espiritualmente adormecidos. "Acorde" é a súplica do espírito, um despertar que nos faça experimentar uma confrontação direta e não filtrada com a vida, uma ligação ao nosso centro solar que é uma luz revelando todos os cantos sombrios. Enfrentar o aspecto mais elevado de Netuno não é uma experiência ilusória, mas sensata. Um Netuno não integrado pode trazer enganos e fascínio, mas a integração do Sol e Netuno é um caminho para a fusão do nível emocional individual e da vida universal, assim como a integração entre Urano e Sol une a mente, através da intuição, à mente universal.

O primeiro passo é reconhecer a expressão negativa de Netuno; o próximo é integrar este poder em sua vida para que a dimensão positiva possa surgir. Sem dúvida houve épocas em que você se sentiu no controle total, confiante em si mesmo e em sua habilidade para realizar as ambições, apenas para entrar em outra fase onde sua confiança se dissolve tão depressa quanto sua tentativa de se agarrar a ela. Isto acontece quando Netuno e o Sol se opõem, quando ainda não aconteceu uma fusão.

Embora este aspecto possa se tornar a passagem para uma mudança interior, a entrada nos mundos interiores e na devoção mística, é mais útil considerar uma forma de expressão externa de energia que possa estimular uma integração maior.

Netuno oferece uma variedade de talentos que podem ser empregados como expressão criativa, talentos que emanam de mares interiores e que são simultaneamente um canal ou caminho de volta ao contato consciente com o reino de Netuno, em direção ao centro solar mais elevado. Estes talentos incluem a arte, música, poesia, teatro, literatura, psiquismo, misticismo. O potencial deve revelar a inspiração através destes canais para beneficiar todos os que são capazes de receber a transmissão. É extremamente enriquecedor abrir portas interiores, permitindo que a criatividade flua, e isto pode mudar o nível de consciência; podem existir perigos ao se abrir as comportas destas correntes, como descobriram muitos indivíduos criativos, mas, sob muitos aspectos, revelar a inspiração da luz que existe atrás da aparência material é uma tarefa sagrada.

Um dos meios para integrar esta energia netuniana será acrescentar ou desenvolver uma dimensão criativa e artística à sua vida, pois isto fará com que a energia flua pelos canais particulares que você abriu. Além disso, ela começará a mostrar sua face positiva, uma vez que o significado, o propósito e a direção de sua vida serão mais coesos e seu caminho solar se fortalecerá, oferecendo uma direção mais constante em vez de se dissolver periodicamente. Mesmo que esta criatividade seja puramente para sua própria satisfação, prazer e necessidade de autoexpressão, com o tempo você perceberá seus benefícios. Estes talentos talvez precisem de treino e de desenvolvimento deliberados, mas o tempo gasto com eles será recompensador. Para seguir esta direção, talvez você precise reconsiderar todo o seu estilo de vida, pois sua influência será profunda, e a compreensão de sua individualidade pode ser um agente da transformação.

O tipo de emprego que você tem pode se revelar profundamente insatisfatório, sendo um fator restritivo e negativo; isto pode lhe apresentar o problema da reestruturação econômica de sua vida. Talvez seja difícil encontrar um modo de vida que possa satisfazer estas habilidades criativas, mas ignorar a sedutora música de Netuno pode ser ainda mais prejudicial. A criatividade ou o artesanato é o caminho indicado por Netuno, ou, alternativamente, trabalhar com pessoas na comunidade visando o bem social. Talvez através do ensino, da medicina, da assistência social, você possa contribuir para o bem-estar dos outros. Esta é a resposta interior à música, igualmente importante e satisfatória, que deseja ser positiva neste mundo.

Encontre um caminho que lhe ofereça mais liberdade do que as estruturas tradicionais de trabalho, um caminho que encoraje o fluxo de criatividade e cooperação. Ao fazê-lo, você desobstrui o caminho de seu Sol, e as épocas de confusão e indecisão ficam apenas na lembrança. O potencial para se atuar com Netuno é muito grande; este deus pode transformá-lo se você estiver aberto aos seus estímulos e mensagens. Porém se for rejeitado, suas águas lentamente destroem seus sonhos e desejos, tirando-lhe o poder para alcançar seus objetivos, deixando-o com uma vida incompleta; é mais sábio reconhecer seus conselhos e tentar mudar para satisfazê-los. Os deuses não aceitam o desafio de serem ignorados e fazem com que sua presença seja percebida.

SEXTIL NETUNO-SOL

De forma diferente da conjunção, que apresenta o problema de lidar com as influências positivas e negativas de Netuno na vida individual, o sextil é um aspecto mais fácil de se conviver.

A criatividade através da arte, música, artesanato, escrita e teatro, está realçada, bem como os caminhos interiores do misticismo e sensibilidade psíquica como formas de cooperação com o impulso netuniano e de aproximação do centro solar. Você provavelmente tem consciência de seu próprio potencial criativo e tende a permitir sua expressão natural. Talvez possua a habilidade de criar imagens mentais vívidas, que, através do processo de visualização criativa, podem ser utilizadas na construção de seu caminho futuro, ou oferecer estímulo e prazer às outras pessoas através da música, arte e literatura. A manifestação destas imagens evocativas através de uma forma tangível é um talento muito importante e que pode ser empregado de diversas maneiras, para o auto-enriquecimento, acúmulo de riqueza e poder ou para ajudar os outros. A questão do egoísmo *versus* altruísmo talvez esteja presente, influenciando suas decisões e motivações. A arte da visualização é uma poderosa união de mente-vontade-imaginação, e é também a fonte de criação.

Sua sensibilidade aos outros e ao sofrimento do mundo será forte, associada a uma percepção razoavelmente bem desenvolvida da responsabilidade social, onde, através da empatia, você acredita que deve e pode ajudar a aliviar o sofrimento humano. Contudo, esta absorção psíquica do sofrimento também pode fazer com que você não tome nenhuma providência real no que se refere a esta percepção social, e, assim, você pode registrar e reconhecer sua existência embora tente negar seu papel na cura. Provavelmente não será capaz de lidar com as causas do sofrimento, mas pode preferir ser um bálsamo confortante e curativo para os seus sintomas. Espera que aqueles que são mais fortes e talvez menos sensíveis do que você lidem com suas causas negativas.

Você pode ser muito útil ao transmitir inspiração, talvez através da escrita ou meios de comunicação. Unir sua compreensão da responsabilidade social à sua boa expressão dramática poderia revelar aos outros os aspectos da sociedade que precisam ser transformados; o jornalismo e documentários na televisão são os principais exemplos deste trabalho. Este é um atributo que você poderia utilizar, e se escolher desenvolvê-lo irá reacender sua imaginação e inspiração. Esta necessidade de se relacionar com as pessoas, que também inclui uma esfera social mais ampla do que apenas a das amizades, é o caminho através do qual Netuno age, levando-o em direção ao seu propósito solar.

Com a maioria das pessoas, você mantém um relacionamento do tipo *laissez-faire*, onde dominam a tolerância e a empatia e não são impostas pressões interpessoais. Embora sua sensibilidade esteja sempre presente, você não é excessivamente exigente ou ligado a expectativas impossíveis, mas realmente prefere companheiros confiantes, cujas associações o forçam a eliminar qualquer tendência à indecisão e à obscuridade de Netuno. Você possui um espírito humanitário, relacionando-se de forma livre e fácil com uma ampla variedade de pessoas, valorizando todas e não apenas as "bem-sucedidas" de acordo com a avaliação social.

Existe em sua natureza um componente semelhante a um camaleão, uma maleabilidade que lhe permite a adaptação a uma série de situações, uma flexibilidade interior que molda suas atitudes e expressão a qualquer ambiente e substitui suas preferências pessoais mais profundas. Esta é a qualidade netuniana de água em sua personalidade, a capacidade de "assumir a forma de qualquer recipiente". Ela pode ser vantajosa, embora igualmente possa levá-lo à perda de sua identidade distinta devido às contínuas transformações camaleônicas. Contudo, se sua personalidade começar a se fragmentar e dissolver, deve monitorá-la e evitar tamanha flexibilidade, porém se estiver seguindo um caminho místico, sua meta será a dissolução no "oceano" no qual as gotas do eu separado ultrapassam as fronteiras e desaparecem no oceano de vida universal.

Trígono Netuno-Sol

Com o trígono, existe o potencial para uma reconciliação e solução bem-sucedidas das energias de Netuno e do Sol, provocando uma poderosa combinação do centro do Sol individual e o planeta externo transpessoal.

O potencial está presente, mas pode haver incertezas quanto a seu incentivo, motivação e aplicação na exploração dos talentos latentes. Este é o obstáculo que você enfrenta, especialmente quando precisa escolher e decidir sua direção na vida. Você pode ter muitos talentos em uma série de formas artísticas e criativas — música, arte, literatura, dança, teatro —, embora ache difícil ser suficientemente concentrado e disciplinado para se tornar um mestre em lugar de um faz-tudo. As idéias brotam naturalmente e com facilidade, seguidas pela entusiasmada compreensão delas, apenas para serem rapidamente colocadas de lado, substituídas pelo próximo conjunto de idéias meteóricas. Talvez não haja compromisso e perseverança, e a energia dirigida fragmenta-se por se voltar para muitas direções ao mesmo tempo.

Associada à mente perceptiva, capaz de boa assimilação e compreensão, deve haver uma qualidade intuitiva, que você pode usar como fonte de *insight* e conhecimento. Esta faculdade intuitiva ou psíquica irá atuar principalmente através da natureza emocional como uma identificação empática, diferente da intuição uraniana, que é de natureza mental e impessoal. Esta intuição muitas vezes lhe oferece *insights* sobre a natureza e motivação das pessoas, e o meio ambiente pode influenciar seu estado mental e bem-estar.

Talvez haja uma ambivalência no que se refere ao envolvimento social e à responsabilidade. Grande parte depende da natureza de sua expressão; se ela estiver nas esferas criativa e artística, seu foco de atenção e energia é absorvido na visão criativa. Você não é indiferente aos problemas sociais, mas sente que sua contribuição à sociedade é ser um canal criativo. Ou talvez responda à vibração netuniana abrindo mais seu coração, sentindo um canal para o "amor universal", apoiando e elevando outras pessoas. Este é o caminho do serviço à humanidade, e a medicina pode ser uma expressão favorita, ou formas semelhantes de terapia física, emocional e mental.

Ter certeza da direção é o seu desafio; uma vez determinada, você será capaz de extravasar suas energias e talentos para atingir seus objetivos e iniciar o caminho solar de seu propósito. Talvez haja a necessidade de ser mais prático, evocando uma forte influência de Saturno ou Mercúrio para se assegurar de que surgirão resultados materiais, do contrário poderia desperdiçar estes talentos e acabar como um sonhador negativo, perseguindo seus vôos de imaginação sem jamais concretizá-los.

Nos relacionamentos, a liberdade emocional e a confiança são muito valorizados como componentes de um amor romântico ideal. Você tende a ser emocionalmente fiel e dá prioridade às virtudes de um ambiente familiar amoroso e íntimo. Sua natureza empática e solidária contribui para este sentimento de proximidade da família e dos amigos.

QUADRATURA NETUNO-SOL

Indica tendências a inibições psicologicamente fundamentadas, restrições e frustrações, que apresentam muitos desafios que devem ser superados antes que as características mais positivas de Netuno e do Sol possam surgir.

Você tende a não confiar em sua identidade e capacidade para realizar suas ambições. Parte desses sentimentos pode ter derivado de seu relacionamento parental (especialmente com o pai) uma vez que sua natureza em desenvolvimento pode ter vivido conflitos devido à falta de compreensão ou da percepção do amor; talvez, ao afirmar sua própria individualidade, tenha se chocado com a vontade parental mais forte. Os resultados são que sua autoconfiança se fragmentou, e o uso de sua vontade está menos focalizado e efetivo, tendo conseqüentemente desenvolvido defesas psicológicas contra as pessoas e para enfrentar o fracasso pessoal.

Isto se manifesta no escapismo, fuga de responsabilidades e necessidade de autodisciplina, a não ser que um poderoso Saturno em seu mapa possa reequilibrar esta tendência. A tentativa de não enfrentar a realidade leva a percepções distorcidas, o que torna difícil uma avaliação cuidadosa das opções, e gera o medo de tomar decisões que podem ser insensatas. Na pior das hipóteses, isto pode criar a inércia através do medo de agir deliberadamente. Estas imagens interiores de fracasso tendem a criar fracassos exteriores, enfatizando, desse modo, um repetitivo círculo vicioso. Contudo, ao unir este padrão de fracasso a metas e ambições que provavelmente estão acima de suas verdadeiras capacidades, você também deixa de perceber que está criando mais fracassos em sua vida. Isto é exacerbado pelos sonhos do Netuno não integrado e incompleto, podendo ser notado como um traço de culpa relacionado à sua falta de realizações e como uma contínua sensação de descontentamento. Seu poder solar está sendo desviado e dissolvido pela atividade de um Netuno não integrado, e, a não ser que você comece a reafirmar este centro solar e encarar seus desafios netunianos, esta condição insatisfatória pode continuar.

Estes desafios podem diminuir pela decisão de se esforçar o suficiente para se unir ao centro solar oculto, superar estas imagens sobrepostas de culpa, fracasso e inferioridade que se desenvolveram como defesas contra o sofrimento emocional. Esta reorientação pode não ser fácil, pois você estará se opondo a padrões de comportamento estabelecidos, embora os benefícios que surgirem provavelmente transformarão sua vida.

O primeiro passo é a auto-aceitação, o abandono de qualquer julgamento e censura. Então, se você realmente deseja que ela aconteça, tenha confiança em que esta mudança possa ocorrer. Você tem criatividade interior, imaginação e potencial suficientes esperando libertação, embora talvez demore um pouco mais para encontrar os canais adequados de expressão. Entretanto, precisa definir quaisquer ambições dentro de uma perspectiva mais realista do que a anterior. Possivelmente, algum tipo de aconselhamento seria eficaz para ajudá-lo a obter mais clareza sobre seu potencial, ou *workshops* sobre auto-afirmação, tomada de decisões e determinação de metas. Na verdade, o que estão lhe pedindo é para ver a si mesmo como uma criança, pronta para entrar na vida adulta, e espera-se que você recrie uma identidade nova e mais adequada. Neste processo de recriação, dê passos menores e mais fáceis de serem alcançados; reconheça que os fracassos ocasionais são inevitáveis, mas tente não transformá-los em dramas traumatizantes, percebendo que o sucesso não acontecerá sem o risco paralelo de um fracasso. Qualquer um pode fracassar em alguma coisa, e isto não é desculpa para novamente censurar a si mesmo.

À medida que sua autoconfiança aumentar, sua vida irá começar a assumir uma forma positiva. Isto não irá acontecer do dia para a noite, pois a transformação de padrões de comportamento há muito estabelecidos não pode ocorrer tão rapidamente, mas persevere e as mudanlas irão surgir. Talvez o uso de técnicas de visualização criativa e afirmações, ou programação subliminar sobre autodesenvolvimento, codificada em fitas cassetes, possam fortalecer este processo. O principal é perceber que a mudança é possível e que você pode realizá-la a seu modo; na esperança, encontra-se a nascente das águas do potencial e da transformação. Estas melhoras também podem beneficiar seus relacionamentos íntimos, bem como intensificar sua auto-imagem, confiança e capacidade de decisão.

Você geralmente é emocionalmente vulnerável, talvez seja explorado ou maltratado pelos outros, enganado ou manipulado de várias maneiras; porém, se estas tendências existem, podem ser reflexos dos padrões dominantes dentro de você. Podem existir necessidades e desejos incomuns, ligados ao idealismo romântico e expressando-se na sexualidade física; de algum modo, eles podem exigir cura e purificação. Mas a transformação e o refinamento implicados na solução do conflito entre Sol e Netuno também lidariam simultaneamente com este nível.

Talvez haja uma atração pelo ocultismo e misticismo, que, se procurada na fase de pré-transformação, pode levá-lo a uma auto-exaltação que contraste com um complexo de inferioridade, tornando-o um autoiludido, como se fosse a voz de Deus ou dos Mestres; se a transformação já foi realizada, você poderia realmente atuar como um canal mais puro. Porém, se você de fato explora estas dimensões da vida, pode ser necessário um pouco de cautela e moderação, uma vez que pode existir um desejo inconsciente de auto-engrandecimento atuando e motivando suas ações. Como o aspecto da imaginação de Netuno é muito forte, pode criar um egotismo inflado e auto-enganos, onde, em lugar de encontrar a luz, você pode se perder no deslumbramento do fascínio e da ilusão.

Oposição Netuno-Sol

A oposição entre Netuno e Sol pode estimular uma perspectiva distorcida e auto-ilusória da realidade, que tende a criar problemas adicionais e obstáculos em sua vida e decisões. Você pode achar difícil analisar e avaliar corretamente suas escolhas e opções, muitas vezes se concentrando em problemas criados por você mesmo e imaginários em lugar dos verdadeiros problemas. Algumas vezes eles podem assumir a forma do sofrimento voluntário que surge de padrões internos de culpa, associados a desejos profundos, uma expiação ou reparação de "pecados", verdadeiros ou imaginários. Isto pode resultar na atitude do mártir sacrificial, com freqüência desnecessária, embora estranhamente proporcione uma base para sua vida. Talvez seja mesmo necessário um sacrifício, o de suas ilusões, antes de alcançar o centro solar de equilíbrio mais profundo, mas tal sacrifício muitas vezes é mal compreendido e mal utilizado na vida diária.

Você tende a reagir fortemente contra qualquer dominação imposta pelos outros, embora possa facilmente se submeter se estiver sob a influência de uma viagem sacrificial mal posicionada. Seus relacionamentos podem ser caracterizados pela confusão e mal-entendidos, e, através de poderosas emoções, está propenso a revestir os relacionamentos íntimos com fantasias e desejos irreais formando um miasma decepcionante que afeta a todos os envolvidos. Pode haver um padrão atuante que subverte a comunicação clara, honesta e direta, mesmo que você não o aceite totalmente ou perceba sua presença. Como tende a ser inseguro e defensivo nos relacionamentos, podem ser geradas tensões devido à sua forma de expressão que raramente aceita estar errado ou qualquer responsabilidade, embora você o faça de modo a tentar jogar a culpa nos ombros dos outros. Isto cria confusão em lugar de clareza e, com o tempo, pode criar muitos atritos. Esta nebulosidade domina sua personalidade, transformando-o num "camaleão psicológico", que muda de aparência e atitudes, enquanto percepções distorcidas e tendências pessoais se impõem à realidade.

Com freqüência evita se comprometer e se envolver emocionalmente pelo medo de ser enganado ou dominado, e isto, somado a uma natureza desconfiada, não contribui para relacionamentos estáveis. Como está propenso a cair sob o fascínio negativo netuniano no amor e no romance, esta tendência pode ter se desenvolvido de desapontamentos anteriores. Se isto se tornar um padrão repetitivo em sua vida, a causa provavelmente está dentro de você mesmo e, através da exploração e da jornada interior para contatar a luz solar, poderá descobrir e iluminar sua solução potencial.

Para chegar a um acordo com estes padrões de influência referentes à sua identidade e relacionamentos, é necessária muita honestidade e compromisso. Uma mudança benéfica pode ser estimulada, mas somente se você realmente a desejar e estiver disposto a se esforçar. O principal problema com fascínios interiores e ilusões é que eles são muito difíceis de serem identificados corretamente, e obviamente estes espelhos deformantes fazem com que seja difícil percebê-los com clareza. O primeiro e mais importante passo é reconhecer que estes problemas existem e a seguir atuar de modo consistente para descobrir o tratamento adequado.

Através da insegurança, você pode duvidar de suas capacidades e potencial, temendo desafios que podem expor fracassos e fraquezas. Os mecanismos de fuga e defesa podem ter sido estabelecidos como formas de proteção. Essencialmente, você precisa desnudar sua habitual percepção dos outros e de si mesmo para que a realidade possa brilhar com mais objetividade. Encarar a realidade de padrões de fuga e observar a influência de suas tendências emocionais e mecanismos de defesa pode ser muito revelador, assim como notar seu modo de distorcer a comunicação nos relacionamentos; considere tudo isto sem autocensura ou julgamento. As sementes da transformação encontram-se na observação. Reencontrar seu próprio eu solar e seu centro além destas influências efêmeras é o propósito de sua jornada, e o estabelecimento da força em sua própria identidade e recursos demonstrará uma maturidade em desenvolvimento, mais do que qualquer busca de apoio em outras pessoas.

Discernir suas metas na vida, talvez desenvolvendo um programa para atingir algumas delas, pode lhe oferecer uma direção e permitir que expresse livremente o potencial bloqueado e frustrado, anteriormente inibido. Estas providências podem renovar você e seus relacionamentos, impedindo que seja negativamente influenciado pelo ambiente. Quando as mudanças forem realizadas, você poderá ter muito a oferecer para as pessoas, pois suas tendências sacrificiais podem ser benéficas e refletir seu caminho solar mais elevado, e não o caminho ilusório de Netuno. Trabalhar com formas de meditação que desmistifiquem e afastem os véus ilusórios da personalidade ou com terapias de relacionamento podem ser abordagens adequadas para purificá-lo das tendências netunianas negativas, permitindo que a luz de seu centro solar coordenado brilhe mais poderosamente.

Conjunção Plutão-Sol

Suas ambições e desejos serão muito influenciados pelo signo natal do Sol e podem ser realizados pela aplicação da energia de Plutão para ampliar sua força de vontade solar. Potencialmente, esta conjunção pode ser muito útil, permitindo que você atinja seus objetivos, mas, para maximizar as chances do sucesso final, você talvez precise modificar determinadas atitudes.

Plutão oferece o potencial de regeneração e renascimento, que também se reflete no padrão dos mitos solares, assim, você poderia transformar a si mesmo e até certo ponto também o meio ambiente imediato, combinando-o com seu propósito. Uma vez determinada a direção, você verá o que pode precisar de mudanças como pré-requisito para a realização e depois começar a empregar sua vontade.

Podem existir atitudes de extremismo, onde suas crenças, idéias e opiniões são expressadas com força e intensidade. Você terá muita certeza a respeito de suas preferências na vida, e muitas vezes suas atitudes podem estar polarizadas em "preto e branco", deixando pouco espaço para a consideração do "cinza", ou para aceitá-lo como uma alternativa viável. Uma vez determinadas as escolhas, é como se você as tivesse escrito em placas de pedra; mesmo possuindo a habilidade para mudar, pode não estar disposto a fazê-lo, ou pode alterar atitudes estabelecidas somente quando sentir que não existe outra opção. Acha difícil ser equilibrado, especialmente para tolerar e compreender as fraquezas da humanidade. Você provavelmente adota uma filosofia muito rígida, que acha que as pessoas podem mudar suas vidas e ser auto-suficientes se assim o desejarem, em vez de serem fracas e buscarem apoio nos outros, embora você resista a mudanças em si mesmo.

Talvez seja agressivo e sinta-se atraído pelo poder; aqueles que parecem exercer influência sobre os outros serão como um ímã, pois você gostaria de estar nestas posições de autoridade. Este desejo interior provavelmente influencia sua direção na vida, trabalho e carreira, ou mesmo os esforços na vida familiar. Você pode usar táticas de manipulação e pressão psicológica como alavancas para garantir a vitória em qualquer disputa pelo poder; sua impiedade dirigida pode trazer um sucesso aparente, mas também um grande número de "inimigos" ao ser ativada. Você terá que aprender que não é "o centro do universo" e que os outros também possuem direitos e propósitos e que não devem nunca ser sacrificados ou desprezados apenas para a realização de seus desejos. Uma adaptação para tornar-se mais consciente dos outros, reconhecendo que os sentimentos e as opiniões únicas deles são tão válidos quanto os seus, criaria uma energia muito mais harmoniosa em sua vida e relacionamentos pessoais bem-sucedidos. Estar disposto a aceitar alguns fracassos inevitáveis seria um passo positivo, pois permitiria que a tensão se dissolvesse e destruiria qualquer busca compulsiva de "sucesso"; do contrário, você pode ficar obcecado pela realização de seu objetivo e possivelmente disposto a prejudicar mais as pessoas, além de permitir que o "fracasso" o corroa através de pensamentos prejudiciais.

Grande parte de sua energia terá uma potência sexual e, independente de seu sexo, possuirá uma qualidade penetrante e uma agressiva natureza masculina. Suas necessidades físicas são fortes e pode haver uma integridade sincera em seus desejos, pois uma vez feita a escolha, você persegue sua "presa" sem se desviar. Em seus relacionamentos estarão presentes os elementos da vitória, sucesso e manipulação e você não aceitará bem nenhuma rejeição, uma vez que ela afeta negativamente a sua auto-imagem. Contudo, seus relacionamentos serão muito intensos, e você se comprometerá inteiramente enquanto durarem, ficando muito envolvido emocionalmente.

É provável que a compreensão emocional seja um ponto fraco, até que ocorram determinadas transformações que destruam suas preocupações. Pode sentir-se como se estivesse se dissolvendo em relacionamentos ardentes, perdendo-se em enlevos com seu amante, ou em possíveis obsessões com o romance. Estas experiências poderiam ser a chave para sua transformação, ou fazê-lo temer tanto por sua sanidade e propósito, a ponto de começar a rejeitar esta intensidade, substituindo-a por relacionamentos físicos mais superficiais e liberando a energia sem evocar a dimensão emocional.

De forma quase que paradoxal, você também pode reagir às injustiças sociais e sentir-se atraído para aliviar os problemas sociais. O movimento nesta direção depende de seu grau de consciência das necessidades dos outros e da correspondente diminuição de sua própria necessidade de poder e sucesso. A principal questão é saber se está voltado para si mesmo ou para os outros; isto irá determinar suas reações às pessoas, criando atitudes como "Eles podem mudar e ajudar a si mesmos" ou "Eu mudarei e usarei meu poder para ajudar os outros a ajudarem a si mesmos". Tal decisão envolveria um realinhamento com um propósito e ideal interiores mais elevados, e representaria o início de sua transformação em um membro sensível da humanidade. Este é um avanço para a incorporação da dimensão espiritual de seu caminho solar, em que a luz interior começa a unificar a vida, e você sente o inter-relacionamento com a humanidade e o mundo. A adoção desta abordagem pode regenerar sua direção na vida e o conduzirá às experiências da jornada heróica, desafiando sua perseverança e emprego da vontade focalizada, e exigindo muito crescimento interior que pode levá-lo a realizar seus objetivos.

Sextil Plutão-Sol

Você pode usar suas energias Sol-Plutão de maneira construtiva, positiva e habilidosa, acreditando que com motivação, direção e vontade bem definidas conseguirá realizar suas ambições. Existirão muitos poderes de persistência e isto o ajudará a insistir na revelação de seus recursos interiores.

Você possui diversos talentos naturais, que podem ser utilizados em seu próprio benefício e no de outras pessoas. A comunicação é um destes talentos, através do qual você seria capaz de transmitir seus pensamentos para os outros, de forma clara, fluente e com estilo. É provável que você vá trabalhar em grupos, possivelmente através de ideologias mútuas que visem a solução de problemas sociais, pois sente a responsabilidade de dar seu apoio para a melhora social. Você não gosta particularmente dos aspectos sociais que revelam injustiça com os "oprimidos" e onde dominam a desordem e o caos; prefere abordar estes desafios enfrentando-os diretamente, usando a vontade e a perseverança e acreditando que no final sua força vencerá.

Você pode se tornar o porta-voz destes grupos, pois inspira as pessoas a reagirem bem à aura de poderosa energia que emite, criando confiança em sua integridade e habilidades para favorecer a causa. Para seus colegas mais próximos, a energia possui um efeito vitalizante e harmonizador. Você tende a usá-la como um guia pessoal para determinar a abordagem certa a ser tomada nas situações, quase como uma forma de intuição psíquica, que substitui a lógica e a análise; você confia neste sentimento que o orienta em suas decisões, embora possa ser difícil expressar suas razões para os outros. Esta união de seu caminho solar com as questões de transformação social que emanam de Plutão pode ser potencialmente dinâmica, criando uma direção de vida que satisfaz e continua a estimular, embora possa ser muito desafiadora e os resultados possam demorar a surgir.

Deve ser evidente para você uma compreensão natural dos processos da vida, pois aceita que o progresso exige o abandono de antigos padrões restritivos, e você pode fazer isso sem muito trauma, como parte de seu processo de regeneração. Em seus relacionamentos, possui a capacidade de crescimento criativo contínuo, alcançado sem dramas ou crises desnecessários, quase como uma expressão evolucionária natural da energia do sextil atuando em sua personalidade. Talvez periodicamente precise rever seus relacionamentos e atividades sociais para ter certeza que a clareza de direção ainda está presente, mas isto satisfaz o impulso plutônico para transformar quando necessário e é conscientemente absorvido por seu caminho solar sem excesso de força ou pressão. Ao adotar esta abordagem, você irá assegurar que seu Sol e Plutão continuem colaborando e mutuamente apoiando seus esforços.

Trígono Plutão-Sol

O relacionamento do trígono entre Sol e Plutão é potencialmente muito harmonioso, e você deveria ter a habilidade para concentrar e empregar sua força de vontade, justamente com a opção de uma transformação regeneradora que pode ser necessária para alcançar a auto-integração e as metas escolhidas.

Haverá menos influência da corrosiva qualidade da energia de Plutão, desde que utilize seus talentos naturais de forma socialmente aceitável. Você pode utilizar ao máximo os recursos inatos, alterando-os a seu favor para atingir seus objetivos. Você demonstrará consciência social e se sentirá atraído a empregar seus talentos para melhorar o ambiente social. Sua habilidade para ter um *insight* natural da solução de problemas de maneira muito eficaz pode conduzi-lo a uma possível carreira ou vocação em áreas desafiadoras de solução de problemas. Você terá determinadas habilidades financeiras e uma mente lógica e dedutiva, preferindo aderir a projetos que exijam o restabelecimento da ordem sobre o caos. Isto lhe oferece um sentimento de satisfação, pois não gosta do caos e da ausência de estruturas; deseja estar no controle e criar uma harmonia organizada em sua vida e em seu meio ambiente.

Você tem potencial para ser um líder ou um porta-voz, pois sua vitalidade dá a impressão de direção premeditada, e sua expressão otimista e criativa pode atrair o apoio de outras pessoas. Isto ocorre naturalmente, sem os habituais desejos de Plutão por poder e manipulação de outros; na realidade, você possui pouco desejo compulsivo de ser um líder autoritário.

Pode existir uma habilidade intuitiva que lhe oferece nítidos *insights* sobre as situações, possivelmente até mesmo um grau de clarividência, que poderia ser liberada e ampliada através da ioga, meditação e formas de autodescoberta. Pode emanar de você uma energia curativa, que possivelmente ajude aqueles que podem absorver inconscientemente a liberação excessiva de sua energia e ser um apoio para todos que necessitam de ajuda na solução de problemas.

Você pode se beneficiar da "sorte" que parece existir em sua vida; isto pode vir de heranças ou através da má sorte de outros. Possui muito potencial criativo, mas, para liberá-lo completamente, talvez precise passar por alguma transformação interior que dissolva os bloqueios que inicialmente frustram seu sucesso; para isto, deve aprender a usar este aspecto em seu benefício. Aceitando que é capaz de canalizar esta energia visando obter resultados que beneficiem a sociedade e certificando-se de que não tenta deixar de enfrentar e resolver quaisquer problemas pessoais importantes que possam surgir — dentro de si mesmo ou em um relacionamento —, você enfrentará poucas das dificuldades tradicionais associadas à energia não integrada de Plutão; o que, para muitas pessoas, pode ser considerada uma benção! Certamente, Plutão pode ser muito cooperativo com suas metas solares, embora grande parte deste apoio se encontre no fundo da mente inconsciente e talvez nem sempre seja reconhecido. De qualquer modo, os padrões plutônicos não resolvidos não estarão sutilmente influenciando e distorcendo suas escolhas e experiências na tentativa de chamar sua atenção.

Quadratura Plutão-Sol

A energia e desafios indicados por esta quadratura podem ser difíceis de se lidar, pois as tendências negativas não integradas de Plutão podem estar presentes. Através da compreensão nítida destes aspectos subjacentes à sua natureza, evocando a luz e a natureza coesiva de seu Sol, irá minimizar os efeitos mais negativos e destrutivos desta abrasiva energia de Plutão, redirecionando-a para canais mais positivos que estão associados ao seu caminho solar. Entretanto, você precisará continuar consciente de como está expressando Plutão, pois sua qualidade peculiar ainda estará vitalizada e não pode ser anulada apenas usando-a de forma mais sábia.

As tendências de Plutão a ambição, força, poder, domínio, agressão e extremismo também podem estimular tendências semelhantes em um Sol agressivo, e existirão como fatores motivadores e compulsivos em seu caráter. Muito disso depende do signo do seu Sol, especialmente se ele estiver posicionado em elementos de Terra ou Fogo, onde estas tendências podem estar mais presentes como um impulso para exercer "poder sobre" os outros. Se o Sol estiver em um signo de Água ou Ar, a ênfase pode estar na manipulação emocional ou intelectual e no domínio.

Você irá tender a acreditar que sua força de vontade focalizada pode agir de forma mágica realizando desejos e objetivos através do uso de uma vontade concentrada; com freqüência, você será "magicamente" bem-sucedido mas geralmente existe algum tipo de preço a ser pago. Muitas vezes, o emprego de sua forte vontade, especialmente quando suas motivações forem egoístas, pode atrair resultados mais negativos e destrutivos que se opõem à sua intenção inicial; com a energia de Escorpião, você está propenso a ferroar a si mesmo e aos outros.

Você pode sentir muita tensão interior como resultado deste relacionamento planetário desafiador, achando difícil "romper as barreiras" que parecem impedir a realização de suas ambições. Esta é a tentativa de Plutão para forçá-lo a uma transformação interior, a necessidade que você reconhece quando as pressões de intenções frustradas aumentam, até chegar ao ponto de não conseguir viver com elas e "explodir" de algum modo, libertando a pressão. Algumas mudanças podem ocorrer como resultado de poderosas experiências catárticas, que o farão se dirigir ao sucesso ou criarão um novo caminho alternativo.

As atitudes referentes à autoridade são ambivalentes. Embora possua determinadas qualidades de liderança e habilidade administrativa, muitas vezes é antagônico à autoridade, cético, subversivo e iconoclástico em seu discurso e pensamentos. Obviamente, isto não o levará a progredir em muitas esferas da sociedade, mas você é muito independente e indisciplinado para mudar e se submeter. É provável que os outros mantenham uma distância psicológica de você, porque sua aura muitas vezes sugere — de forma inconsciente — que você é "perigoso"; que seu modo de ver as coisas é potencialmente desafiador e transformativo e que um envolvimento mais profundo provocaria alguma mudança desconhecida neles. Outros podem considerá-lo uma energia fascinante e apreciam muito a sua companhia; muito depende da habilidade deles para lidarem com esta energia.

Você com freqüência procura se lançar contra os adversários, testando-os e sentindo prazer em sentir-se como um guerreiro impetuoso.

Isto pode se expressar em todos os níveis, físico, emocional e mental. Você nem sempre o expressa em termos reais, com freqüência apenas entrando em um estado mental combativo, realizando batalhas imaginárias com um adversário ideológico e mantendo um diálogo interior, uma vez que detesta a idéia de perder.

É difícil compreender você, pois parece enigmático para muitas pessoas e quase sempre resiste ao envolvimento emocional. Isto acontece porque tem consciência de suas profundezas emocionais e força de sentimentos, e esta intensidade pode fazê-lo se sentir extremamente desconfortável, especialmente se perde o controle quando se apaixona. Você tem medo de não estar no controle, e geralmente irá tentar criar um relacionamento onde possa se sentir no comando da situação. Embora dê a impressão de grande autocontrole e equilíbrio, muitas vezes esconde a evidência de agitações interiores, que podem explodir como reações excessivas a fatos triviais, ou ser vigorosamente liberadas quando alguém "aperta seus botões" provocando uma reação.

Você prefere a estabilidade e resiste às mudanças, especialmente quando tiver estabelecido um tipo de vida que lhe convém. Pode existir um tipo de apreensão quanto à realização efetiva de seus propósitos; algumas vezes você progride bem, apenas para perder o interesse na hora do esforço final, quase como se a tendência subversiva de Plutão finalmente consumisse seu propósito solar. Até que o atrito interior entre Sol e Plutão esteja resolvido e integrado no controle solar, você pode inconscientemente agir como seu próprio pior inimigo, frustrando suas próprias intenções. Você deveria aprender a reconhecer a ajuda de outras pessoas em sua vida e tornar-se receptivo às suas sugestões, pois muitas vezes elas podem indicar a direção a ser seguida. Compromisso e colaboração são duas lições que devem ser aprendidas assim que possível, bem como maior moderação interior. Ao alcançar um equilíbrio entre ser receptivo aos outros e suas tendências dominadoras que desejam que eles se submetam a você, descobrirá que a qualidade de seus relacionamentos começa a melhorar, de forma criativa e construtiva.

Idealmente, você deveria redirecionar interiormente a abrasiva energia de Plutão. Isto pode não ser fácil, e talvez envolva algum sofrimento pessoal, mas pode estimular uma transformação radical, que oferece benefícios consideráveis e que tornaria sua vida e relacionamentos mais completos. Isto também seria a chave para realizar seus objetivos solares, pois você estaria retirando uma barreira interior que, de outro modo, provavelmente impediria e frustraria muitos de seus esforços.

Oposição Plutão-Sol

Sugere que grande parte de seus problemas e desafios irão surgir na área dos relacionamentos interpessoais, muitas vezes criados ou estimulados pela expressão inconsciente desta energia, que exige uma compreensão mais profunda e um ajuste interior antes que você possa se beneficiar de seu poder.

Seu temperamento pode ser assertivo, agressivo e extremista, com tendências a usar a vontade poderosa como uma marreta para atingir os objetivos. Você prefere forçar situações para que esteja pronto a tirar vantagens antes de qualquer um, ou agirá impulsivamente sem considerar totalmente as conseqüências de seguir seus desejos e objetivos. Para os outros, sua vontade e personalidade podem parecer um pouco autoritárias, provocativas e dominadoras, especialmente porque você sempre prefere estar no controle de todas as situações e detesta sentir-se inseguro ou perceber que não pode fazer nada para influenciar as circunstâncias a seu favor. Por este motivo você deseja estar em posição de autoridade, dando as ordens e ditando as regras, embora seja muito rebelde quando os papéis se invertem; então, usa sua influência, sendo subversivo e manipulando os outros, para que resistam à autoridade.

Você sentirá o desejo de transformar o mundo, adaptando-o à sua imagem para que ele reflita suas opiniões de como ele deveria ser. Como todo mundo virtualmente tenta a mesma coisa, em maior ou menor escala, inevitavelmente você pode entrar em conflito com as pessoas que não concordam com sua panacéia para os males do mundo. Se tentar dar ordens às pessoas, expressando-se vigorosamente, pode facilmente perder apoio e colaboração certos, especialmente se ficar claro que você pretende ser o personagem principal e árbitro final. O problema das personalidades dominadoras e vigorosas é que elas geralmente insistem em fazer as coisas a seu modo e raramente, ou nunca, estão erradas. Isto geralmente acaba em conflitos nos relacionamentos e faz com que os colaboradores mais criativos desistam, deixando que permaneçam apenas os "meros seguidores", que continuam com o líder em aquiescência bajulatória.

Sem a percepção e a compreensão adequadas, estas tendências podem se expressar negativamente, acabando por prejudicá-lo. Contudo, elas podem igualmente se tornar qualidades extremamente positivas que podem ser utilizadas de formas socialmente criativas, depois de superado o excesso de auto-interesse, permitindo que você se dirija ao caminho solar mais elevado de sua individualidade e não apenas satisfazendo necessidades e desejos egóicos inferiores. Você precisará passar por um período de auto-regeneração, reconhecendo a necessidade dos outros de serem eles mesmos, não meros subordinados que você comanda, mas pessoas igualmente capazes de reivindicar seus direitos. Os relacionamentos mais harmoniosos e bem-sucedidos podem acontecer especialmente quando sua necessidade de auto-afirmação diminuir através da autocompreensão e confiança em seu próprio valor. Para isto é preciso aprender a confiar na realização de suas metas, em vez de precisar manipular os outros para que ajudem inconscientemente suas intenções particulares. As mudanças interiores que levam a uma atitude menos agressiva e desconfiada na relação com os outros, maior cooperação para atingir objetivos mútuos e mais concessões em suas atitudes, certamente trarão mais benefícios para você e para os outros. Compreender os elementos presentes em sua psicologia, que deseja tornar-se uma autoridade e um líder, pode ajudá-lo a realizar um ajuste interior e permitir o surgimento da habilidade para trabalhar com os outros.

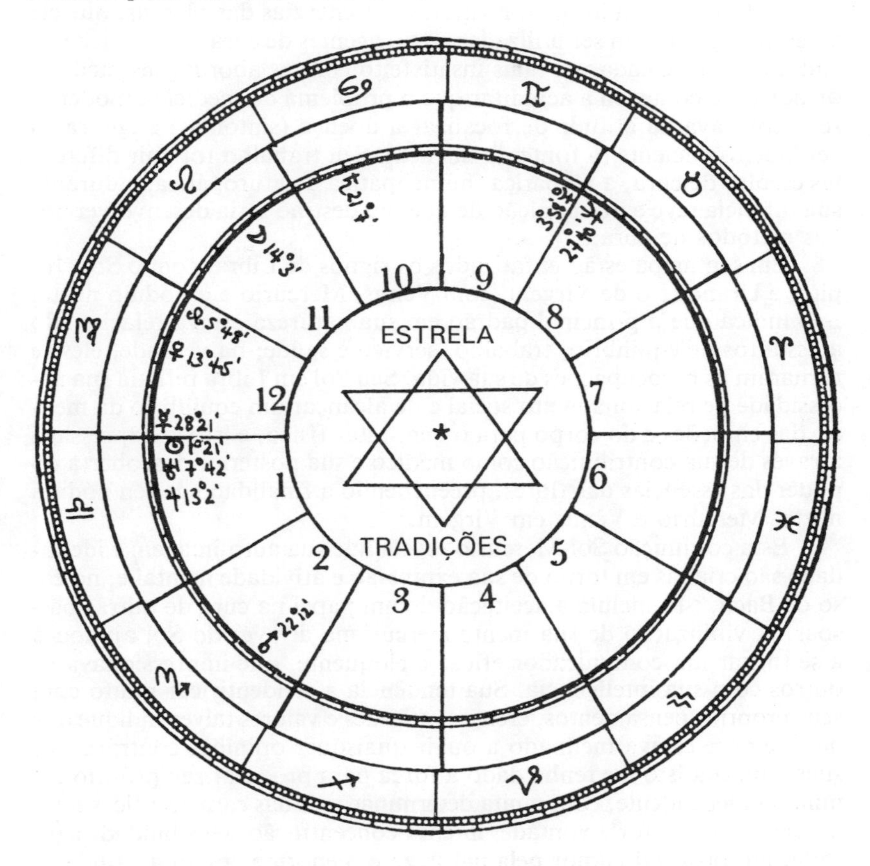

Dr. Edward Bach. Mapa Solar. 24 de setembro de 1886, meio-dia.
Moseley, Birmingham, Inglaterra.

EXEMPLOS DE MAPAS

Dr. Edward Bach

Sol em Libra. Conjunção Sol-Mercúrio-Urano. Trígono Netuno-Plutão. Mapa Solar calculado ao meio-dia.

O Dr. Edward Bach descobriu os florais, que se tornaram uma respeitada forma alternativa de tratamento para saúde, especialmente popular hoje em dia, devido ao aumento do interesse público na medicina complementar. O Dr. Bach foi médico praticante e consultor em Harley Street, bacteriologista e homeopata, e era muito competente, embora, após mais de vinte anos de lucrativa prática, tenha mudado sua orientação médica para explorar os mistérios das energias das plantas, que ele acreditava pudessem ser utilizadas como agentes de cura. Na prática privada, tornou-se cada vez mais insatisfeito com as abordagens médicas ortodoxas e começou a acreditar que o problema da medicina moderna se encontrava na atitude de focalizar a doença (sintomas) e ignorar o verdadeiro paciente (a fonte da doença). Seu trabalho foi unir diferentes escolas de cura, a alopática, homeopática e naturopática, e durante sua infância teve a premonição de que seu destino seria desenvolver novos métodos de cura.

Em seu mapa estão enfatizados os signos de Libra, com o Sol, Júpiter e Urano, e o de Virgem, com Vênus, Mercúrio e o nódulo norte. Isto indica que o principal padrão em sua natureza estava relacionado a assuntos de equilíbrio, trabalho, serviço e saúde; na verdade, eles se tornaram as preocupações de sua vida. Seu Sol em Libra refletia sua necessidade de relacionamento social e de alcançar um equilíbrio da mente, das emoções e do corpo para o bem-estar físico, e isto se expressava através de sua contribuição como médico e sua posterior descoberta do poder das essências das flores, preenchendo a finalidade de seu nódulo norte, Mercúrio e Vênus em Virgem.

Esta conjunção Sol-Mercúrio revela que sua auto-imagem e identidade são criadas em torno de sua expressão e atividade mental e, no caso de Bach, isto incluía a aceitação de um papel na cura de outras pessoas. A vitalização de sua mente mercuriana através do Sol ajudou-o a se tornar um comunicador eficaz e eloqüente, que impressionava os outros com sua inteligência. Sua tendência a se identificar muito com seus próprios pensamentos, crenças, atitudes e valores talvez indique que nem sempre estava inclinado a ouvir quaisquer opiniões contrárias às suas, embora isto lhe tenha dado a força para procurar seu próprio caminho independente, com muita determinação. Suas características mais nítidas eram sua forte vontade, intensa concentração, sensibilidade aguçada, um profundo amor pela natureza e o enorme desejo de ajudar a resolver todos os males no mundo. A idéia de descobrir novas dimensões para o valor medicinal das plantas o excitava, e, ao seguir esta direção com grande entusiasmo e colocando em risco sua própria condição profissional e reputação, ele finalmente formulou seu sistema de remédios florais que então divulgou através de seus escritos, explicando seu método de preparação e o uso específico de determinadas plantas para doenças específicas.

Os florais são descritos como "o método simples e natural para estabelecer total equilíbrio e harmonia na personalidade, através das flores silvestres''; ''os 38 florais abrangem todas as condições negativas da mente conhecidas pelo homem'' e são eficazes para tratar de estados interiores da personalidade para que possa ocorrer uma integração curativa. Sua influência atua em níveis sutis, em condições de mente que, com freqüência, agem como fonte principal da doença, consumindo a vitalidade do corpo. Cada floral devolve a paz interior e a harmonia ao inter-relacionamento entre corpo-emoções-mente, ''fechando o circuito e permitindo que a força vital flua novamente livre, proporcionando ao corpo uma chance para produzir sua própria cura natural''.

Ele descobriu que as plantas com o poder de cura mais eficaz eram encontradas durante a época do ano em que os dias são mais longos e o Sol emana poder e influência. Desenvolveu uma técnica chamada ''ensolaração'', que se baseava nas influências solares, e o processo de extrair as energias da planta e da flor era realizado pela flutuação das flores em um recipiente com água corrente, exposto durante algumas horas à luz do Sol. Em analogia ao conceito astrológico do equilíbrio básico da personalidade, sua técnica utilizava ''a terra para nutrir a planta, o ar do qual ela se alimenta, o sol (fogo) que lhe permite partilhar seu poder, e a água para reunir e ser enriquecida com sua benéfica cura magnética''. Seu *insight* era de que a causa básica da doença se encontrava na desarmonia entre a personalidade e a alma, e seus florais visavam restabelecer esta unidade curativa.

Ampliando sua sensibilidade mental originada da conjunção Sol-Mercúrio, existe outra conjunção com Urano. Ela indica a tendência ao individualismo e inconformismo, onde um conflito final com as abordagens tradicionais pode levar à criação de um caminho pessoal único. Estão envolvidos sentimentos de aprisionamento, pois os impulsos interiores buscam liberdade, e Bach pode ter sentido isto depois de vinte anos de consultoria médica. Sua busca de uma nova direção obteve foco nas destilações das flores. O desafio de seu aspecto Sol-Urano é lidar com o impulso pela liberdade, e está relacionado à criação do caminho solar, pois a energia restringida tenta transformar o padrão de vida existente. Para Bach, isto foi a interrupção de sua prática médica em favor de seus estudos incomuns e excêntricos. Assim, ele satisfez sua necessidade por estímulo mental e novidade, renovando a si mesmo e explorando seus talentos através da busca de novos horizontes e interesses. Sua natureza idealista e motivação para servir foram preenchidas por esta intenção de voltar todos os benefícios para o bem-estar dos outros, e um famoso exemplo é o fato de ter salvo a vida de um pescador em 1930, usando seu floral de ''Resgate''.

Este aspecto Sol-Urano é perceptível pela ligação implícita à ''mente superior'' uraniana, onde a rápida atividade mental e lógica podem unir *insights*, quase como uma penetração intuitiva na natureza da realidade. Sua compreensão sobre a união de todos os níveis do ser humano e o reconhecimento do fato de que as atitudes mentais possuem efeitos negativos e positivos sobre a saúde tornou a utilização das essências florais transformadoras um estímulo purificador e reequilibrador. Este trabalho de cura em níveis mais sutis é um precursor para o início de terapias alternativas mais voltadas à energia, que atualmente estão se desenvolvendo. Ao ouvir suas próprias sugestões interiores e tendo a coragem de seguir sua própria luz, Bach percorreu seu caminho heróico e através de sua contribuição pessoal deixou uma abordagem curativa que pode beneficiar a todos.

O trígono entre Sol e Netuno é especialmente ativo em Bach, indicando a presença de uma mente perceptiva, intuitiva e psíquica, que atua através da identificação empática, criando *insights* do meio ambiente, capazes de influenciar a condição mental e o bem-estar pessoal.

> [Bach] desenvolveu grande sensibilidade mental e corporal. Se colocasse sua mão sobre uma planta florida, ou a flor na palma de sua mão, podia sentir em si as propriedades daquela flor. Antes de encontrar determinada flor, sofria em si mesmo, e de modo agudo, a condição negativa da mente para a qual aquela flor era necessária e, ao mesmo tempo, era privilegiado, como dizia, ao sofrer alguma doença física. Então, vagava pelos campos e alamedas até ser "conduzido" para as flores que imediatamente devolveriam sua serenidade e paz, e em poucas horas o problema físico também estaria curado.

Este aspecto planetário entre Sol e Netuno ajudou Bach a "abrir seu coração" e sentir que era um canal para o universo, para apoiar e elevar os outros através da medicina e serviço à comunidade. Quando teve certeza de sua nova direção, estava livre para explorar seu caminho de propósito solar.

O trígono do Sol com Plutão completa sua ressonância solar com as influências dos planetas transpessoais e indica a opção da transformação regeneradora, necessária para atingir uma auto-integração mais profunda e um propósito na vida. A ênfase aqui está no uso máximo dos recursos, para proveito pessoal e social, e parece que Bach conseguiu fazê-lo. Além disso, as faculdades da intuição e possível clarividência também são potenciais com este aspecto, bem como a liberação de uma energia curativa. Os únicos obstáculos para que elas se manifestem podem ser os bloqueios interiores e exteriores que precisam ser dissolvidos. O objetivo destas tendências é a criação da ordem e da harmonia, que novamente reflete a ênfase planetária de Bach em Libra e Virgem, bem como a intenção dos remédios florais. O importante é perceber como o Dr. Edward Bach incorporou as qualidades mais elevadas de seu Sol e dos aspectos planetários, usando-as no desenvolvimento de sua carreira inicial e também na revelação de sua jornada heróica.

Colin Wilson

Sol em Câncer na 1ª casa. Sol em conjunção com Mercúrio, Ascendente em Gêmeos, Sextil Marte-Netuno.

Colin Wilson é um prolífico autor inglês e, desde a publicação de seu primeiro livro, o *best-seller The Outsider* em 1956, produziu mais de oitenta obras. Suas principais preocupações eram o crime e assassinato, sexualidade, psicologia, experiências paranormais e os mistérios ocultos. Ele também é um escritor de ficção, explorando assuntos semelhantes em seus romances. Com o passar dos anos, seus interesses se voltaram para o fascínio pela natureza da consciência, especialmente as provocadoras "experiências máximas", e, para um indivíduo comprovadamente — até mesmo obsessivamente — intelectual, possui grande interesse e afinidade com as dimensões sensuais, arrebatadoras, da vida humana e curiosidade acerca das supostas áreas tabus da sexualidade e violência humanas. Busca os níveis "elevados" da atividade humana e equilibra este interesse estudando as formas "inferiores" de expressão.

Embora seus interesses e estudos sejam nominalmente intelectuais e reflitam a vitalidade de seu ascendente em Gêmeos, o que verdadeiramente estimula sua pesquisa é a busca da intensidade de experiências altamente sensíveis que se originam mais de seu Sol em Câncer e Lua em Escorpião. Eles revelam suas profundezas emocionais e complexidades subjacentes, embora muitas vezes também estejam ocultas pela racionalidade imparcial de seu ascendente em Gêmeos. Sob diversos aspectos, sua preocupação com a pesquisa e a escrita permite que ele se afaste do mundo, concentrando-se em suas obsessões temáticas, e esta ação evoca sua própria versão do Caranguejo que se esconde em sua concha, embora, no caso de Wilson, é a absorção no mundo das fascinações e idéias intelectuais que estimula suas paixões particulares.

Recentemente, ele afirmou que, à medida que se aproxima dos sessenta anos de idade, sua vida concentra-se cada vez mais em

> uma obsessão básica... de forma muito simples, em determinados momentos de grande *insight*, grande intensidade, sentimos que a vida é inacreditavelmente simples e que, se pudéssemos manter este *insight*, ninguém jamais desejaria morrer. Porque nestes momentos, podemos ver que todas as coisas são absolutamente extraordinárias, que em certo sentido, estamos no céu agora. (*Human Potential*, inverno de 1989).

Esta é a base da busca mística do esclarecimento, onde a simplicidade da vida é vivenciada como unidade e relacionamento universais, e onde — como reconhece Wilson — a complexidade da análise e investigação intelectuais tornam-se relativamente insignificantes quando a experiência da intensa unidade com a vida é verdadeiramente sentida. Com certeza, a experiência do esclarecimento é essencialmente o sentimento mais

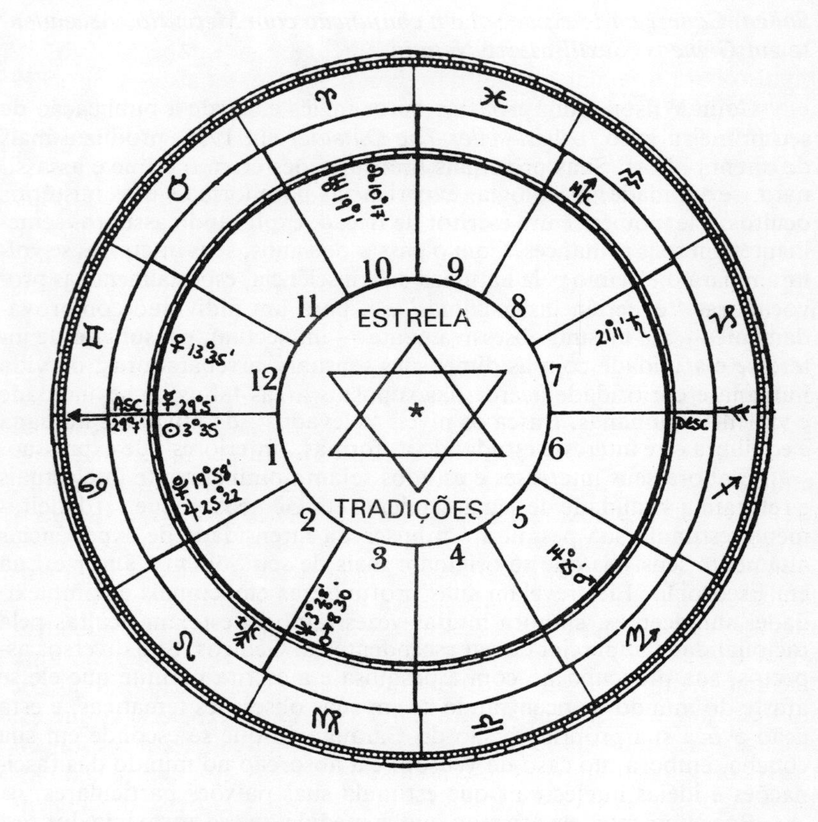

Colin Wilson. 3.30 HMG 26 de junho de 1931. Leicester, Inglaterra.

intenso permitido ao homem; depois que ela diminui de intensidade, podemos reformular o *insight* intelectual, a compreensão e as tentativas para explicar sua natureza.

Seu Sol na 1ª casa indica sua necessidade de auto-afirmação, de deixar sua marca no mundo, sendo ''alguém'' que é notado, respeitado e reconhecido através de sua expressão específica. O desafio de seu caminho na vida é utilizar seus talentos latentes, e isto Wilson constantemente tentou realizar, desde seus tempos de escola, quando sua natureza acadêmica já se fazia notar, até seu surgimento como membro do grupo ''Jovens Irados'' em meados da década de 50 e através de seus estudos populistas sobre ocultismo e paranormalidade. Uma crença precoce de que tinha algo de especial para oferecer incentivou seus ambiciosos desejos de sucesso, permitindo que concentrasse e utilizasse sua vontade para que pudesse manifestar estes sonhos na forma de empreendimentos reais. O caráter essencial de sua natureza é positivo, formando uma atraente personalidade auto-suficiente, embora também exista um impulso para dominar através da reivindicação de quaisquer posições de poder e de autoridade. Parte desta tendência se reflete em sua atração intelectual pelo sadismo sexual e criminoso, o fascínio pelo impulso criminoso e o poder máximo de domínio sobre os outros. Wilson assumiu a responsabilidade por sua vida, escolhendo seu próprio caminho e seguindo-o com determinação. Para compreender melhor sua natureza, teve de buscar caminhos de autoconhecimento, percorrendo um trajeto solitário e individualista, enquanto respondia às suas mensagens interiores.

A conjunção Sol-Mercúrio indica que sua auto-imagem é mais derivada de sua atividade e expressão mental e que provavelmente prefere se identificar com seu ascendente em Gêmeos e não com seu Sol em Câncer. É provável que, até certo ponto, tenha se distanciado das oscilações emocionais de Câncer ao desenvolver sua objetividade intelectual, preferindo conhecer a si mesmo através de um filtro intelectual. Contudo, sua instabilidade emocional tem sido acompanhada por seus estudos intelectuais sobre a angústia existencial e a perda de significado e propósito na vida; seu estudo *The Outsider* abrange desde a fuga da inexpressividade da vida até a exaltação mística do significado supremo. Entre estes dois aparentes opostos, a busca de Wilson de compreensão estendeu-se por trinta anos. Poder-se-ia dizer que agora ele está atingindo uma harmonia maior com suas profundezas emocionais, enxergando-as como um trampolim potencial para a intensidade da experiência que ele procura. Certamente, ele incorpora as características desta conjunção através do impacto impressivo que sua inteligência, eloqüência e habilidades literárias provocam nos outros. Além disso, está pessoalmente envolvido com seus próprios interesses e fascínios, excitado por seu caso amoroso com as idéias e por seu potencial de compartilhá-los com os outros através de seus escritos. É um divulgador de idéias criativas e inspiradas e utiliza sua ficção como um fórum alternativo para ampliar seus temas fundamentais de forma imaginativa, embora seu principal interesse seja utilizar o romance como um meio de comunicação.

Seu sextil Sol-Marte revela que sua energia pode ser mais adequadamente expressada por sua mente e intelecto, e que esta vontade oferece a fonte de sua direção de vida e posteriores realizações. A evocação do poder de seu princípio solar certamente tem sido o criador do caminho de Wilson. O sextil oferece o dom do pensamento criativo e é através de seu desenvolvimento que os talentos pessoais poderão se manifestar. Particularmente, a busca dos interesses pessoais será a forma específica para abrir canais criativos e isto Wilson tem feito desde que surgiu no cenário literário. A natureza de sua mente curiosa é sugerida por este sextil, onde o prazer da pesquisa, do estudo e do acúmulo de conhecimento são mentalmente estimulantes, bem como a variedade de diferentes idéias que desencadeiam pensamentos especulativos. Ele permanece um eterno "estudante", observando continuamente seus interesses pessoais e expandindo os parâmetros destes interesses através de uma mente relativamente aberta aos níveis sutis, menos tangíveis da experiência humana. À sua própria maneira, ele está contribuindo para aquilo que acredita ser o impulso da evolução humana, o despertar da consciência, e em seu trabalho chama a atenção para o desenvolvimento de direções futuras que possibilitem o crescimento individual e social.

Embora tenha certo preconceito intelectual, também reconhece que todos possuem seus próprios talentos para contribuir na sociedade, e, através de sua influência literária, espera estimular as mentes dos outros a se abrirem para novos potenciais e possibilidades.

O sextil Sol-Netuno também enfatiza seu talento para a criatividade e a escrita que podem surgir da união da qualidade netuniana de imaginação ao seu centro solar. Isto proporciona habilidade para criar vívidas imagens mentais que obviamente são uma grande vantagem para qualquer escritor de ficção e que podem ser oferecidas para o prazer de outras pessoas. O poder das imagens está no fato de elas serem mais facilmente retidas, e ele reconhece isto, transformando seu estilo intelectual em uma imaginativa apresentação de idéias.

É interessante notar que esta sua sensibilidade aos sofrimentos do mundo e das pessoas, refletida por este sextil e por seu Sol em Câncer, com freqüência está evidente em sua descrição e exploração da psicologia de assassinos fictícios; assumindo uma postura humanitária, seu interesse é investigar a natureza humana desses assassinos, tentando distinguir o que os desviou e deturpou, tornando-os diferentes das pessoas comuns. Uma de suas abordagens é revelar que através destes atos podemos alcançar uma intensidade de sentimentos, quase comparáveis a uma exaltação mística. Este sextil também sugere que sua personalidade possui uma mutabilidade inata, uma natureza camaleônica que muda de acordo com as circunstâncias. Caso ele tenha sentido desta forma, é provável que, juntamente com o dualismo de seu ascendente em Gêmeos (a luz e a escuridão em seus fascínios), ele tenha colocado em prática um caminho solar que contém esta tendência, com um enfoque intelectual altamente desenvolvido; que por sua preocupação com idéias, seu desenvolvimento e aplicação tanto a nível individual quanto social, tenha criado um novo centro pessoal que guia e direciona sua vida, através do qual pode minimizar os efeitos perturbadores de uma natureza emocional instável, usando o poder da autodisciplina.

Salvador Dali

Sol em Touro, 11.ª casa. Conjunção do Sol com Mercúrio e Marte. Quadratura Sol-Saturno, sextil MC (Peixes).

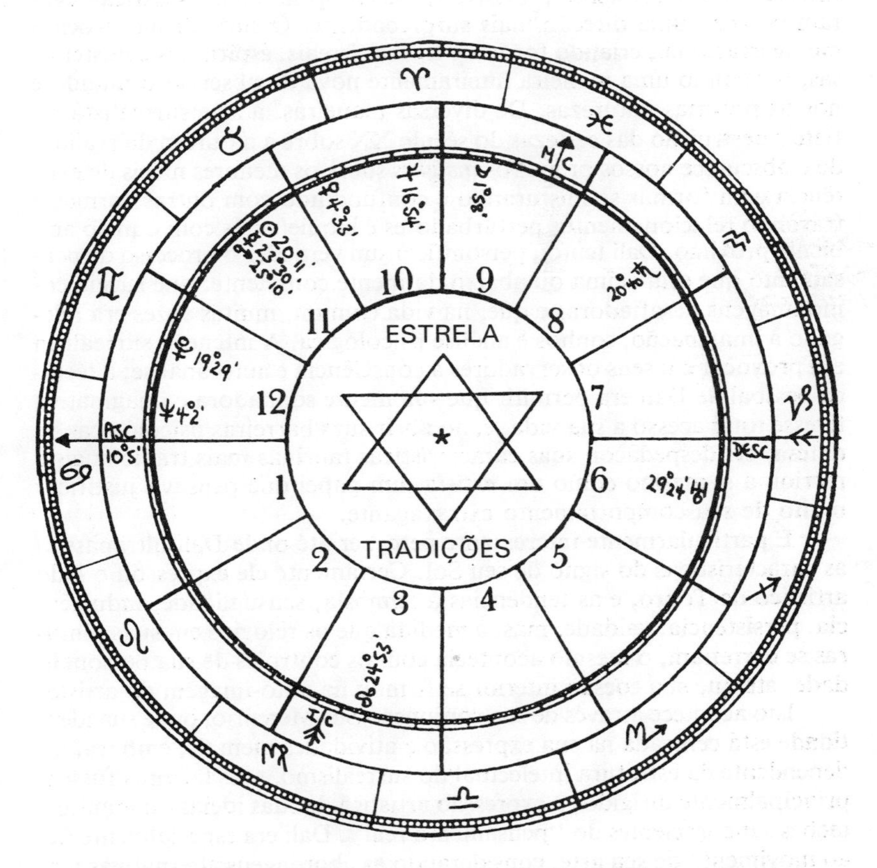

Salvador Dali. 8:45 a.m. 11 de maio de 1904. Cadaques, Gerona, Espanha.

Salvador Dali foi um famoso pintor espanhol do movimento surrealista, que alcançou notoriedade internacional como principal representante desta abordagem artística e por seu próprio comportamento, com freqüência, excêntrico e abertamente egotista. O surrealismo é a arte do fantástico, do subconsciente, dos sonhos e alegorias, que se desenvolveu a partir do pensamento psicanalítico na época de seu surgimento com o primeiro Manifesto Surrealista, em 1924. A influência de Sigmund Freud com sua ênfase nos sonhos, no inconsciente e na sexualidade foi especialmente significativa na formulação intelectual do conceito surrealista.

Considerando que o Sol de Dali está em Touro, o que normalmente estaria associado ao favorecimento da estabilidade, segurança e padrões de comportamento previsíveis, suas próprias idéias artísticas levaram-no para uma direção mais surpreendente. O surrealismo evoca a mente irracional, criando formas e figuras irreais, espirituais e misteriosas, propondo uma maneira inteiramente nova de observar o mundo e nossas próprias naturezas. De diversas maneiras, a arte surrealista reflete a destruição das certezas do século XX sobre a natureza da realidade e obscurece nossos primeiros *insights* sobre os menores níveis de existência com formas se misturando e confundindo com outras formas e travando relacionamentos perturbadores e inquietantes com o meio ambiente próximo. Dali tentou personificar um verdadeiro processo de pensamento que está acima ou abaixo da mente consciente, que surgia como imagens desafiadoras e que, na vida comum, muitas vezes era relegado à imaginação, sonhos e análise psicológica. A intenção surrealista era provocar em seus observadores a consciência e auto-análise; a técnica pessoal de Dali era permitir que sua mente sonhadora e imaginativa tivesse total acesso a sua vida, e, ao abrir suas barreiras psicológicas de defesa, ele despedaçou suas características taurinas mais tradicionais e recriou a si mesmo como um *artista*, um papel que pensava justificar muito de seu comportamento extravagante.

É particularmente interessante perceber até onde Dali ultrapassou as características do signo de seu Sol. Certamente ele expressou o lado artístico de Touro, e as tendências à teimosia, sensualidade, indulgência, persistência, vaidade, mas, à medida que os relógios em suas pinturas se derretiam, o mesmo acontecia com os controles de sua personalidade, até que sua coesão interior se firmou na auto-imagem do artista.

Isto acontece através de sua conjunção Sol-Mercúrio, onde sua identidade está centrada na sua expressão e atividades mentais, embora, independente da estrutura intelectual do surrealismo, seus talentos fossem principalmente dirigidos à expressão artística de suas idéias ou manifestações subconscientes do "pensamento real". Dali era especialmente fiel ao movimento de sua arte, considerando as abordagens alternativas inadequadas ou mesmo indignas de atenção; seu objetivo era impor uma visão surrealista ao mundo, ou se autoprojetar, e, com o tempo, estes dois objetivos tornaram-se inextricavelmente entrelaçados por sua postura egocêntrica. Parte do conceito surrealista refere-se a uma esfera caótica da natureza e do ser humano, e Dali ficou fascinado ao explorar esta área alterada da psique. Poderíamos dizer que ele se tornou o resultado do surrealismo, que seu próprio equilíbrio psicológico se alterou de modo irreparável pela adoção de uma realidade não consensual, especialmente porque seu eu artístico se desenvolveu dentro de uma personalidade não integrada.

Seu Sol na 11ª casa indica a importância de seu impulso para participação em grupos, que continuou existindo durante toda sua vida posterior, como um expoente do surrealismo. Um de seus componentes era o desejo de ver a vida de outra forma, que, associado à crença no valor da psicanálise e à compreensão de obsessões interiores e padrões compulsivos, ofereceu um sonho quase idealista do progresso social e cultural. Através desta 11ª casa, Dali tornou-se a representação viva e o canal para um novo *insight* perceptivo sobre uma realidade subjacente semi-oculta, e, ao divulgá-la em suas pinturas, filmes, literatura, estilo de vida e eventos artísticos, ele liberou uma potente energia para a renovação e revolução da sociedade. A consciência do relacionamento entre o individual e o coletivo estava presente, e Dali muitas vezes via a si mesmo como um herói cultural, mostrando o caminho para um futuro melhor para pessoas liberadas. Ele não levava em consideração a reação, com freqüência negativa e reacionária, manifestada pelas pessoas comuns com relação à arte surrealista, que parecia incompreensível e perturbadora em suas implicações artísticas.

Parece que esta posição do Sol na 11ª casa era mais importante para Dali do que seu verdadeiro signo do Sol, uma vez que seu impulso motivador estava voltado ao futuro, sendo menos limitado por qualquer atitude tradicional, de arte ou comportamento. Através de seu estilo de auto-afirmação único, com freqüência entrava em atrito com outras pessoas, que não o enxergavam sob a mesma luz sob a qual ele mesmo se percebia. Suas atitudes radicais eram um desafio direto e uma perturbação do *status quo*, e mesmo o mundo da arte tentava manter à distância a influência surrealista e seus artistas. Ele reivindicou seu propósito solar através de sua participação no grupo e acabou sendo reconhecido por sua contribuição às inovações artísticas destinadas a regenerar as opiniões da sociedade a respeito de si mesma. Sua própria luz interior canalizava-se para a atividade em grupo, e isto reacendeu o mundo artístico.

Sua preocupação com a sexualidade humana, que adquiriu um contexto intelectual através da influência freudiana nos conceitos surrealistas, está indicada pela conjunção Sol-Marte; daí, em sua juventude, as paixões, curiosidades e explorações terem sido muito fortes, embora mais tarde suas tendências voyeuristas tenham predominado. Como expressão dos impulsos subconscientes, a sexualidade humana era um tema oportuno para a investigação, e o emprego da sexualidade aberta foi utilizado na arte surrealista, especialmente por seu impacto, que estimulava a discussão pública.

Através da conjunção Sol-Marte fluía a maior parte da vitalidade e agressividade de Dali; sua vontade e seu compromisso com sua causa raramente diminuíram, e ele criou um fórum ideal para suas próprias preocupações com seus desejos e ambições pessoais. Ele se via como um "líder", e sua necessidade era alcançar um sucesso visível, para que pudesse mostrar-se ao mundo. O poder dessa conjunção também lhe permitiu libertar-se de muitas limitações e restrições sociais e pessoais, entregando-se a ações impulsivas, espontâneas e encorajando os outros a se libertarem das correntes socialmente impostas. Comparado ao resto da sociedade, Dali viveu de maneira singularmente livre, aparentemente imune às pressões dos tabus e condicionamentos sociais. Entretanto, um de seus aspectos era a insensibilidade às outras pessoas, provocada por sua auto-absorção e reivindicação de liberdade. Sua atração pelo estranho, pelo perigoso, pelo proibido, o temido e o inesperado levou-o a abrir portas que talvez fossem mais seguras se permanecessem fechadas; fascinado pelo perverso, ele se afastou da consciência humana comum entrando em seu próprio mundo surrealista.

As pressões que exerceu sobre seu próprio equilíbrio psicológico são indicadas pela quadratura Sol-Saturno, que sugere uma confrontação com seus próprios limites e restrições na psique, na sua auto-imagem, atitudes, crenças e valores. Esta confrontação irrompeu com sua conversão ao surrealismo, mas continuou durante sua vida, uma vez que ele mantinha a pressão. Como a arte surrealista não é uma forma estática e previsível, Dali recriou a si mesmo de modo semelhante, tornando-se maleável; um desafio extravagante, pois, após dissolver as barreiras de sua mente subconsciente, o pintor com freqüência lutava contra sua poderosa invasão. Contudo seu propósito solar somente poderia surgir através do êxito na transformação das atitudes condicionadoras de sua educação social na infância. Esta metamorfose de sua visão de mundo no simbolismo do surrealismo agiu como o mecanismo para a liberação de seu antigo eu e a retomada de posse do novo Dali, o artista. Sua esposa assumiu o papel de musa artística, que o entendia e valorizava pelo que ele era, que confiava e tinha fé em seu potencial. A contribuição artística dela foi muito importante para sua estabilidade e desenvolvimento.

CAPÍTULO 5

O Sol nas Casas Natais

A posição do Sol na casa natal é uma esfera de transformação potencial e de conseqüente surgimento do *Self* superior unificado, e influenciará muito a vida do indivíduo. O Sol atua em dois níveis distintos dentro do ser humano, o da consciência egóica separada, o "eu" pessoal, e o da individualidade unificada, o "eu" universalizado (eu inferior e eu superior); assim a casa natal é como uma área de testes para o desenvolvimento e uma esfera específica de expressão e propósito individuais.

O desafio individual para lidar com sucesso com estas atividades que muitas vezes assumem prioridade e influência reflete-se nas áreas de experiência simbolizadas pela posição da casa natal, formando um núcleo essencial sobre o qual se estabelecem as bases e direções da vida.

Porém, para que isso seja possível, são exigidas qualidades de auto-afirmação e clareza, que oferecem o desenvolvimento necessário para percorrermos nosso caminho heróico. A casa natal indica uma área onde nos é solicitado que expressemos nossa natureza individual e poder criativo, e onde, através da utilização de uma vontade focalizada, possamos deixar nossa marca única no mundo.

Entretanto, para conseguir esta vontade, são necessárias mudanças interiores e a força para superar quaisquer obstáculos que surjam em nosso caminho, e podemos abordar este desafio a partir de uma perspectiva "inferior ou superior", através do egocentrismo separativo que visa a exaltação pessoal ou com um caminho que contribui com algo de valor para o mundo. Os problemas da casa solar natal estão relacionados a uma maior consciência e liberação intencional de poder pessoal; é um caminho em direção ao nosso potencial e centro de integração, e a descoberta da forma de nos alinharmos à nossa natureza solar superior apresenta suas próprias dificuldades. Muitas pessoas nem mesmo chegam a tomar consciência da existência deste nível.

O Sol reflete uma imagem de nós mesmos integrada, unificada, individual, que expressa nosso propósito na vida e o reflexo de nossa luz solar no mundo para que, através de nossa influência, possamos causar um efeito no mundo externo. Esta imagem nos atrai de forma magnética em direção à dimensão espiritual do Sol, desde que despertemos o suficiente para buscar a compreensão e o significado. A casa natal torna-se a esfera onde podemos focalizar mais facilmente a energia solar, libertando nosso propósito mais profundo e, ao fazê-lo, irradiar a força de nossa luz interior e individualidade única.

É através deste canal natal que podemos começar a assumir o controle de nossas vidas, com ações e escolhas deliberadas para criar um estilo de vida ideal que se adapte às nossas naturezas, assumindo o papel de "Mestre-criador" de nossas vidas em vez de sermos passivos e reagirmos contra as influências externas. A evocação do poder solar pode ser muito integrativa, criando a habilidade para reorganizarmos nossa personalidade e escolhas na vida através da percepção de novas direções e alternativas.

A escolha deste caminho será difícil e provocará muitas transformações pessoais se persistirmos em nossos esforços para alcançar o centro solar mais elevado. Contudo, os benefícios de todo desenvolvimento e expansão na casa natal do Sol resultam no surgimento de um indivíduo inteiro, de uma existência pessoalmente satisfatória e positiva. Nesta jornada individual, a consciência se "ilumina", a potencialidade se manifesta, e todas as áreas da vida são igualmente afetadas pela emanação solar transformadora. Através das qualidades do Sol, todos os aspectos da personalidade podem ser reequilibrados e harmonizados até que atuem em uníssono, realizando nosso propósito individual. A radiação da luz solar ilumina todo o mapa natal, atuando como a essência da mandala pessoal da existência, e todos os aspectos planetários/personalidade começam a dançar em harmonia solar.

O desafio que cada um de nós enfrenta é o alinhamento com nossa natureza solar superior. Precisamos nos tornar indivíduos autônomos, assumindo a responsabilidade por nossa direção e escolhas na vida, antes de ingressarmos em nosso nível de existência superior universalizado. Nosso Sol natal pede que nos afastemos da mente coletiva massificada, que permaneçamos sozinhos e livres, capazes de seguir nosso caminho único na vida pela liberação do potencial inato. O Sol torna-se uma entrada transpessoal, uma fonte de *insight*, iluminação e poder para recriarmos nossas vidas, se tivermos coragem suficiente para aproveitar a oportunidade.

Sol na 1ª Casa

O Sol na casa da identidade o encorajará a ser agressivo, determinado a deixar sua marca no mundo. Você se sentirá atraído por "se tornar alguém" notado, respeitado e reconhecido pelos outros, e, ao escolher este caminho de vida, terá a oportunidade para desenvolver seus talentos e potencial latentes, que podem se tornar os principais canais para sua auto-expressão única. É este desejo e ambição pelo sucesso que começam a atrair sua vontade e empenho em direções específicas. Seu principal desafio é cruzar o abismo entre seus sonhos ou a crença de ser especial e importante e o nível real de suas verdadeiras realizações.

Provavelmente, você tem um temperamento animado, entusiasta, com muita autoconfiança e vitalidade física, geralmente possuindo um espírito otimista que lhe permite atravessar as épocas de adversidade sem se sentir deprimido. Existe um aspecto positivo em sua natureza que o ajuda a criar uma personalidade atraente capaz de irradiar um calor amigável, associado ao prazer de viver, que o torna uma companhia estimulante e divertida.

Contudo, existe um impulso subjacente que prefere ser dominador, que se sente atraído por papéis de autoridade e posições de poder, e tende a refletir a atitude de que, para se tornar influente na sociedade, você precisa aspirar posições de liderança, talvez nos negócios ou na administração. Você não gosta de receber papéis secundários e subservientes, pois eles não combinam com sua auto-imagem. Esta característica pode ser seu tendão de Aquiles, se você assumir o papel do líder autoritário e começar a invadir membros da família, companheiros de trabalho ou empregados, através da força de sua agressividade. Se uma atitude egocêntrica tornar-se predominante, sua sensibilidade aos outros pode diminuir, e, em vez de ser o portador de uma estimulante energia positiva, pode manifestar características que inibem a auto-expressão de outras pessoas ou provocam conflitos interpessoais de vontades diferentes.

Parece essencial que você assuma a responsabilidade de revelar seu caminho na vida, determinando o que deseja obter dela e perseguindo esta visão com persistência e determinação. Sem conhecer seu destino, qual o caminho que irá tomar e quais as indicações que irá seguir? Conhecer este trajeto deve se tornar uma prioridade, e isto só poderá ser alcançado conhecendo-se a si mesmo, para que possa escolher um caminho que possua significado, satisfação e propósito, que ressoe dentro de você como o caminho certo. Seu caminho se torna uma jornada individualista, na qual você aprende a ouvir as mensagens sutis e sussurros interiores para que não o perca. Este pode ser um caminho solitário, mesmo dentro do ambiente familiar e, embora as opiniões e contribuições dos outros não devam nunca ser rejeitadas e ignoradas, você precisa dar mais enfoque às suas sugestões interiores e tomar a iniciativa de segui-las. Talvez perceba que a simples busca do poder e da influência não é suficiente para satisfazê-lo e que o seu verdadeiro objetivo é a necessidade de refletir uma imagem interior de potencial realizado, para que possa se tornar aquela pessoa especial.

Os aspectos com o Sol (conjunção, sextil, trígono) podem indicar que sua infância foi favorável ao seu desenvolvimento posterior e que a contribuição de seus pais e do meio ambiente inicial ajudaram a formar uma identidade estável. Os aspectos mais tensos (quadratura, oposição) podem indicar conflitos que exigem uma resolução mais profunda, e as tentativas de se impor ao mundo podem ser frustradas até que sejam realizados alguns ajustes em suas atitudes. Grande parte dependerá da influência de seu pai no desenvolvimento do centro de sua identidade, e talvez determinadas chaves para facilitar sua auto-afirmação estejam no relacionamento com ele.

Sol na 2ª Casa

Envolve o uso correto de recursos e a criação de uma atitude e espírito de abundância. A questão do materialismo e bens materiais serão predominantes e você tenderá a se concentrar na segurança material e afluência financeira como um meio para definir sua identidade e como um canal para a auto-expressão.

Talvez acredite que todos os problemas podem ser resolvidos sempre que houver dinheiro suficiente, e, embora isto possa minimizar muitas dificuldades da vida, é necessário adquirir uma perspectiva mais ampla. Os recursos não são apenas monetários ou posses materiais, mas incluem a *riqueza interior* que pode ser refletida através de qualidades, talentos e habilidades pessoais que também estão disponíveis; utilizá-los conscientemente pode ajudá-lo a desenvolver um senso de individualidade única e começar a transformar esta atração por bens materiais, com a valorização da riqueza latente em sua natureza.

A transferência de sua necessidade de segurança para bens materiais raramente é satisfatória, e você pode desviar muitos recursos para gastos em luxos, mantendo uma sociedade consumista e gratificando o ego através da riqueza, como símbolo visível de sucesso. Embora a posição social e o prestígio possam ser alcançados pelo acúmulo de dinheiro, eles necessariamente não implicam a qualidade da pessoa. O uso mais eficaz do Sol nesta casa seria revelar estas qualidades e talentos pessoais através de canais que possam criar rendimentos satisfatórios, harmonizando a realização exterior e interior. Usar a riqueza para exercer domínio sobre os outros será insatisfatório e deve ser evitado.

Talvez seja necessário um esforço para definir suas necessidades e valores, para que, com maior clareza, você comece a se sentir menos inseguro, ''inventariando'' seu potencial, metas e desejos na vida, estabelecendo alvos e empregando todos os recursos para atingi-los. Para isso, a auto-afirmação é essencial, e, se você tentar se apoiar nos outros, estará evitando os desafios para seu desenvolvimento. A vontade e o empenho precisam se dirigir para esta esfera da vida para que a riqueza interior e o poder sejam colocados em prática durante sua vida.

Com respeito à *distribuição* de recursos talvez seja necessária uma consciência maior, para que você tente usá-los de forma positiva e criativa, maximizando a influência construtiva de sua natureza e suas posses, de forma a obter maior satisfação e significado. Isto pode incluir a sensibilidade ao uso potencial social do dinheiro, talvez através do apoio a grupos de caridade dedicados à melhora social ou proteção ambiental. O uso transformador e positivo do dinheiro na sociedade é uma força tremenda que pode ser utilizada para fazer o bem, se houver imaginação e vontade para fazê-lo. Uma área que pode ser especialmente receptiva ao desenvolvimento desta nova atitude é a esfera de influência indicada pelo signo de seu Sol; aí haverá grande impacto na revelação de sua identidade total. O signo também pode indicar os caminhos através dos quais você tende a gerar riqueza e devolvê-la à comunidade, escolhendo como gastá-la.

Você pode ser muito habilidoso para administrar sua vida material, posses e riqueza, e provavelmente a organização é um talento associado à determinação e firmeza de propósitos. O desenvolvimento virá do uso cuidadoso e consciente de recursos e não de qualquer abordagem egoísta ou que manipule as necessidades dos outros, ou ainda extravagantemente perdulária; se você seguir este caminho limitado, suas energias se tornarão restritivas e desorganizadas. Seguir o caminho superior de distribuição será um meio de expansão e satisfação, enriquecendo sua identidade e prazer na vida.

SOL NA 3ª CASA

Seu caminho para revelar o potencial estará no desenvolvimento de sua mente, intelecto e habilidades na comunicação. Esta é uma área de experiência especialmente importante para você, e irá ajudá-lo a moldar sua identidade, direção na vida, sendo o canal para seu tipo específico de auto-expressão.

Você gostará de aprender e um espírito curioso o encoraja a examinar e explorar diversas áreas fascinantes do conhecimento humano. Em um mundo rico como o nosso, não existe uma desculpa verdadeira para nos sentirmos entediados com a vida, uma vez que até os indivíduos mais ativos conseguem tocar somente uma minúscula fração de seus tesouros. Esta curiosidade pode ser mais forte nas áreas da vida simbolizadas pelo signo do seu Sol.

Sua mente pode tender a buscar a realidade externa, manifestando uma atitude científica mais objetiva voltada à exploração, embora, com freqüência, o estímulo para isto seja uma necessidade pouco compreendida de entender a natureza do processo de vida universal. Como sua mente tende a exibir uma tendência analítica e clareza intelectual, você encontrará prazer em assuntos de interesse intelectual e é importante que continue a estimular esta atitude, pois ela o vitaliza.

Entretanto, se você tornar o acúmulo de informação e conhecimento razão de sua vida, pode estar cometendo um erro; a compreensão e a síntese são as verdadeiras chaves para empregar o conhecimento. Sua inteligência se manifestará em toda a vida, não apenas em uma área de conhecimento especializado, e também inclui adaptação ao seu meio ambiente e a criação de um modo de vida satisfatório.

Um de seus principais atributos é uma natureza pesquisadora, e pode ser dirigida a uma busca intelectual nos mundos exterior e interior. Você pode descobrir que voltar esta busca para dentro, para explorar a si mesmo, é muito mais compensador e esclarecedor. É importante seguir a sua luz, tendo fé e confiando na validade de suas crenças, valores, atitudes e sentimentos, sem se apoiar nos outros para adquirir sua visão do mundo. Obviamente, o condicionamento social impõe sua perspectiva sobre todas as pessoas, enquanto elas amadurecem e se tornam adultas — e muitas continuam a refletir esta mente massificada durante toda a vida —, mas isto não é inevitável, e você pode se libertar para descobrir sua própria perspectiva, se estiver disposto a se esforçar e construir uma visão pessoal e verdadeiramente única. Se conseguir, mais energia e vitalidade começarão a fluir através de seu intelecto, possibilitando *insights* e revelações mais profundos e intensificando seu senso de identidade e auto-estima. A absorção passiva de atitudes, valores, crenças e tradições sociais efetivamente diminui a identidade individual, reduzindo-a a uma mente massificada e diminuindo as oportunidades e a liberdade.

Você encontrará muito prazer e estímulo na comunicação com os outros, e a troca de idéias e perspectivas pessoais será muito valiosa. Isso o torna receptivo às múltiplas maneiras de encarar a vida e o mundo, mostrando diferentes áreas de interesse das quais anteriormente você não tinha consciência. Você pode desenvolver maior tolerância a outras opiniões, mas, às vezes, pode tender a se tornar intelectualmente arrogante e muito seguro de si mesmo sobre a exatidão de suas opiniões.

Nos relacionamentos pode necessitar se abrir para a variedade de expressões individuais de outras pessoas, e compartilhar o que sente, seja informação, conhecimento ou compreensão, pode ser muito útil para elas. Isto pode minimizar qualquer tendência a forçar sua visão de mundo em outras pessoas, ou as projeções de poder e autoridade que podem distorcer seus relacionamentos se mal utilizadas, e que derivam da necessidade de ser agressivo em sua esfera de influência. Cuidado para não adotar uma abordagem intelectualmente diletantista, a do ''colecionador de quinquilharias'', onde a informação e o conhecimento são expressados de forma a obter admiração e aprovação social, o que, no entanto, é inerentemente superficial e não integrado. Se os aspectos com seu Sol forem tensos (quadratura, oposição), talvez tenha sentido alguma dificuldade para absorver adequadamente as informações, podendo ter interrompido a vida escolar ou experimentado a incapacidade de saber o que fazer com seu conhecimento ou com o esforço para transmiti-lo aos outros. Pode ser necessário um maior empenho seu para obter clareza e eloqüência intelectuais, antes de seu desenvolvimento potencial. A probabilidade é que sua identidade se torne definida e segura através da comunicação mais profunda com as outras pessoas, e que, ao viver guiado por sua luz, possa ajudar os outros a desenvolverem sua percepção única do mundo tão variado em que vivemos.

Sol na 4ª Casa

A procura do caminho de desenvolvimento está em "suas raízes", que podem incluir heranças de família, padrões ancestrais, tradições sociais, a mente coletiva e sua vida familiar, como criança e como adulto. Estas raízes representam a identidade individual e a segurança e é como se parte de você tivesse submergido, exigindo uma elevação consciente para a luz através de uma investigação e integração interiores a partir das raízes criativas que foram influentes na formação de sua natureza.

Examine o início de sua vida familiar, o meio ambiente da infância, o condicionamento social e o relacionamento com os pais (especialmente com seu pai) pois eles podem ser as pistas para o posterior desenvolvimento das tendências de sua personalidade. Avalie se agora você já conseguiu afirmar sua identidade ou se ainda reflete o condicionamento da infância e se sua vida é formada por poderosas tradições sociais ou atitudes apreendidas na vida familiar. Suas escolhas têm de se adequar a pressões sociais ou parentais, ou você se sente livre (e sem culpa) quando segue seu caminho? A figura de seu pai é um símbolo de autoridade social, ou de um pai que apóia, que encoraja a revelação de seu potencial e identidade e que nunca o condena se você segue o caminho errado? Você consegue permanecer livre e sozinho, sem a sombra da presença de seus pais? Como considera seu pai, como uma fonte de força e poder, ou como uma ausência em sua vida interior? Qual sua atitude frente às tradições sociais? Você aceita sua validade e se adapta de acordo com suas diretrizes, ou as desafia e questiona, finalmente criando sua resposta individual e modo de viver, sem considerar as questões de submissão e aprovação social?

Embora possa buscar raízes externas, o verdadeiro ponto de apoio delas encontra-se dentro de sua natureza. Criar um ambiente familiar belo, seguro e estável certamente pode ser uma vantagem, mas, a menos que estas raízes interiores estejam garantidas, ele ainda permanecerá insatisfatório. Para você, a vida familiar é necessária, desde que não dependa dela para adquirir uma percepção do sentido e propósito da vida. Do contrário, as mudanças na composição familiar e nos relacionamentos influirão em seu bem-estar, especialmente quando as crianças crescem e saem de casa, ou quando são freqüentes os atritos dos adolescentes com os pais.

Talvez você comece a se libertar das influências dos primeiros condicionamentos, ou encontre o caminho que irá redefinir seu senso de identidade durante a segunda parte de sua vida. Provavelmente o início de sua vida adulta será desperdiçado, seguindo caminhos de vida socialmente aceitos, com poucos questionamentos. Talvez seja necessária uma reorientação voltada para a revelação interior, para que sua atenção se concentre menos em adquirir segurança, estabilidade e raízes apenas no mundo exterior.

Você precisa perceber que as bases da infância estão presentes apenas para construir uma vida adulta bem-sucedida, e para permitir que a individualidade se desenvolva. A maioria dos adultos não se apóia nestas bases, considerando estes padrões como limites e direções aos quais precisam se submeter por medo de perder a aprovação dos pais, e, assim, deixam de ser livres e independentes. Ao integrar estas raízes firmemente no solo de sua existência, você cria oportunidades para crescer e se tornar autoconfiante em sua natureza, responsabilidades e expressão individual. Quando a crença em si amadurece, começa a se formar um sentimento de segurança interior e uma vitalidade renovada começa a fluir, enriquecendo novamente sua vida. Você sentirá que finalmente chegou em casa e que agora seu passado está corretamente unido e integrado em seu presente.

Sol na 5ª Casa

Nesta casa, a tendência natural do Sol está voltada para os prazeres mais egocêntricos, hedonistas, que podem estar associados à liberação de um espírito artístico criativo. É uma busca pelo prazer que se torna um caminho de desenvolvimento, embora sejam necessários cuidados para moderar quaisquer características egoístas inatas que sobem à superfície e exigem satisfação. É provável que exista uma atitude subjacente de inocência egoísta, que algumas vezes não está consciente das reações e sentimentos dos outros.

Isso pode se manifestar na atração por romances e casos amorosos que inicialmente parecem tão sedutores e excitantes, mas que podem trazer muita confusão e sofrimento emocional em seu despertar, quando a centelha do amor ou da sensualidade se extingue. Talvez você note que embora a chama do amor queime intensamente quando as paixões estão inflamadas, a intensidade de seus sentimentos é mais breve, e seu interesse diminui. Pode ser muito problemático manter relacionamentos permanentes, e algumas vezes a atração pelo prazer mostra-se prejudicial. Você gostará das crianças, sentindo orgulho de suas habilidades criativas e passará muitas horas felizes brincando com elas ou representando papéis dramáticos para entretê-las.

Você acha que a vida deveria ser divertida e pretende perseguir esta teoria e provar que está certo. Sua vitalidade aumenta quando passa o maior tempo possível dedicando-se somente às coisas que são genuinamente agradáveis. Por que desperdiçar tempo em atividades que não são agradáveis?, você pensa. Idealmente, você deseja transformar toda sua vida em prazer e interesse, e, através de seu empenho, revela sua direção, com senso de propósito e significado. Você é motivado pela busca da satisfação pessoal e, se ela diminuir em sua vida, o mesmo acontece com seu nível de vitalidade, pois os dois estão entrelaçados e afetam seu bem-estar psicológico e fisiológico. O desejo de se expandir pode distraí-lo, pois talvez sinta que precisa perseguir cada objeto, pessoa ou interesse que ative sua curiosidade. Pode expressar um desejo infantil focalizado em qualquer coisa que lhe prometa prazer e isto pode ter aspectos compulsivos. Talvez seja como uma criança em uma loja de brinquedos, que olha à sua volta e diz "Eu quero" para tudo que vê.

O desenvolvimento de sua criatividade artística pode ser importante para liberar a auto-expressão e um canal para algumas de suas energias transbordantes. É provável que esta criatividade possua um conteúdo emocional ardente, uma intensidade e alegria dramáticas ou teatrais que aumentam o colorido da vida, colocando-a acima do cinza da existência mundana superficial. Perceber a si mesmo como um artista criativo em alguma área oferece uma auto-imagem alternativa e um papel social a ser representado, que irá aumentar sua influência no mundo. Você gosta de chamar a atenção, e isto ajuda a vitalizar seu senso de identidade, pois espera permanecer afastado da multidão; você não gosta de ser anônimo e invisível e prefere ser notado e apreciado pelos outros.

Algumas vezes você pode se sobressair demais por mero entusiasmo, e talvez precise tomar cuidado para não adotar papéis, para que não comece a perder sua natureza total através da representação de determinados aspectos. Você pode ser confiante demais, correndo riscos desnecessários, ou talvez ameace sua posição ou segurança familiar através de especulações insensatas. Algumas vezes, pode ser adequado fazer uma pausa para refletir e pensar antes de se lançar à ação.

Sol na 6ª Casa

Sua direção na vida e senso de realização podem ser descobertos através do envolvimento em áreas de trabalho, saúde e serviço, e dedicar sua atenção a essas esferas ajudará a definir seu senso de identidade única e proporcionar canais para seu caminho de desenvolvimento.

A organização da vida, seja nas rotinas domésticas ou no ambiente de trabalho, é especialmente importante e proporciona um foco para suas habilidades, eficiência e capacidade prática. Provavelmente, um de seus atributos é poder atuar bem no mundo material, especialmente se houver aspectos harmoniosos com seu Sol e isso também é uma fonte de competência que favorece sua auto-estima.

Você tende a desenvolver rotinas regulares ou "rituais" particulares como um padrão de organização de sua vida, e, desde que eles não se tornem compulsivos e você não sinta essas rotinas como invioláveis, podem servir como uma estruturação positiva em sua vida. Mantenha alguma flexibilidade de ação e de escolhas nessas rotinas. Associada a essa tendência a formar hábitos, há uma disposição para aceitar os limites de sua situação, que pode ser a aquiescência pragmática a circunstâncias que você percebe que não podem ser mudadas, ou um medo de realmente ultrapassar suas limitações atuais, e, neste caso, ela pode se tornar restritiva. Você deve se lembrar de que, se quiser, pode mudar qualquer coisa em sua vida que não o satisfaça, uma vez que se decida a fazê-lo.

Parte de sua autodefinição deriva do trabalho e, normalmente, você é muito trabalhador e concentrado em suas tarefas, esperando alcançar o devido reconhecimento por seus esforços, seja de um patrão ou pelo sucesso em seus próprios negócios. Você sente que esse reconhecimento é necessário e pode ficar desencorajado sempre que deixar de recebê-lo por seus esforços dedicados. Talvez precise tomar cuidado com quaisquer tendências a ser um feitor inflexível quando é o patrão, e deve reconhecer que nem todos têm a sua capacidade e dedicação ao trabalho.

Se o seu Sol tiver mais aspectos tensos (quadratura, oposição), talvez encontre obstáculos em sua vida profissional, que talvez exijam maior educação e treino para lhe abrir novos caminhos de desenvolvimento ou podem existir dificuldades para se fixar em um emprego adequado. Como sua identidade pode estar associada ao trabalho, pode haver um efeito prejudicial em seu bem-estar e, assim, você talvez precise ter certeza de que a auto-estima está separada de sua posição no trabalho, do contrário ela pode se tornar permanentemente diminuída.

A saúde pode ser um foco de atenção, especialmente o relacionamento entre corpo-emoções-mente e associações psicossomáticas. Os aspectos tensos podem incluir fraqueza física ou possibilidade de doença e falta de vitalidade, talvez através da sensibilidade a certos tipos de alimentos e dietas. Pode ser necessário cuidar das necessidades do corpo e de seu nível de vigor físico; portanto, é importante ouvir as sugestões de seu corpo e praticar exercícios. O conceito da totalidade corpo-mente pode atraí-lo e talvez escolha estudar terapias complementares ou medicina alopática. Talvez também se sinta atraído pelo uso de plantas e ervas medicinais, especialmente se tiver se beneficiado com qualquer remédio de ervas ou homeopatia, aromaterapia, reflexologia e diversos tipos de massagem corporal e alinhamento de energia, como o *rolfing* ou terapia da polaridade. Você não deve esquecer a importância de suas emoções e atitudes mentais ao se envolver em preocupações com o corpo; os três estão entrelaçados, afetando cada nível; portanto, é necessário que exista harmonia e equilíbrio entre eles.

Isso poderia se tornar a esfera onde você seria capaz de prestar serviço a uma comunidade mais ampla, talvez ajudando a curar outras pessoas ou mostrando-lhes formas de adquirir saúde e bem-estar. Você sente que é importante ser útil à comunidade e contribuir de alguma forma para o bem da sociedade, e este pode ser o caminho que finalmente escolherá. O ideal de servir pode inspirar suas energias, criando foco e dedicação para as tarefas que criou. Sua eficiência prática pode ser bem empregada onde você quiser, e os resultados ajudarão a elevar seu senso de valor.

SOL NA 7ª CASA

A esfera de relacionamentos sociais irá assumir prioridade e importância em sua vida, e seu caminho de autodesenvolvimento estará entrelaçado com experiências em parcerias e relacionamentos.

Existe a necessidade de remoldar sua identidade para que possa seguir o caminho indicado por sua luz, em vez da aceitação de caminhos impostos por tradições sociais, parentais ou pressões do grupo. Ao redefinir sua autocompreensão e assumir a responsabilidade por seus atos e escolhas, haverá uma mudança correspondente nos relacionamentos íntimos e sociais. Pode começar a surgir uma nova percepção da interação entre você e o mundo exterior e a descoberta de um novo tipo de relacionamento.

Até que esta mudança ocorra, você pode manifestar tendências à dependência, apoiando-se nos outros em busca do senso de segurança e direção na vida, sem realmente confiar em suas próprias forças e capacidade. Seu poder solar pode ter sido projetado no mundo e, assim, percebe os outros como se expressassem uma qualidade de poder que, na realidade, está latente em sua própria natureza. Sem reconhecer esta presença em si mesmo, procura seu reflexo nos outros e se envolve em uma série de relacionamentos. Este não é um poder que deve dominar, mas emanar da luz interior e integração da personalidade; contudo, através da projeção e reflexo externos você erroneamente pensa que ele existe somente nos outros.

O perigo desta projeção é torná-lo vulnerável a quaisquer tendências a ser manipulado e dominado emocionalmente pelos outros, que talvez não sejam tão bondosos ou escrupulosos. Se permitir esta passividade em seus relacionamentos, os parceiros podem se aproveitar, até que você comece a afirmar suas próprias forças.

As questões de poder, com freqüência, estão associadas a aspectos tensos com o Sol nesta casa. Uma das expressões alternativas desta posição do Sol é a agressividade, insensibilidade aos outros, com a adoção de uma atitude mais egoísta que pode ignorar as necessidades e desejos de parceiros. A lição que precisa ser compreendida neste caso é o desenvolvimento de um espírito colaborador que reconheça a validade de diferentes formas de auto-expressão e a correspondente diminuição do impulso para dominar. Algumas vezes existe a necessidade de alcançar prestígio social ou autoridade para deixar uma marca na sociedade. A procura do "poder" é novamente externada na sociedade, e a prova de força pessoal é obtida pela extensão da influência social, e não da manifestação da força solar interior.

Você provavelmente encontrará alguém que sirva de modelo de inspiração a ser imitado, ou talvez observe em companheiros as qualidades que gostaria de expressar. Parte de seu desenvolvimento virá através do processo de modelagem da personalidade, embora ele possa ser apenas uma fase preparatória para convencê-lo da mutabilidade da personalidade e do potencial para uma reformulação consciente. Posteriormente, poderá começar a agir com a totalidade de sua natureza, revelando as forças e qualidades inatas através da interação social.

Este estágio pode se desenvolver depois que os conflitos e desilusões nos relacionamentos o despertarem para sua natureza independente, transformando a natureza dos relacionamentos sociais. Sua nova identidade será moldada pela participação com os outros e você pode descobrir um renovado senso de poder, significado e direção nos relacionamentos íntimos. À medida que seu *insight* se aprofunda, você amplia a automotivação e o caminho de sua vida fica mais iluminado. Embora o sucesso exterior possa ocorrer somente após o surgimento de uma parceria mais bem-sucedida, as mudanças interiores certamente o compensarão das dificuldades iniciais. Pode existir o potencial para compartilhar seus *insights* sobre a natureza dos relacionamentos e sobre a necessidade de integração individual e equilíbrio nas relações, e isto pode ser realizado através de algum tipo de comunicação, como aconselhamento ou escrita. Porém, este é um estágio posterior de seu possível caminho de vida e, a não ser que faça estas modificações pessoais, você ainda pode enfrentar desafios e desilusões nos relacionamentos.

SOL NA 8ª CASA

Uma importante tendência na psique é o profundo impulso para ultrapassar fronteiras, barreiras, limitações e restrições; é o ímpeto por expansão, que procura a experiência de uma união intensa que dissolva os parâmetros e repressões do eu separado.

Esse impulso pode ser desconcertante e destruidor, agitando-se em sua personalidade, manifestando-se como uma pressão interior indefinida que luta para se libertar e, muitas vezes, revelando sua presença através de fascinações compulsivas, motivações inconscientes e reações ambivalentes frente à vida; pode haver um desejo simultâneo de experimentar a vida tão profundamente quanto possível ou de se afastar dos envolvimentos externos.

Existe ainda uma necessidade subjacente de reunião, de contato com o centro mais profundo de sua natureza, que o atrai magneticamente. Sua natureza emocional e sentimental é especialmente receptiva e, devido a um conflito interior, pode-se tornar um campo de batalhas que o prepara para vivenciar uma maior intensidade na vida. Isso pode não ser fácil, pois seus relacionamentos provavelmente se tornam fontes de controvérsias e, à medida que essas pressões internas aumentam, retiram o verniz do controle e da auto-imagem que anteriormente lhes foram impostos. Sob a luz inflexível da angústia emocional, você pode se conscientizar de áreas não resolvidas de sua natureza, de padrões emocionais negativos e tendências inconscientes que exigem purificação, liberação e cura. Entretanto, com essas experiências, você descobrirá seu caminho iluminado. Pela emergência desses padrões inconscientes à superfície de sua vida e consciência, terá a oportunidade de utilizar as experiências dolorosas de maneira positiva e transformadora, embora possa passar por uma fase de relacionamentos difíceis. Se isso já aconteceu, a mensagem está indicando a necessidade de mudanças pessoais e essas experiências estão sendo catalisadores para uma expansão que ultrapasse seus limites atuais.

Você talvez se interesse em adquirir uma autocompreensão mais profunda e, através dessa necessidade, pode iniciar a jornada para a descoberta de seu centro holístico, nos reinos da psicologia, religião e ocultismo. Essa atração pelos mistérios da vida está associada à 8.ª casa, e seu caminho solar de desenvolvimento o levará em direção a essas esferas. As áreas de tabu social podem fasciná-lo de modo particular, e você pode se interessar por técnicas que exijam a aplicação de uma vontade focalizada, como a magia ou a visualização criativa.

A exploração de sua sexualidade pode assumir um perfil elevado, pois este é o caminho para adquirir experiências física e emocionalmente intensas. Muito irá depender de suas reações à intensidade da vida, se acolhe sinceramente seu potencial ou se teme percepções e sentimentos mais elevados. Se o medo for dominante pela dificuldade de ultrapassar os limites existentes, você talvez prefira resistir a uma intimidade mais profunda com a vida e rejeitar a transformação potencial. Contudo, se tiver coragem para perseverar na exploração dos objetivos da vida, sua experiência interior pode se enriquecer e as pressões se dissolvem através da auto-expressão consciente. Então, os relacionamentos podem deixar de ser um campo de batalhas e se tornar uma base para um crescimento progressivo e para o prazer na vida, enquanto você transforma sua necessidade de união na intensificação positiva da vida, em vez de ser passivamente dominado pelas conseqüências de tempestades interiores.

Uma outra esfera dentro da dimensão da 8.ª casa está relacionada a investimentos, heranças, lei e recursos. Seu caminho pode ser facilitado ou dificultado por relacionamentos familiares, especialmente através do potencial de heranças e parcerias pessoais. Se o Sol tiver aspectos tensos (quadratura, oposição), podem ocorrer mais dificuldades, que podem frustrá-lo e restringi-lo, e talvez sejam necessários cuidados no que se refere a disputas conjugais e legais. Se o Sol tiver aspectos harmoniosos (conjunção, sextil, trígono), talvez tenha mais sorte se estiver envolvido em heranças familiares, negócios, parcerias, transações financeiras e especulação; porém, seja cauteloso ao sentir o impulso para uma expansão maior e certifique-se de que investigou e avaliou cuidadosamente seus planos e opções para garantir sua viabilidade. A riqueza pode surgir da utilização de seus contatos pessoais e através da divisão de recursos em esforços conjuntos. Idealmente, você deveria utilizar qualquer sucesso financeiro para aumentar seu potencial para uma maior intensidade na vida e riqueza interior, em vez de permitir que o dinheiro ou posses ajam como substitutos para o significado e propósito da vida.

Sol na 9ª Casa

Indica que seu caminho de autodesenvolvimento está no reino da mente superior, que pode incluir uma busca espiritual, criatividade e imaginação, filosofia, lei, cultura e viagens ao exterior. Isto envolve um impulso para ultrapassar os limites existentes através da ampliação dos interesses e experiências de vida, para que sua visão de mundo obtenha uma perspectiva mais ampla e seu mundo se enriqueça através de sua curiosidade intelectual e estudos, tornando-se um ambiente sempre interessante e estimulante a ser explorado.

A motivação para perseguir este caminho pode estar presente desde o nascimento, revelando uma curiosidade natural, ou pode ser despertada pela consciência da ausência de significado ou direção de sua vida. Você provavelmente procura uma ordem subjacente à vida, uma estrutura que explique e esclareça as perguntas sobre a vida, que começam a preocupá-lo. Você pode possuir uma percepção intuitiva de um significado mais profundo na vida e, ao seguir estas sugestões, irá começar a concentrar sua exploração para descobrir este dourado fio unificador. Você deseja o verdadeiro conhecimento ou uma estrutura de crenças adequada para criar estabilidade interior e pode se sentir atraído por doutrinas religiosas, filosofias morais e éticas, princípios humanitários ou ideologias políticas, acreditando que elas podem conter a chave que você procura.

O relacionamento entre o indivíduo e a sociedade o perturba, e você necessita compreender esta interação, que pode formar uma ligação dinâmica e positiva inspirando a criação de uma visão mais utópica do mundo. É um impulso reconciliatório agindo dentro de você, procurando reincorporá-lo a um centro mais profundo, que una o indivíduo ao grupo coletivo num relacionamento consciente e que começa a integrar o indivíduo como um todo.

Através de sua contínua exploração das diversas abordagens para a solução destes problemas no mundo, finalmente irá desenvolver sua própria perspectiva e visão do mundo únicas, que poderiam ser úteis para os outros através da comunicação compartilhada. Seu caminho pode ser muito influenciado por pessoas, culturas, terras e tradições diferentes, podendo incluir, em alguma fase, a ressonância e a atração por caminhos espirituais do Oriente.

Você considera sua busca como uma jornada contínua, reunindo perpetuamente novas peças do quebra-cabeça cósmico, reconhecendo que existem muitos caminhos e pontos de vista sobre o mistério da vida e que todos podem ser válidos e verdadeiros a partir de determinadas perspectivas. Uma imagem é montada, uma imagem é desmontada; a busca mental pode ser eterna.

Entretanto, também pode haver uma tendência a atitudes fixas, especialmente se seu Sol estiver em um signo fixo. Sob a influência de determinados ensinamentos religiosos, morais e doutrinários, pode formar-se uma convicção, especialmente porque talvez exista um desejo subjacente de autoridade e afirmação ou imposição de opiniões pessoais como as únicas corretas. Basicamente, esta postura prova ser restritiva e autolimitadora, restringindo as percepções e opções somente àquelas que são "aceitáveis", distorcendo a compreensão e a perspectiva individuais. Assumir atitudes moralistas com freqüência acompanha a adoção de posições críticas, que apenas estimulam a separação das pessoas na sociedade em lugar de uni-las mais fortemente. Tenha cuidado para não julgar as pessoas através de filtros moralistas; permita que elas tenham liberdade para viver suas vidas como desejarem. Por que elas deveriam se submeter aos seus preceitos? Você pretende submeter-se aos delas? Dirigir-se para um caminho mais elevado sempre faz com que inadvertidamente se assuma posições condescendentes e hipócritas, e aqueles que seguem esta estrada precisam permanecer em guarda contra seus próprios padrões separativos que reafirmam sua presença de formas muito sutis.

Ao descobrir os padrões básicos da vida, sua visão se expandirá devido aos *insights* revelados pelo brilho de sua chama interior. A intuição mental será ampliada, e você pode sentir-se inspirado a oferecer sua direção para aqueles que ainda estão procurando em sua própria escuridão, que estão tentando descobrir seu caminho. Tudo o que você considerar proveitoso pode ser compartilhado e também será útil para outras pessoas. A divulgação de conhecimento, *insight* e informação provavelmente é uma de suas habilidades, e pode ser expressa através das áreas de ensino e escrita, enquanto sua visão torna-se mais influente no mundo. É provável que esta visão inclua inspiração, relacionamentos na sociedade, o potencial para o desenvolvimento individual e integração e o visionário que mostra rumos futuros. Para aqueles que se tornam canais para o *insight*, um dos testes mais importantes é incorporar a sabedoria em si mesmos e não apenas desempenhar o papel de oferecê-la para o benefício de outros.

Sol na 10ª Casa

O foco de atenção é o mundo exterior e a afirmação de sua natureza e qualidades através do *status* social e reconhecimento. Sua motivação virá do desejo de se tornar socialmente influente, desejando o reconhecimento público, a satisfação de necessidades de poder e a realização de suas ambições. Isto fará com que lute pelo progresso social e profissional, para que consiga alcançar posições de autoridade e responsabilidade e para que os outros possam facilmente reconhecer seu sucesso e suas realizações. Você deseja ficar acima da multidão, através de suas habilidades, para se tornar um líder que dirige os outros e não ser apenas um seguidor passivo.

Isto reflete uma necessidade de afirmação egóica, e sua experiência de autovalor e estima estará diretamente relacionada ao grau visível de sucesso na comunidade. Talvez escolha profissões socialmente respeitadas, e sua auto-imagem estará estreitamente unida e moldada a partir dos ideais de sua profissão ou emprego, especialmente se estiver em níveis de supervisão ou administração.

Como o sucesso é muito importante na direção escolhida, você deve possuir a habilidade para concentrar sua vontade, utilizando-a firme e poderosamente para aumentar a autodisciplina e perseverança, permitindo-lhe atingir um certo grau de realização. Contudo, ao perseguir rigidamente este caminho, pode simultaneamente restringir sua liberdade e opções na vida, pois determinados caminhos podem ser considerados inadequados, uma vez que não se adaptam à imagem idealizada que está projetando. O perigo pode estar na possibilidade de que, mesmo após atingir seus objetivos, o ápice não o satisfaça, e você enfrente a pergunta "E agora?". Em determinado momento você irá atingir o ápice, que pode se tornar um platô limitativo e ter um efeito deprimente em seu bem-estar e identidade.

Embora precise lutar por suas ambições, ativando seu caminho de desenvolvimento e propósito, tente não limitar estes objetivos, mas sim expandi-los, para que eles se tornem mais abrangentes, incluindo todas as áreas de sua vida e natureza. Isto o levará a um sentimento maior de satisfação e unificará aspectos distintos de sua vida. Do contrário, ao seguir a estrela da carreira gloriosa, excluindo outras esferas da vida, você pode estar criando sua queda na vida privada e doméstica, que tem um efeito negativo no casamento e relacionamentos familiares. Podem surgir conflitos entre a carreira e o lar, especialmente com quaisquer aspectos tensos da quadratura e oposição formados com seu Sol, e pode ser necessário um equilíbrio para estabelecer a segurança e estabilidade pessoal.

O ideal de seu Sol é ajudá-lo a se tornar centrado, expressando suas forças e qualidades; é isto que pode torná-lo impressionante para os outros e uma fonte de inspiração e influência, e não as posições de destaque que podem reluzir como o resumo de seus sonhos. Com freqüência, transferir seu senso de identidade para um papel profissional ou posição de *status* social não é sábio, porque no final de uma carreira (aposentadoria, doença ou redundância, ou talvez por mudança ou desavenças na carreira) sempre existe a possibilidade de que algum agente externo possa ser destrutivo para seus objetivos e estabilidade de identidade. Você pode ser vítima de tentações que envolvem posições de influência, e sua moralidade e integridade podem ser desafiadas ou contestadas; poucas pessoas chegam ao "topo" sem derrubar outros pelo caminho. Se seu Sol tiver aspectos tensos (quadratura, oposição), você pode manifestar características despóticas, amor pelo poder e tendência a ser menos escrupuloso na perseguição de suas metas, ou não perceber como o poder pode "virar a cabeça" ao ser egocentricamente utilizado. É provável que sua necessidade de poder pessoal e social seja direcionada através das associações entre o Sol e o signo.

Talvez seja útil considerar as influências parentais em seu caminho de vida e necessidades na carreira. A 10ª casa está associada à importância do condicionamento parental, particularmente o da mãe, e pode ser esclarecedor avaliar seu impacto sobre suas atitudes, valores, motivações e objetivos. Talvez você esteja se esforçando para que eles reconheçam seu valor e habilidades; você pode ter vindo de uma família muito bem-sucedida e, assim, necessita atingir um nível de sucesso correspondente; você pode estar realizando os desejos de seus pais, em vez de satisfazer suas necessidades, pois eles podem tê-lo encorajado a seguir um determinado caminho, e você se rendeu a esta pressão.

Uma necessidade de que os outros o considerem um vitorioso pode surgir da insegurança oculta, porém o uso correto da força de seu Sol poderia curar esta tendência, proporcionando um centro mais profundo e estável, no qual possa basear sua vida, transformando seu estilo de afirmação pessoal de uma predisposição a explorar o poder sobre os outros em uma tentativa de colaboração que beneficie a todos.

SOL NA 11ª CASA

Indica que seu caminho de desenvolvimento está voltado à participação em grupo, à busca contínua do progresso social e cultural. O idealismo e sonhos de um futuro melhor vitalizam as energias, e você pode se tornar um canal para novas percepções, *insights*, conhecimento e compreensão da sociedade e um exemplo vivo de como estas habilidades podem ser uma força transformadora que, de diversas maneiras, cria reformas ou revoluções sociais periódicas.

Provavelmente terá uma percepção social desenvolvida, consciente da interação entre o indivíduo e o coletivo, e um coração atento aos sofrimentos, muitas vezes desnecessários, que o homem, sem saber, inflige a seus semelhantes, aos animais e à natureza. Isto finalmente fará com que você se torne mais ativo, juntando-se aos outros para propor soluções criativas que minimizem o sofrimento e desconforto do grupo, através da criação de uma consciência pública mais ampla e políticas alternativas que podem ser utilizadas para resolver situações de conflito.

Esses esforços conjuntos podem incluir as causas ecológicas, liberdade civil e grupos que visam o bem-estar da comunidade, ou aqueles que se dedicam a proporcionar técnicas espirituais, religiosas ou psicológicas destinadas a integrar os indivíduos e a despertá-los para seu poder na sociedade. Como você está mais voltado para o futuro, irá sentir-se menos limitado pelo peso das atitudes tradicionais existentes e pode iniciar relacionamentos conflitantes com aqueles que defendem firmemente os pontos de vista mais obsoletos. Você pode ser considerado radical em suas atitudes e isto sempre pode fazer com que aqueles que preferem manter o *status quo* se sintam desconfortáveis.

Ao seguir seu sentimento de solidariedade universal, você pode se tornar um dedicado advogado dos direitos e liberação dos homens e, através da integração com o coletivo, favorecer uma visão dos princípios de orientação universal. Isto pode envolvê-lo em atividades relacionadas ao desenvolvimento político e social e proporcionar-lhe uma base ideológica na vida e um propósito e significado definidos. Estimulado por esta participação no grupo, talvez precise tomar consciência da natureza de sua auto-expressão, para que permaneça aberto a outros pontos de vista e não enxergue apenas o enfoque e a visão de mundo de um determinado grupo. Os poderes persuasivos da causa de um grupo e a estrutura de suas crenças muitas vezes são extremamente poderosos e tendem a ofuscar as atitudes individuais; ao escolherem permanecer como participantes de um grupo, muitas pessoas perdem a habilidade de pensar livremente porque precisam submeter-se à percepção dominante do grupo e esquecem tudo, exceto a opinião do grupo. Este é o principal perigo da força do grupo e deve ser evitado através da compreensão.

Com certeza o potencial para seu caminho de desenvolvimento encontra-se na atividade grupal, e seu senso de identidade estará cada vez mais associado às afinidades do grupo. Se os aspectos formados com seu Sol forem harmoniosos (conjunção, sextil, trígono), seus relacionamentos com os grupos serão relativamente suaves, positivos e cooperativos; se os aspectos são tensos (quadratura, oposição), podem ocorrer mais atritos e disputas.

Através da afirmação de sua força solar, você pode chegar à posição de representante de tais grupos e obter reconhecimento por suas contribuições sociais e inovações progressistas que ajudam a regenerar e revitalizar a sociedade. Talvez existam habilidades de organização e envolvimento público, embora você talvez precise se certificar se seus formidáveis projetos e esquemas para melhoras sociais podem ser utilizados e realmente testados nas dificuldades da vida diária. Ao tornar-se um cruzado solar que visa melhorar a qualidade de vida no mundo, sua identidade é transformada, tornando-se poderosa e direcionada. A direção ideal para a expressão de seu Sol é a liberação de sua luz interior através de atividades em grupo e o despertar da luz coletiva, e você deve dedicar-lhe muita atenção.

Sol na 12ª Casa

Sugere que a ênfase está distante do mundo exterior, voltada para o interior, na tentativa de iluminar, com a luz do Sol, os recessos escuros das emoções, da mente e da psique. Sua identidade consciente precisa ser redefinida de forma a levar em consideração toda sua natureza, e você possui uma qualidade curativa abrangente, sem tendências exclusivistas e separatistas que podem ocasionar a alienação interior e a divisão da personalidade.

A 12ª casa possui profundas associações com a mente inconsciente coletiva, o subconsciente pessoal e o passado, e seu conteúdo psíquico interfere e influencia sua atual experiência de vida. Os resíduos do passado e as repressões de "negócios inacabados" ainda podem desorientar sua psique, e você talvez necessite passar por uma fase de liberação das energias e emoções bloqueadas em sua natureza, realizando uma purificação interior que cura e liberta. Se você tem sentimentos de culpa, preocupações irracionais, sensação de desconforto, é provável que existam padrões que se agitam em sua mente inconsciente e que, se não forem resolvidos, podem começar a criar complexos neuróticos ou inibir sua capacidade para formar relacionamentos sociais satisfatórios.

Talvez você seja muito autoconsciente e isto pode ser restritivo, especialmente porque pode registrar vibrações empáticas das pessoas ao seu redor que poderiam se tornar desconfortáveis ou mesmo penosas, particularmente se você não conseguir identificar que está sendo receptivo aos sofrimentos e dores alheios e que eles necessariamente não lhe pertencem.

Sua mente inconsciente está exigindo acesso à sua vida, e é essencial que haja um confronto com estes fantasmas interiores para que certos conflitos comecem a ser solucionados. Estes aspectos esquecidos ou reprimidos de sua natureza, bem como quaisquer acréscimos psíquicos absorvidos de seu meio ambiente, precisam vir à tona, do contrário irão desequilibrar sua identidade e a estabilidade de sua personalidade. Algumas vezes, você pode se sentir como se estivesse lutando para manter as barreiras, temendo que as paredes desta represa interior sejam derrubadas, demolindo todas as tentativas de controle e limitação. Uma de suas estratégias é a negação, mas isto apenas planta as sementes de problemas posteriores, pois através desta abordagem as energias são reprimidas e a personalidade fica ainda mais dividida; ou você tenta estabelecer padrões fixos de hábitos e opiniões que, você espera, podem oferecer segurança e estabilidade na vida, ignorando e desprezando tudo que não se adapte aos limites restritivos que estabeleceu ao seu redor para se proteger.

Seu caminho de desenvolvimento deve ser duplo: é preciso haver uma cura interior que purifique e libere quaisquer bloqueios e ofereça como base uma atitude transformadora de auto-aceitação; o próximo estágio é começar a abrir os parâmetros de suas limitadas barreiras contra a vida, para que lentamente possa começar a se formar uma identidade nova e mais abrangente, mais adequada para lidar com a vida.

Isto pode incluir a fusão de sua mente consciente e inconsciente, de seu ego e seu Eu Superior e requer uma flexibilidade de sua personalidade maior do que anteriormente você permitiu ou acreditou ser possível. Este pode não ser um passo fácil, mas é uma fase de dissolução antes de uma nova união da psique e também uma mudança de estado, semelhante às fases de uma nova criação no cadinho do alquimista. É necessária uma reunificação dos componentes separados de sua natureza; esta é sua jornada e tarefa solar, que, quando realizada, irá abrir uma nova dimensão para que você a desfrute, enquanto sua vida interior adquire uma nova vitalidade e coesão.

É provável que você demore a descobrir este caminho em sua vida, talvez o encontre após ter passado por determinadas experiências. Você precisa curar a si mesmo e pode necessitar de períodos de relativa privacidade e isolamento para gerar o silêncio curativo. Provavelmente você se sentirá desconfortável nos relacionamentos íntimos durante a juventude e o início da vida adulta, e pode preferir se afastar de contatos humanos mais profundos. Talvez sejam necessários muitos anos de esforços para superar quaisquer sentimentos de inferioridade e insegurança, mas suas tentativas para mudar valerão a pena. Você pode pensar que falta um brilho vital na vida comum e talvez não consiga lidar com as exigências da realidade cotidiana; esta não é sua dimensão preferida, você prefere a vida interior, mesmo quando ela não é tão agradável. Provavelmente será difícil descobrir um propósito, significado e direção na vida até que reoriente sua vida interior.

Podem existir talentos artísticos e criativos e eles deveriam ser conscientemente desenvolvidos como um meio para a auto-expressão e como um canal para liberar energias bloqueadas. A dança, a música e a arte podem ser áreas específicas e haverá uma habilidade psíquica latente que deveria ser explorada em seu benefício e no de outras pessoas. As tendências mediúnicas podem estar próximas à superfície de sua natureza e, através de sua sensibilidade, também poderia contatar seus poderes de cura; mas até que reequilibre sua natureza e cure seus dilemas e conflitos, pode ser mais sábio não tocar nestes tipos de expressão. Igualmente, podem estar presentes tendências visionárias e proféticas, emanando de sua estreita união à mente inconsciente coletiva. O esotérico e o oculto podem lhe agradar, especialmente o tipo de meditação interior que invoca as energias e forças espirituais para fertilizar, influenciar e dominar a mente coletiva da humanidade e que inspiram a visão global de interdependência. Todos podem participar deste tipo de ajuda.

Seu potencial é grande, mas é imperativo que você redefina sua identidade de forma mais abrangente, para que possa ultrapassar as paredes de seu auto-aprisionamento através de uma cura interior redentora. Desse modo, sua contribuição social e seu desejo de ajudar podem se tornar mais eficazes. É provável que a recusa em tomar estas decisões intensifique seu desconforto, uma vez que as pressões interiores se ampliam e tornam-se mais insistentes, derrubando aquelas paredes das represas que não podem continuar intactas para sempre, enquanto o "nível da água" aumenta. A alternativa mais adequada é utilizar as "válvulas" criativas e curativas para que a pressão possa ser regulada e dirigida para canais positivos.

CAPÍTULO 6

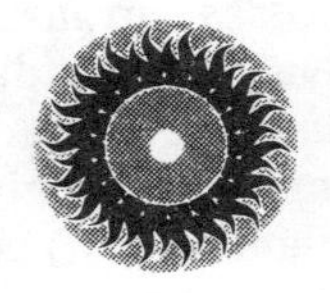

O Sol nos Signos Natais

Cada um dos doze signos do zodíaco simboliza determinado grupo coletivo, que o indivíduo reflete e repercute durante sua vida. A astrologia indica que esses doze grupos de tendências e características psicológicas são os padrões de formação da personalidade humana coletiva e são apontados como as matrizes dos sinais impressos na mente coletiva inconsciente. Em termos junguianos, elas se tornam os arquétipos do zodíaco, e cada um de nós reflete individualmente um desses padrões particulares, determinado pelo signo de nosso Sol no dia do nascimento.

Nesse sentido, o signo de nosso Sol tem menor significado individual, sendo mais um ponto de ligação com a personificação coletiva de um padrão arquetípico; por isso, a astrologia pode distinguir entre as características de cada signo, e cada indivíduo pertencente a determinado signo possui tendências essencialmente semelhantes a outros indivíduos no mundo todo. O *insight* da astrologia é que há doze tipos psicológicos de personalidade, doze atitudes básicas na vida, formas de expressão, percepção do mundo, tipos de respostas e reações instintivas à experiência; e que podem ser interpretadas através das qualidades específicas do signo.

Individualmente, o signo de nosso Sol nos une ao grupo correspondente no mundo, e com freqüência manifestaremos essas tendências durante nossas vidas sem a devida consciência, pois elas constroem nossa psicologia pessoal a partir de suas raízes ocultas na escuridão de nossa mente inconsciente. Cada signo incorpora seu dom especial e sua contribuição ao mundo e pede que manifestemos nossa expressão individual dessa função coletiva, pois cada um de nós personifica uma das doze correntes de energia do ser humano arquetípico, universalizado, o Adão Kadmo dos ensinamentos cabalísticos. Como ocorre com a posição na casa natal, a posição do signo do Sol também apresenta dois níveis de ressonância e expressão: o nível superficial de consciência egoística separativa e o nível unificado mais elevado de responsabilidade e ação conjunta.

O signo de nosso Sol simboliza o caráter fundamental de nosso ser, um conjunto básico de características da personalidade e o padrão essencial do eu que determina nossas formas de expressão, nossos interesses, forças, fraquezas e motivações na vida. Embora constitua apenas a duodécima parte do total da personalidade coletiva, é suficiente para gerar uma coesão interior e um molde dominante, no qual todas as diferentes tendências da psique (planetas etc.) podem ser potencialmente integradas. Muitas pessoas reagem contra o conceito astrológico de tipos psicológicos pertencentes a um grupo, mas a verdadeira questão envolve o desenvolvimento do Sol no mapa natal (signo, casa, aspectos etc.) como um meio de auto-aceitação e reconhecimento do papel individual dentro do esforço do grupo. Ao harmonizar as características e funções de nosso signo pessoal com a humanidade coletiva, podemos nos dirigir para nosso caminho integrativo individual e transmitir a dádiva de nosso signo à evolução.

Em nossa mente inconsciente também se encontra a potencialidade dos outros onze signos, que permanece latente; nossa tarefa não é manifestá-los, embora seja papel do astrólogo tornar-se consciente de suas atividades e inter-relacionamentos específicos na vida, pois cada signo é considerado através de diferentes clientes. Mesmo assim, muitos astrólogos reconhecem que há determinados signos com os quais eles se sentem em maior harmonia e mais confortáveis, e que eles estão refletidos em suas experiências nos relacionamentos. Além disso, a maioria dos astrólogos nota que pode atrair maior número de clientes de determinados signos ou posições planetárias, como se os clientes fossem atraídos a um astrólogo que se "especializa" no trabalho com determinadas energias zodiacais. Por exemplo, eu atraio pessoas com um poderoso Escorpião/Plutão em seus mapas, signo do Sol, Ascendentes ou posições/aspectos planetários, pois uma das ênfases de minha abordagem astrológica está voltada à questão da autotransformação, a tarefa regeneradora do renascimento pessoal.

Trabalhar com o signo do Sol, com freqüência, é o caminho mais fácil para o indivíduo. Essas características são inatas e naturais, e as energias fluem suavemente por canais estabelecidos, embora possam surgir diversos resultados durante a vida. Avaliar o signo do Sol à medida que atua na maioria das pessoas no nível da personalidade pode revelar essas tendências essenciais: a forma de auto-expressão; o caminho para desenvolver o potencial e satisfação; a forma mais eficaz de auto-afirmação e concentração da vontade; a abordagem para moldar e influenciar o meio ambiente; a liberação de poder e energia pessoal; o tipo de criatividade favorecida e a natureza de seu potencial; as dádivas e talentos específicos do signo; os prováveis desafios e lições apresentados à personalidade, derivados de predisposições temperamentais inatas; as formas mais eficientes de adquirir e empregar a riqueza. Cada uma dessas áreas de expressão indica formas de aplicação das energias do Sol interior para proveito pessoal, crescimento e desenvolvimento. Para todos nós, esta é uma tarefa para a vida inteira!

SOL EM ÁRIES - FOGO, CARDINAL; REGENTE: MARTE

A personalidade de Áries tende a ser iniciadora e pioneira, expressando auto-afirmação e energia direta no mundo. Você possui ampla energia criativa e interesses que podem ser explorados, permitindo-lhe iniciar uma série de atividades. Um dos problemas pode ser o fracasso para concluí-las devido à perda de interesse e por ficar entediado, tendendo a deixar diversas pontas soltas de projetos inacabados. Existem fortes motivações para que você se manifeste através de atividades enérgicas, para ser empreendedor e ambicioso, fazendo com que sua presença seja notada no mundo. Você pode ser estimulado pelo desejo de ser "o número um", tornando-se competitivo, e isto irá influenciar sua carreira e expressão social. Você poderia se tornar um líder eficaz, pois a fama, a autoridade e a superioridade combinam com você, ou pelo menos você acredita que seja assim.

Você pode ser muito impaciente, impulsivo e espontâneo em seus atos e decisões, embora muitas vezes não dedique tempo e atenção suficientes para realmente ouvir os conselhos dos outros, ou para considerar as conseqüências de suas escolhas, e isto poderá trazer problemas mais tarde. Talvez precise considerar mais cuidadosamente as suas opções, antes de se lançar à ação; se puder fazê-lo, terá mais sucesso. Associado a isto existe a necessidade de descobrir relacionamentos mais eficientes com as outras pessoas, ser mais ponderado e refletir sobre os possíveis efeitos de qualquer forma de expressão egoísta.

Você se sentirá atraído por causas idealistas, vendo a si mesmo como um adversário das injustiças sociais. Às vezes, pode existir uma visão de vida ingênua, inocente, onde você acredita sinceramente nos ideais elevados; embora isto possa ser destruído pela realidade, não é provável que você se torne verdadeiramente cínico, "malandro" ou "derrotado". Você tenta falar a verdade tanto quanto possível e pode achar difícil mentir e, mesmo que tente, raramente é convincente. Possui uma mente rápida com tendências filosóficas bem definidas e sensibilidade aos pensamentos, morais e ética mais elevados. Precisa de independência e liberdade para que possa se entregar às suas decisões impulsivas para agir.

Você pode ser muito reservado no que se refere à sua vida pessoal, sentimentos e experiências emocionais e, com freqüência, reluta em revelar seus planos para os outros, especialmente porque pode ser profundamente magoado. Existe uma atração pelo passado e caminhos tradicionais, que podem se refletir no ambiente do lar e nas atitudes, e você valoriza a segurança doméstica e dos relacionamentos mais do que talvez esteja disposto a reconhecer. Esta necessidade evoca uma reação sentimental à sua vida familiar e talvez seja vulnerável nesta área.

Você precisa compartilhar sua vida com um parceiro, embora espere ser o número um no relacionamento. Deseja harmonia no lar, mas nem sempre a encontra, especialmente porque suas necessidades interiores de afirmação tendem a gerar tensões, que transbordam na vida diária. Talvez precise encontrar um equilíbrio interior que neutralize as divergências da personalidade. Na realidade, você é um pacificador, mas como possui esta poderosa reserva de energia emocional, podem existir dificuldades para lidar e utilizar com êxito esta energia.

Embora possua muita força de vontade, precisa aprender a concentrá-la, focalizá-la e dirigi-la, persistindo o suficiente para atingir seus objetivos. Você tem a habilidade para ver a validade de diferentes pontos de vista, e isto algumas vezes pode criar confusão para você estabelecer seu próprio ponto de vista; mas também indica que você não se precipita para criticar os outros e pode ser muito tolerante. Gosta de ser notado e admirado pelos outros, algumas vezes tornando-se um pouco dominador, e pode ser propenso a dramatizar demais sua personalidade para impressionar os outros. Nos assuntos financeiros, geralmente será muito conservador, embora em outras atitudes e aspectos da vida possa ser não-ortodoxo.

Sol em Touro - Terra, Fixo; Regente: Vênus

A personalidade de Touro com freqüência manifesta estabilidade, propósito, persistência, determinação, confiança e sinceridade. Geralmente você não assume qualquer risco que possa afetar sua segurança material, uma vez que suas posses e o ambiente do lar são extremamente importantes para você; na verdade, você será cauteloso em todos os aspectos de sua vida. Tende a manifestar uma abordagem sensata, muito pragmática e prática, sendo eficiente e hábil na administração financeira e organizacional. Você considera com calma os futuros cursos de ação, avaliando suas opções, e precisa sentir-se tão seguro e convencido quanto possível no que se refere às suas escolhas, antes de se decidir a entrar em ação; assim que tiver tomado uma decisão, começará a agir. Você se dedicará à tarefa de ganhar dinheiro e obter os bens materiais que acredita serem necessários para construir uma base segura para sua vida.

Geralmente, seu temperamento é gentil e tranqüilo, e você tenta viver de modo a não atrair problemas, mas, se for provocado, pode explodir em ruidosa exibição de mau gênio. Se for contrariado em assuntos que já decidiu em sua mente, pode apresentar uma resistência obstinada e teimosa, deixando de reconsiderar ou escutar opiniões alternativas ou conselhos.

Prefere uma vida calma, estável, podendo ser reservado para revelar problemas pessoais. Sua natureza compreensiva cria uma sensibilidade à beleza natural, assim como à arte, música e literatura. Como os prazeres sensuais e o conforto o atraem, prefere criar um lar agradável e atraente com uma atmosfera relaxante que possa ter um efeito calmante e benéfico nos outros. Sua vida pode girar em torno do lar e, assim, a qualidade da vida doméstica é crucial para sua paz de espírito. Sua saúde muitas vezes está relacionada ao sucesso em criar uma atmosfera equilibrada e harmoniosa ao seu redor. Você tende a permanecer em contato com parentes e amigos íntimos, sentindo-se seguro ao saber que tudo vai bem com eles. Raramente você é um "sonhador romântico", que tende a distorcer os relacionamentos por meio de uma imaginação hiperativa; geralmente é muito franco e honesto com quaisquer parceiros. Prefere manter suas emoções no lugar certo, pois nem sempre sente-se confortável com elas e pode haver uma tendência à repressão, que pode estimular ocasionais explosões de temperamento. Seus relacionamentos possuem uma qualidade cooperativa, e você pode ser delicado e diplomático, embora com freqüência seja muito direto em sua comunicação com os outros.

Os parceiros serão cuidadosa e cautelosamente escolhidos, e, embora muitas vezes tenha um estilo relaxado e tranqüilo, pode ser um parceiro exigente, esperando um elevado padrão dos outros. Como o relacionamento é o principal foco de sua intensidade emocional, pode ser ciumento e emocionalmente possessivo. É importante que haja um relacionamento sexual satisfatório com seu parceiro e, se o prazer nas paixões sexuais diminuir, o relacionamento torna-se menos estável e satisfatório. Também lhe é necessário um certo grau de compatibilidade intelectual, pois você tende a considerar os relacionamentos íntimos como uma fonte de estímulo mental em sua vida; precisa também de profundidade de comunicação para sentir a intimidade da relação. Nos relacionamentos taurinos satisfatórios, também está incluído um elemento de "melhores amigos".

Você tende a viver baseado em padrões morais e crenças tradicionais e pode ser muito íntegro; muitas vezes, isto está presente em seus processos de decisões e escolhas na vida. Suas atitudes tendem a ser conservadoras e ortodoxas nas questões de fé e religião, embora possivelmente sejam mais fatalistas em essência e menos intelectualizadas ou filosóficas. Você pode tornar-se dogmático e fixado em suas atitudes e opiniões, embora um envolvimento emocional com quaisquer causas possa torná-lo um incansável trabalhador, sacrificando muito pelos seus ideais, especialmente num contexto prático e de apoio.

Sol em Gêmeos - Ar, Mutável; Regente: Mercúrio

A personalidade geminiana está associada ao intelecto, mente e comunicação, e as palavras são muito importantes para você; talvez possua habilidades literárias e goste muito de ler e escrever. Possui uma mente pesquisadora, ansiosa para acumular conhecimento e informação através do estudo, especialmente no que se refere a assuntos concretos e detalhados. Tende a ser curioso sobre muitas coisas e buscará segurança intelectual no mundo. Precisa estar ativo e ocupado, adorando mudanças e variedades que ofereçam excitação à sua vida. Você estará principalmente concentrado em sua mente, vivendo em um mundo de idéias fascinantes, porém, ao se familiarizar com elas, a ausência de novos estímulos pode levar sua mente incansável a procurar o próximo assunto interessante.

Gêmeos pode ser simpático e sensível às outras pessoas, com uma percepção e compreensão muito rápidas, mas isto pode ser ofuscado por uma atitude egoísta. Seu temperamento pode ser essencialmente idealista, tendendo a resolver os problemas do mundo através de teorias, que podem não ser colocadas em prática. Talvez existam alguns problemas com autodisciplina, mas, se puder superá-los, você pode ser muito criativo nas artes e nos negócios.

Você é socialmente adaptável, sendo popular e uma companhia agradável, e pode ser um conversador interessante e divertido. Sua auto-expressão é eficiente e você usa sua fluente comunicação para persuadir e obter respeito dos outros. Os amigos são importantes para proporcionar variedade e estímulo mental, e provavelmente sente-se atraído por tipos artísticos e intelectuais. Você não gosta de se sentir preso a lugar algum, preferindo mudanças de cenário e de pessoas para renovar e revitalizar seu interesse.

Suas reações à vida podem ser um pouco excêntricas, variando de acordo com seu humor (Gêmeos), e pode ficar muito tenso se as coisas não estiverem funcionando bem para você, talvez ficando deprimido. Você não é naturalmente um tipo de pessoa tranqüila, precisando estar quase que compulsivamente em atividade; podem haver períodos de ansiedade, indecisão, impaciência e irritabilidade.

Você prefere o asseio, a limpeza e a ordem e talvez prefira trabalhar em casa, onde tenta criar um ambiente confortável, calmo, no qual muitas vezes se afasta do mundo, durante curtos períodos de auto-renovação. Talvez tente criar um equilíbrio entre ação, socialização e criatividade, uma vez que combina diversas áreas ao mesmo tempo. O tipo de trabalho que pode lhe ser adequado inclui a pesquisa, investigação e conteúdos concretos, científicos ou literários.

Sua vida amorosa pode ser extravagante, e você prefere conservar sua independência e liberdade. Pode se casar, mais por compatibilidade intelectual do que por atração física, e exigirá um parceiro capaz de lidar com as obrigações práticas do dia-a-dia, que também seja mentalmente estimulante, deixando-o relativamente livre. Gosta do contato com as crianças, especialmente no que se refere a jogos e às suas mentes curiosas.

Sente necessidade de manter sua individualidade e pode resistir a quaisquer formas de imposição; talvez se revolte contra o *status quo* e atitudes estabelecidas, mas, à medida que for envelhecendo, perceberá o valor da cooperação como fator vital na vida, criadora de harmonia e paz. Utiliza a lógica e a racionalidade nas doutrinas religiosas, manifestando atitudes agnósticas e não conformistas. Gosta de compartilhar idéias e informação e é tolerante com opiniões e idéias alternativas, sentindo pouca necessidade de impor sua opinião aos outros. É essencial esclarecer sua direção na vida e talvez tente diversas ocupações e estilos de vida, exibindo sua versatilidade e capacidade de adaptação. Pode gostar de usar criativamente suas mãos, de viajar, de arte e música.

SOL EM CÂNCER - ÁGUA, CARDINAL; REGENTE: LUA

A personalidade de Câncer é predominantemente envolvida com as emoções, sentimentos e sensibilidade à vida, o que, com freqüência, estimula humores instáveis e emoções variáveis. Isso pode criar situações nas quais, muitas vezes, sente-se magoado pelos outros — intencionalmente ou não — tornando-se extremamente vulnerável e defensivo. Você se preocupa muito com o bem-estar da família e será muito emotivo e sentimental nessa área, possuindo uma ligação particular com a mãe. Com freqüência relembra sua infância, sentindo que ela guarda lembranças importantes. Pode temer o futuro e geralmente evita olhar em sua direção.

Às vezes, pode ser muito tagarela, a despeito das tendências a uma natureza mais reservada, e isso pode ser uma "defesa" para não se enfrentar, e assim juntar-se aos outros, em vez de recolher-se ao seu próprio mundo particular. Você é um ouvinte atencioso, a não ser que isso coincida com um período em que existam problemas com sua própria sensibilidade, e esteja muito preocupado com suas necessidades para ser útil aos outros.

Você tem uma imaginação ativa, algumas vezes ativa demais, e isso pode levá-lo a remoer pensamentos e preocupações, tendendo a sentir primeiro e pensar depois. Isso significa que pode reagir emocionalmente muito rápido, às vezes excessivamente, embora uma reação mais ponderada fosse mais adequada para evitar o agravamento de quaisquer problemas. Você resiste a enfrentar problemas, preferindo fugir das pressões sempre que possível, e, embora possa dar a impressão de autoconfiança e habilidade para lidar com estas pressões, só consegue fazê-lo por um período limitado e, então, precisa isolar-se para ficar inteiro novamente.

Pode existir uma tendência a exagerar os problemas pessoais — especialmente os de saúde — e isso provoca doenças devido à preocupação excessiva. É provável que se torne muito interessado em alimentos saudáveis e em dietas.

O lar será extremamente importante, como um refúgio do mundo (sua "concha") e como o "ponto central" em sua vida. Você tentará manter a harmonia e a paz, detestando quaisquer sinais de discórdia. Prefere viver com classe e pode se tornar um colecionador, gostando de exibir em seu lar os objetos de seu interesse. Você gosta e aprecia a beleza em todas as suas formas e tenta cercar-se de um ambiente agradável, que possa ser apreciado ainda mais quando você abre sua sensibilidade psíquica em seu lar. Precisa sentir que sua família o aprecia e considera e se sentirá muito desconfortável se pensar que o estão criticando ou ridicularizando.

Você prefere as atitudes e valores tradicionais, a despeito de qualquer aparência superficial e estilo de vida contemporâneo e, às vezes, pode achar difícil compreender a complexidade do mundo moderno. O talento artístico pode estar presente — talvez algum tipo de artesanato —, mas qualquer originalidade artística pode ser bloqueada pelas tendências à repressão emocional, que é um dos principais desafios que Câncer precisa enfrentar. Quando se sente emocionalmente perturbado ou desequilibrado, o consumo de alimento será afetado, seja alimentando-se em excesso, como uma "compensação", ou reduzindo o alimento até que o problema seja resolvido.

Você considera o casamento importante, embora precise certificar-se de que fez uma escolha sábia. Suas necessidades emocionais por amor e nutrição podem torná-lo dependente de um parceiro forte ou atrair uma personalidade mais fraca, dependendo de seu padrão dominante, que pode ser para dar ou para receber amor. Você pode ser muito útil para ajudar um parceiro a atingir seus objetivos. Pode tornar-se um sonhador, entregando-se à tristeza ou pensamentos sonhadores. Sua vida interior é formada por fluxos e refluxos, como movimentos rítmicos que enfatizam sua natureza introspectiva e seu instintivo impulso sociável e expansivo, muitas vezes provocando contradições e melancolia. As fases da Lua podem afetá-lo mais do que imagina.

SOL EM LEÃO - FOGO, FIXO; REGENTE: SOL

A personalidade de Leão é atraída pelo poder, influência e gosta de estar em evidência, onde as pessoas possam notá-la e onde possa atuar. Se puder alcançar estas posições, sua autoconfiança se expande rapidamente; você terá mais sucesso quando atuar em posições de responsabilidade e autoridade. Contudo, subjacente a estas necessidades, existem sentimentos de insegurança e incerteza quanto às suas habilidades, que precisam ser superados através do sucesso. Você tem a oportunidade para inspirar os outros a realizarem empreendimentos maiores, a não ser que se torne muito obcecado em exercer poder e influência sobre as pessoas.

Uma vez determinados seus objetivos e direção, você pode utilizar sua poderosa vontade em benefício pessoal. Você possui uma fé otimista no futuro e em sua habilidade para enfrentar os desafios da vida e pode ter a convicção secreta de que desempenha uma função determinada na vida sob a inspiração de desconhecidas forças intangíveis, que acredita serem pessoalmente benéficas.

Você pode ser muito tenso, ocasionalmente fácil de se irritar, embora tenda a perdoar as pessoas que o trataram injustamente. Seu temperamento é expansivo, manifestando boa vontade e cordialidade, embora também aprecie muito as horas em que pode ficar só, tranqüilo e consigo mesmo. Enfrenta os problemas com energia suficiente para vencê-los e não permite que eles persistam, nem tenta evitá-los.

Você possui muito orgulho, dignidade, integridade, lealdade e generosidade e tenta permanecer fiel às suas crenças e valores. Pode ser dominante em sua esfera social, possuindo um estilo de comunicação independente, sincero e franco que pode perturbar àqueles que reagem contra uma abordagem direta e sem cerimônias. Algumas vezes tende a representar para sua "platéia" e "exagerar" em termos do que é aceitável e assim pode perder amigos ou conhecidos pelos seus comentários. Pode ser muito persuasivo, eloqüente e capaz de transmitir suas idéias e entusiasmo. Você é sincero em tudo que faz, desejando que exista apenas paz e harmonia ao seu redor. Tende a ter gostos extravagantes, mas tenta garantir que estes hábitos dispendiosos permaneçam ponderados e detesta ter problemas financeiros, embora possa sentir-se tentado a comprar as coisas impulsivamente.

Você tem necessidade de dominar, pelo menos em seu lar, e isto pode provocar alguns atritos de personalidades, especialmente se o seu parceiro for igualmente voluntarioso e agressivo. Há uma forte necessidade de liberdade e independência que, com uma atitude autoritária, pode criar disputas no relacionamento. Os tipos dramáticos, artísticos muitas vezes podem atraí-lo, mas provavelmente, quando a paixão diminui, podem ocorrer choques de personalidade. Você precisa de um parceiro inteligente e possui um forte impulso para compartilhar que pode implicar sacrifícios de sua parte, especialmente quando contraria a sua ânsia natural para satisfazer desejos puramente pessoais.

Raramente sente-se feliz com qualquer empreendimento, dirigindo-se sempre para a frente, e pode ser um professor inspirador, ajudando outros a realizarem seu potencial. Você precisa de estímulo mental e isto ajuda a evitar que suas atitudes e opiniões se tornem fixas. Talvez escolha juntar-se a grupos humanitários, mas pode ser muito individualista para ficar, a menos que você seja o líder. Algumas vezes pode sentir-se pouco valorizado e ficar mal-humorado. Você precisa de um propósito e direção na vida bem-definidos e pode ajudar os outros desinteressadamente, mas com freqüência também deseja os aplausos.

Sol em Virgem - Terra, Mutável; Regente: Mercúrio

A personalidade de Virgem geralmente é cuidadosa, eficiente e metódica, obtendo grande prazer ao criar ordem da confusão e do caos. Você gostará de arrumar as coisas, organizar seu meio ambiente e também qualquer pessoa que por acaso esteja lá ... Possui um alto grau de bom senso, e pode ser um pensador ativo que precisa colocar seus pensamentos em prática. Você é eficiente para lidar e trabalhar com os detalhes da vida e é capaz de aprender coisas novas de modo rápido e fácil.

Pode achar difícil sentir-se contente com a vida, embora tenha dificuldade para definir os aspectos que deveriam ser mudados para melhorá-la. Pode haver uma ansiedade oculta e, através da preocupação excessiva, seu sistema nervoso pode ser afetado, gerando doenças. Você talvez precise cuidar para que o trabalho em excesso não sobrecarregue sua saúde, pois tende a ser um dos trabalhadores mais constantes e seguros do zodíaco.

Suas atitudes são fundamentalmente conservadoras e tradicionais, e você é cauteloso e protetor no que se refere aos seus interesses. Tende a buscar a perfeição nas pessoas e no mundo (que nunca encontrará) e a chamar a atenção dos outros para seus defeitos; algumas vezes estes comentários podem ser muito duros e desconcertantes, mesmo que suas percepções geralmente sejam precisas. Contudo, quando conscientemente deseja, pode revelar um estilo de expressão delicado e diplomático. Nem sempre juga a si mesmo com o mesmo grau elevado de exigência que espera dos outros... Suas atitudes, crenças e opiniões podem se tornar muito fixas e inflexíveis, tornando difícil realizar mudanças e desenvolvimento, provocando conflitos com os outros.

Você pode ser um eficiente administrador financeiro e organizador de sua vida doméstica, precisando disto para se sentir seguro. Está muito consciente do valor e importância de garantir que a família permaneça unida, e está disposto a se esforçar muito nesta direção. Haverá um forte senso de moralidade — refletindo valores tradicionais — e sua vida provavelmente seguirá por caminhos socialmente aceitáveis; você prefere assim, pois é um pouco contido e prefere permanecer em ''caminhos conhecidos''.

Provavelmente controla suas emoções, sentindo-se pouco à vontade com elas, porque representam elementos de caos e imprevisibilidade aos quais se opõe. Raramente será abertamente expansivo a respeito de seus sentimentos, o que pode provocar maior tensão interior até que eles sejam periodicamente ou explosivamente liberados. Você precisa de um parceiro que valorize seus esforços e compreenda os desafios de sua natureza. Pode manifestar uma resignação filosófica e tentar ''continuar'' quando surgem dificuldades; tende a controlar seus desejos para manter um relacionamento, mas precisa tomar cuidado para não se tornar ressentido ao se sacrificar e frustrar suas necessidades. Pode haver alguma inibição de sua sexualidade, talvez um constrangimento e tensão quanto aos seus desejos sexuais e sentimentos, até que possa superar o medo profundo de perder o autocontrole para estas poderosas energias.

Você está voltado à vida doméstica, familiar, e não se entusiasma muito em viajar, a não ser que seja com sua família. É ortodoxo e convencional no que se refere à maior parte das coisas na vida, mas seu principal critério para avaliar se as coisas são aceitáveis é verificar seu aspecto prático e aplicação na vida. Pode ser um conselheiro valioso, organizando tudo nos bastidores, e o executor das tarefas ingratas, devido à qualidade virginiana de auto-sacrifício.

SOL EM LIBRA - AR, CARDINAL; REGENTE: VÊNUS

A personalidade de Libra busca a ordem, o equilíbrio e a harmonia. Você será uma companhia agradável, procurando paz na vida, mas com freqüência pode se irritar muito rapidamente, especialmente em seus relacionamentos íntimos. Tentará agradar a todos usando suas habilidades diplomáticas, mas pode criar situações em que é hesitante devido ao medo de aborrecer alguém. Para Libra, tomar decisões muitas vezes é difícil, e você gostaria de satisfazer todas as opções, sem saber qual a direção e decisão a seguir. Seu temperamento é mais propenso a esperar que as coisas aconteçam ou que tomem decisões por você, em vez de fazê-las por si mesmo. Contudo, esta tendência pode ser modificada por um Ascendente muito voluntarioso.

Você gosta da vida social e sua graça, charme e congenialidade serão apreciados pelos outros. Suas companhias favoritas com freqüência apresentam um temperamento artístico que reflete seu amor pela beleza, encontrada na natureza, arte, música e literatura, e que asseguram a individualidade livre e a presença dramática que gostaria de criar como sua auto-imagem.

Pode ser idealista e mentalmente adaptável, possuindo uma percepção intuitiva que deveria ser utilizada como orientação em sua vida. Entretanto, também será muito impressionável, e isto pode levá-lo a fantasias românticas, algumas vezes a uma aversão pela verdadeira realidade, e também à instabilidade de temperamento.

Suas atitudes sociais são humanitárias e compreensivas, embora algumas vezes possam diminuir devido a preocupações pessoais e muitas vezes você se sente atraído por um padrão de vida "alta sociedade", com sua elegância e dinheiro. Será ambicioso, mas sua ambição estará mais voltada à criação de uma determinada qualidade de vida onde possa obter um equilíbrio harmonioso.

Você acha muito importante manter sua vida organizada, controlada e eficiente. Geralmente é muito paciente e tolerante em seu lar e com sua família, e precisa do sentimento de segurança doméstica, num lar do qual sinta orgulho. Compreende especialmente as necessidades das crianças e geralmente é bom para elas. Interessa-se pela tradição e por expressões antigas de estilo e cultura, e isto pode se refletir em seu lar, onde cria um ambiente simples que tenta refletir qualidades de beleza e harmonia. Talvez periodicamente precise ficar só para restaurar sua energia e "máscara social", e isto também pode se refletir nas periódicas mudanças de aparência.

Nos romances, com freqüência é mais guiado por sua cabeça do que por seu coração, pois não confia totalmente em sua habilidade para ser emocionalmente realista e muitas vezes pode sentir-se perturbado pelo poder de seus sentimentos, que agitam demais seu equilíbrio interior. Nos casos amorosos, pode perder o controle emocional, produzindo dramáticas mudanças em si mesmo, e com freqüência seus romances são turbulentos. Você é mais capaz de empregar suas energias harmonizadoras e seus talentos para ajudar os outros do que em seus próprios relacionamentos ardentes. Muitas vezes, ao tentar manter o equilíbrio interior seguindo suas necessidades e desejos idiossincráticos, estimula um desequilíbrio e agressão ao seu parceiro, que se sente ignorado ou dominado. Você tende a possuir uma visão idealista e muitas vezes irreal do relacionamento perfeito, portanto não é de estranhar que seus parceiros não estejam à altura do que deseja. Existe uma insatisfação a respeito de relacionamentos desarmoniosos, que entra em conflito com sua necessidade de harmonia, estabilidade e continuidade da relação; esta é uma esfera de sua vida que exige maior clareza.

Você gosta de se envolver em esforços conjuntos, especialmente com grupos que refletem objetivos e ideais sociais benéficos, pois pode se tornar um verdadeiro defensor dos direitos de outras pessoas. À medida que amadurece, você tende a desenvolver uma filosofia pessoal que tenta empregar na vida diária, e talvez goste de estudar e dedicar-se a assuntos intelectuais, sendo capaz de transformar idéias abstratas em formas de comunicação mais acessíveis aos outros. O trabalho mundano ou físico raramente o atrai.

Sol em Escorpião - Água, Fixo; Regentes: Marte e Plutão

A personalidade de Escorpião tende a mascarar suas qualidades, raramente revelando-as abertamente. É provável que você seja extremamente determinado e resoluto, possuindo uma vontade muito poderosa quando decide empregá-la. Tende a perseguir suas metas com determinação, muitas vezes usando de manipulação sutil para alcançá-las.

Você será muito orgulhoso e não aceita sentir-se forçado ou humilhado de maneira alguma, e certamente não perdoa quem o colocou em tal situação. Sua sensibilidade e sentimentos são a principal fonte de contato com o mundo e, se alguém o ofende, provocando uma reação emocional, geralmente sua percepção e reação futura a esta pessoa serão afetadas a partir deste momento. Normalmente é bastante reservado, mantendo os outros à distância, tentando impedir que conheçam sua vida interior que pode se alternar entre ''mares calmos e paixões agitadas''; às vezes, sua vida interior pode ser extremamente ''primitiva'', e isto pode ser muito difícil de administrar.

Raramente demonstra sentimentos e emoções mais profundos, pois eles são intrínsecos à sua verdadeira natureza, assim, pode reprimir seus impulsos devido à paixão e poder que podem fluir e transbordar para o mundo exterior. É provável que seja muito reservado e solitário, difícil de ser compreendido, devido à máscara inescrutável que mantém e que aparenta uma intensidade controlada (com exceção dos olhos, que podem revelar seu estado interior).

Você pode ser direto, sem-cerimônia, provocador e potencialmente discordante em suas atitudes e forma de expressão. Alguns podem achar esta atitude interessante, outros não, e isto pode provocar a perda de amizades ou o nascimento de inimizades. Suas palavras serão controladas e deliberadas; algumas vezes muito diplomáticas e cautelosas, outras, muito contundentes e destinadas a deixar sua marca. Às vezes, suas energias exaltadas o farão dizer coisas que talvez não devesse dizer, mas, ao liberar a energia enclausurada, sente-se feliz por ter sido honesto. Você pode ser cínico e sarcástico e manifestar repentinas explosões de fúria e raiva, especialmente se reprimir seus sentimentos durante algum tempo.

Não se impressiona facilmente, nem é influenciado pelos outros, e geralmente tenderá a reagir contra a autoridade, embora em sua vida familiar e expressão pessoal seja autoritário, e suas atitudes, crenças, valores e opiniões sejam nítidas e firmes. Você tenta guiar sua vida apoiando-se na crença e compromisso com suas compulsões interiores e em seus propósitos e objetivos motivadores. Pode ser muito ambicioso, especialmente quando atraído pelo poder e influência sobre os outros. Prefere ter o controle e a iniciativa em todos os aspectos da vida, tendendo a ser um verdadeiro líder, pronto a assumir responsabilidades; mas não é um bom seguidor, com freqüência tentando desautorizar os superiores através de atitudes muito irreverentes.

Você será perspicaz e empreendedor, embora se esforce somente se estiver verdadeiramente interessado no que está fazendo. As pesquisas podem atraí-lo, assim como qualquer trabalho que envolva investigações, mistérios ou o oculto. As energias de suas paixões interiores podem ser utilizadas intelectualmente, penetrando as profundezas da mente/ser, e seus *insights* e compreensão podem se tornar extremamente profundos e nítidos.

Sua vida amorosa pode ser traumática, com crises periódicas ou pontos críticos, e pode muitas vezes ser emocionalmente intensa. Nesta esfera de sua vida, é crucial escolher o parceiro certo, e você terá ideais e expectativas muito elevados no que se relaciona a qualquer parceiro. É provável que no casamento tenha uma atitude tradicional e pode ser muito ciumento. Essencialmente, você é um "solitário" e, mesmo no casamento, irá percorrer um caminho solitário e pessoal.

Sol em Sagitário - Fogo, Mutável; Regente: Júpiter

A personalidade sagitariana geralmente é bem-humorada, precisa de liberdade e independência para perambular e não reage bem à imposição de ordens de outras pessoas. Seu temperamento será agradável, otimista e generoso, sendo um amigo constante e confiável. Você prefere viver tão livre quanto possível e talvez necessite de um emprego que ofereça variedade e independência para que possa organizar seus próprios esforços, garantindo ao mesmo tempo a conclusão do serviço. Pode sentir-se atraído pela medicina, lei e religião e possui habilidades para se tornar um eficiente professor, mas talvez precise evitar quaisquer atitudes autoritárias ou condescendentes. Será muito ambicioso e geralmente é rápido para aproveitar as oportunidades; às vezes, sua atitude pode ser muito otimista, tornando-se excessivamente entusiasmado com seus planos antes de ter tempo para analisá-los completamente.

Talvez precise de uma direção e propósito na vida mais definidos, que o conduzam a um trabalho adequado, e, assim que conseguir, é capaz de se empenhar para alcançar seus objetivos. Você pode ser um trabalhador consciencioso, visando especialmente garantir um rendimento suficiente que lhe possibilite satisfazer sua necessidade de gastar dinheiro com seus interesses particulares. Pode preferir ganhar a vida trabalhando para grandes organizações, sentindo-se financeiramente seguro nelas, e também porque oferecem um potencial de progresso para posições de responsabilidade. Embora ame a liberdade, a segurança também é importante, pois esta permite que você relaxe e aproveite sua liberdade. A riqueza e os bens materiais também o atraem, pois gosta muito de gastar e possuir bens luxuosos.

Você tem um senso inato de justiça e imparcialidade, e suas maneiras são francas e abertas, algumas vezes possivelmente muito diretas, sem-cerimônia e bruscas, mas seus comentários e observações geralmente são muito precisos. Você tende a dar saltos mentais intuitivos, desviando-se da racionalidade e da lógica, mas algumas vezes é muito rápido em suas conclusões e depois resiste a mudar seu ponto de vista — mesmo quando ele não é correto. Você pode ter uma mente inventiva, bastante original em essência, manifestada através da expressão verbal ou literária, e isto com freqüência irá refletir seu valores e crenças morais. Pode ser um conversador agradável e, embora não conheça tudo sobre todos os assuntos, sua mente possui uma habilidade para juntar fragmentos de informação, fazendo com que pareça muito bem-informado.

O lar e a família evocam reações sentimentais, e você pode sacrificar-se por eles, embora queira que suas ações sejam valorizadas. Em casa, pode expressar opiniões fixas e afirmativas, e, embora tente criar um ambiente liberal, isto pode levar a alguns conflitos, especialmente se seus ideais ou a apresentação de opiniões pessoais tendem a se tornar um pouco radicais. Você precisa de estímulo mental e variedade em seus relacionamentos sociais e isto pode criar um padrão agitado de atividade física e mental. Seu parceiro precisa compreender sua necessidade de liberdade, compartilhando seus diversos interesses sem tentar limitá-lo ou restringi-lo.

Você talvez não seja sempre totalmente honesto consigo mesmo, especialmente devido às tendências para se auto-iludir emocionalmente; um auto-exame talvez revele dois lados de sua natureza, um, brilhante e afável, e outro, taciturno e inseguro. Você pode ser um pensador abstrato, um idealista não realista, propenso a idéias fixas, dogmáticas e obstinadas; mais tarde, seu interesse pode voltar-se para assuntos religiosos ou para a filosofia. Você possui um "interesse pela morte" e muitas vezes tem sentimentos intuitivos ou *insights* proféticos que percebe, mas tenta evitar explicar ou compreender, preferindo ignorá-los. A abordagem alternativa é procurar e explorar sua psicologia interior e a herança espiritual do homem para obter uma compreensão mais profunda.

Sol em Capricórnio - Terra, Cardinal; Regente: Saturno

A personalidade de Capricórnio tende a ser séria, e você manifestará uma qualidade de cautela e ponderação, sendo muito prático, prudente e econômico em seus assuntos, pois está na defensiva contra a imprevisibilidade da vida. Geralmente considera todas as opções antes de agir; prefere expressar uma dignidade individual, muitas vezes assumindo um papel de autoridade, uma vez que valoriza bastante a lei e a ordem na vida diária e considera estes aspectos essenciais, tanto para a vida individual quanto para a nacional. Você irá sentir-se atraído por posições de autoridade e prestígio social e será ambicioso para alcançá-las, e elas o atrairão e satisfarão mais do que simples bens materiais, embora também possa usá-los para elevar seus *status*.

Você será capaz de trabalhar com persistência para alcançar seus objetivos e poderia ser um eficiente organizador. No trabalho, geralmente é muito confiável, sendo bastante consciencioso e provavelmente possui o talento de um estilo lúcido e direto de escrita, que pode ser uma vantagem.

Precisa sentir-se admirado, respeitado e valorizado pelos outros, em seu lar ou no trabalho. Física e emocionalmente você não é especialmente efusivo, e, embora seja compassivo, pode achar difícil demonstrar abertamente sua compreensão. Prefere ajudar os outros através de atos, ou oferecer algum tipo de ajuda física, em lugar do apoio emocional, pois sente-se menos confortável com este aspecto de sua natureza. Prefere julgar e ser julgado através de ações e não de palavras; para você, as palavras podem ser muitas, porém poucas apóiam tanto as pessoas quanto as ações.

Periodicamente pode passar por mudanças de humor, de extremos de otimismo aos extremos do pessimismo, parcialmente porque sente dificuldade para manter uma fé constante na vida. Muitas vezes pode ser muito reservado, mantendo uma distância entre si e os outros, abrindo a guarda apenas quando já conhece a pessoa há algum tempo e sente-se a salvo e seguro.

Você pode ter uma poderosa vontade quando decide empregá-la, podendo concentrá-la de forma persistente para atingir seus objetivos.

Não gosta de desperdiçar palavras, preferindo a precisão dizendo somente aquilo que deseja dizer, ou permanecendo calado, especialmente se tiver medo de ser mal-interpretado; talvez existam problemas na comunicação com os outros, particularmente quando precisa se afastar do excessivo contato social. Muitas vezes acredita saber mais do que os outros, sejam eles familiares, amigos, conhecidos etc., e pode tender a insistir que suas idéias são as melhores e devem ser seguidas. Isto pode levá-lo a conflitos no trabalho ou no lar, pois você inicia desavenças, especialmente ao se expressar de modo dogmático e autoritário, como costuma fazer. Em algum período de sua vida, terá que aprender mais sobre os valores da colaboração e das decisões conjuntas.

O casamento evoca sua natureza sentimental e você pode preferir um parceiro que seja "maternal ou paternal", procurando lealdade e confiança em parceiros e amigos. Sua visão de vida é realista e pragmática, preferindo estabelecer um sólido padrão de rotinas familiares diárias que ofereçam um sentimento de segurança. Você pode tender a reprimir as emoções, deixando de manifestá-las em público, pois sente-se inquieto se elas o dominam, e prefere sempre estar no comando. Talvez precise abrir sua mente para coisas mais elevadas, filosofias, fantasias, pensamento abstrato, uma vez que sua abordagem pode ser muito concreta, crítica, analítica e prática, e o perigo é que isto — a menos que seja modificado — pode torná-lo muito rígido, dogmático e intolerante. Na busca de suas ambições, precisa fazer com que os fracassos que podem ocorrer não o frustrem ou o deixem amargurado, fazendo com que você esqueça da totalidade de sua vida.

Sol em Aquário - Ar, Fixo; Regente: Urano

A personalidade de Aquário manifesta tendência ao serviço humanitário, visando o benefício de outros. Provavelmente você é amigável e sociável, com um amplo círculo de amigos e conhecidos, embora mantenha uma atitude impessoal com eles. Você é sincero, ou pelo menos pensa que é, e geralmente possui preferências e aversões muito bem definidas.

Seu ponto de vista pode ser imparcial, baseado na lógica e na razão, lidando bem com os fatos, e também possui boa memória. Prefere voltar sua atenção a assuntos intelectualmente interessantes. Sua mente é muito fértil, imaginativa e rápida, mas algumas vezes talvez precise parar e pensar antes de falar, uma vez que pode criar problemas falando antes de refletir sobre o conteúdo ou o efeito daquilo que diz. Talvez também se interesse pela expressão artística e pode possuir algumas habilidades.

Com freqüência, é motivado por fortes ideais, que tenta utilizar como força orientadora em sua vida. Acredita no valor de uma abordagem criativa da vida, mas isto pode se chocar com sua necessidade de liberdade pessoal. Muitas vezes, projeta suas idéias e seus pensamentos vigorosamente, e as desavenças práticas ou idealistas com outras pessoas podem destruir as tentativas de colaboração. Contudo, é positivamente capaz de empregar muita energia para favorecer as causas em que acredita e provavelmente tende a apresentar idéias, atitudes e comportamento não ortodoxos e informais; algumas vezes pode ser imprevisível, excêntrico e atraído por tudo que for incomum, ao menos por curiosidade. Dentro de você talvez exista um conflito entre introversão e extroversão, onde uma parte deseja ser calma e discreta e a outra deseja ser o centro das atenções e o foco dramático.

Você pode ser pouco prático com bens materiais e talvez precise aprender a lidar mais eficientemente com o dinheiro, assim como a ajustar qualquer ligação com bens materiais e o valor que lhes confere.

Geralmente transborda de idéias e fala longamente sobre elas, mas podem existir problemas para cuidar dos projetos e colocá-los em prática. O mundo mental das idéias o fascina e estimula, e muitas vezes você perde o interesse quando chega a hora de colocá-las em prática. Se permitir que isto ocorra, pode tornar-se obcecado e imerso no trabalho, levando-o muito a sério, e com freqüência esta atitude provoca preocupações e problemas nervosos.

Não se apaixona facilmente ou freqüentemente, pois sua mente permanece desligada de suas emoções; contudo, quando isto acontece, você pode ter dificuldades para chegar a um acordo com seu poder e intensidade emocionais. Geralmente consegue manter as emoções afastadas de muitos aspectos de sua vida, acreditando que elas deturpam as alegrias do intelecto. Talvez demore a firmar-se com um parceiro e precisa escolhê-lo com sabedoria, buscando uma personalidade intelectualmente compatível. Você deseja manter a independência e não gosta de receber ordens ou ser dominado.

Esta atitude abrange as crenças aquarianas na justiça universal, paz, igualdade e mudanças radicais de tudo que traga sofrimento para a humanidade. Suas opiniões são vigorosamente manifestadas e suficientemente radicais se você persistir nelas visando desintegrar grupos ou perturbar pessoas. Talvez precise evitar uma tendência a fazer "discursos" exigindo progresso, liberação etc. e, contudo, quando chega a hora de agir, esta ocupado em algum outro lugar. Você poderia ser um visionário, mas precisará aprender o valor da persistência e da ação para tornar estes sonhos realidade. O prestígio e as realizações são importantes para você, mas tenha cuidado para não adquirir uma auto-imagem mentalmente vaidosa se eles realmente acontecerem.

SOL EM PEIXES - ÁGUA, MUTÁVEL; REGENTES: NETUNO E JÚPITER

A personalidade de Peixes tende a ser calma, simpática, confiante, amável, amorosa, generosa e modesta e não está particularmente interessada em atrair atenção para si mesma. Possui o dom da compreensão, embora isto possa surgir pelo uso de uma faculdade psíquica com a qual pode inconscientemente contar para receber informação. Você tende a "fundir sua mente" com a de outra pessoa durante a comunicação, e muitas vezes a informação é transmitida desviando-se da mente consciente.

Sua abordagem da vida e do trabalho será disciplinada, embora o estado interior da mente-emoções-ser tenda a ser muito instável e fluido, refletindo a afinidade pisciana com a água. Você pode ser muito impressionável, especialmente em sua juventude e no início da vida adulta, e de várias maneiras sua vida pode ser dominada pelo poder de suas emoções e faculdades imaginativas. Se assumir o compromisso de apoiar uma causa idealista, é provável que este envolvimento seja uma experiência intensa, parcialmente devido à atração emocional e energia expressada, e parcialmente pela experiência de disciplinar sua natureza para cumprir quaisquer obrigações e responsabilidades impostas pela "causa" e pelo inevitável esforço interior que geralmente ocorre neste contexto.

Pode lhe faltar uma autoconfiança sólida, e você raramente está disposto a se colocar em situações de competição e agressão, preferindo se esforçar para buscar uma solução harmoniosa dos problemas e conflitos em qualquer situação. Com freqüência, conta interiormente com dinheiro e posses para adquirir um sentimento de autovalor, para aumentar a confiança em sua capacidade de ser bem-sucedido.

Potencialmente, pode ser muito criativo, se conseguir encontrar canais adequados de expressão, e as áreas que mais o atrairão serão a música, a literatura e as artes, especialmente quando evocam respostas de seus sentimentos, além de fazê-lo reagir com a mente. Você tende a sonhar acordado, parcialmente como um meio de fuga das exigências do mundo real e talvez precise tomar cuidado para não criar um clima interior de ilusões, desejos e vontades que o impeçam de vivenciar sua verdadeira realidade ou que o tornem cego para o que realmente está acontecendo; os sonhos interiores não realizados podem fazer com que deixe de apreciar a vida.

Você parece uma pessoa flexível e maleável, mas existe um forte traço de teimosia que pode surgir quando provocado, e não é tão receptivo quanto parece. Muitas vezes, "empaca" em idéias, crenças e atitudes e recusa fazer qualquer movimento, e, de certo modo, isto tende a lhe oferecer a percepção de um centro pessoal, entre os fluxos e refluxos de seus sentimentos instáveis.

Irá desejar o "lar e família ideais", e as chances de sucesso dependem do grau de realismo ou ilusão expressado em seus relacionamentos, pois suas expectativas podem ser muito elevadas e difíceis de alcançar. Você está sujeito a ser emocionalmente magoado e desapontado. As percepções realistas dos relacionamentos podem exigir experiências anteriores decepcionantes. Existe a tendência a iniciar mudanças nos relacionamentos ou ambientes, que refletem um "novo começo, novos sonhos para criar e buscar". Você terá uma atitude romântica em seus casos amorosos e pode ser muito sentimental. Muitas vezes pode ser bastante crítico com seu parceiro, projetando seus sentimentos de dúvidas e suposta inadequação ou ausência de determinadas qualidades, procurando-as para que lhe proporcionem as qualidades que você mesmo não possui. Você precisa de um parceiro confiável, metódico e eficiente e fará tudo para que o casamento tenha sucesso, mas pode sentir-se tentado a evitar confrontações e crises, afastando os problemas. Às vezes, pode ter dificuldade para tomar decisões e pode depender psicologicamente dos outros.

Precisa descobrir uma fé interior, encontrando uma direção e propósito bem definido em sua vida, e as diversas formas de trabalho humanitário podem ser um caminho adequado a ser seguido.

CAPÍTULO 7

A Jornada Heróica: Caminhos de Luz

Os dois principais temas associados ao Sol astrológico são as jornadas arquetípicas da busca do herói e da procura espiritual por esclarecimento, e exigem uma reflexão mais profunda, pois todos os que estiverem tentando seriamente evocar seu poder solar podem ativar esses padrões em sua própria psique. A jornada heróica se reflete nos mitos e lendas mundiais, que ocorrem dentro de padrões semelhantes, independente das diferenças culturais. A procura de Deus e o impulso espiritual para obter esclarecimento motivam a busca mística para iniciar a jornada interior que traz a descoberta da realidade não-separada da totalidade e unidade.

Essas são as dimensões da vida que um centro solar ativado começará a abrir dentro de cada indivíduo, dirigindo-o cada vez mais profundamente na direção do nível do Sol espiritual, onde a consciência solar transcende o nível separado da personalidade humana e se expande para incluir a realidade transpessoal. Os caminhos heróico e místico estão inter-relacionados, como indicam as lendas arturianas, onde os cavaleiros bem-sucedidos no mundo temporal são convocados a iniciar a busca espiritual do Santo Graal. Para aqueles que tentam incorporar a visão da Nova Era e a nova consciência aquariana, os caminhos pela vida incluirão os aspectos dos caminhos heróicos e místicos e, provavelmente, alcançarão diversas expressões específicas desses caminhos de luz em sua própria jornada. Ter consciência desses padrões solares pode ser útil no contexto de uma integração mais profunda de nosso eu dividido, permitindo-nos combinar as matrizes arquetípicas que formam a raiz de qualidades específicas incorporadas em cada signo do Sol.

Uma das imagens sugeridas para representar a personalidade humana é a de que somos como um espelho estilhaçado, e, como recebemos grande quantidade de auto-imagens refletidas por cada estilhaço do eu, não percebemos nossa totalidade e unidade essenciais. Erroneamente, nos identificamos com papéis e atuações fragmentadas de nossa natureza e deixamos de ver a imagem total nesse reflexo distorcido.

Uma analogia desta imagem é a abordagem astrológica na interpretação do mapa natal, com todos os fatores de posição planetária, signos e aspectos refletindo os fragmentos da psique individual, embora cumulativamente criando aquela natureza humana específica. Um dos papéis do astrólogo é apontar a unidade subjacente do indivíduo, indicando a aquisição potencial de integração e totalidade, um estágio que progressivamente revela significado, propósito e direção à busca individual de autoconhecimento.

Ao examinar as áreas da psique que podem estar desequilibradas ou antagônicas (aspectos tensos, posições de planetas-signo sem afinidade etc.), o astrólogo pode sugerir caminhos ou técnicas que podem conduzir a uma maior reconciliação pessoal, unindo novamente aqueles fragmentos em uma unidade mais reconhecível. Enquanto esse processo continua a atuar, o indivíduo chega mais perto de tornar-se o "Sol" de sua psique, a luz de seu próprio universo e realidade e, então, torna-se "autoluminoso", uma "chama viva". Através do poder de sua busca e de sua proximidade ao centro vivo do *Self*, ele se torna "iluminado". Como disse Osho Rajneesh, quando aqueles que buscam se aproximam do Mestre chegam mais perto do fogo e todas as suas ilusões e consciência separada serão consumidas.

A posição da casa e signo de nosso Sol natal são campos de provas para nosso potencial; eles pedem que sigamos nossos caminhos heróico e místico a partir dessa esfera e enfrentaremos muitos desafios nesta jornada. Podemos enfrentar demônios que nós mesmos criamos, nossas tendências, forças e fraquezas, nossas reações e respostas à vida, a natureza de nossas escolhas; cada um deles pode nos ajudar em nossa jornada ou criar montanhas intransponíveis que impedem nosso caminho, fazendo-nos imaginar como podemos seguir adiante. Tecemos o caminho de luz partindo de nosso próprio interior e criamos nossa própria jornada; o reconhecimento desse fato é um passo importante para a frente, e descobrir como podemos criá-lo para cumprir nossas intenções proporciona outra chave para o progresso. O caminho heróico é cumprir um destino oculto, adquirir propósito e significado na vida; o caminho místico é obter a luz reveladora e uma consciência mais ampla; finalmente, os dois caminhos tornam-se um. Para o astrólogo e seus clientes, trabalhar com as técnicas de visualização criativa pode se tornar extremamente importante na reorganização do eu fragmentado, e oferece o meio para a criação consciente do caminho pessoal. Uma das tarefas do herói é aceitar a auto-responsabilidade, assegurar a individualidade independente única e este desafio, que cada um de nós enfrenta, não deve ser insensatamente evitado.

A Jornada Heróica

Os mitos heróicos são estórias da aventura da vida, reflexos das inevitáveis provações e adversidades, conflitos, dor, confusão, alegria e exaltação do sucesso e realização finais, o auge de todos os esforços e a manifestação do potencial latente. Essa é a descoberta do tesouro oculto, o pote de ouro no final do arco-íris, a pérola de grande valor. Para o herói ou heroína triunfante, a transformação é tornar-se o *filho ou filha da Luz*, uma das imagens arquetípicas divinas do *Self*, para a qual a busca evolucionária tenta nos levar de volta, para que possamos descobrir nossa natureza eterna. Este *Self* é essencialmente andrógino e está além das polaridades separativas, onde os arquétipos individuais *anima-animus* se reconciliam em uma mente unificada, não mais dividida em níveis consciente e inconsciente.

O herói mítico, com freqüência, é personificado por heróis masculinos, pois a força espiritual está mais ligada à polaridade masculina, e começa com o nascimento de uma misteriosa criança predestinada, cujo verdadeiro ancestral dizem ser um rei ou um deus. A criança-herói permanece na obscuridade até a maturidade, com sua luz ainda indistinta ou seu potencial oculto latente. Então, à medida que a maturidade se revela e o propósito a evoca, a criança começa a despertar para uma consciência de destino; como no exemplo de Cristo perdido no templo de Jerusalém, onde foi encontrado conversando com os sacerdotes a respeito dos sagrados ensinamentos judaicos, ou de Arthur, inocentemente arrancando da pedra a espada da realeza.

Com freqüência, esses mitos heróicos se revelam como formas específicas de padrões arquetípicos, refletindo a ânsia individual de liberdade, autodesenvolvimento e independência para seguir a jornada de vida única. No início de sua vida, o herói é freqüentemente ameaçado pelas forças contrárias à vida, que tentam impedir que o futuro detentor da luz atinja a maturidade. Herodes tentou destruir Cristo, e José e Maria tiveram de fugir de Belém e enfrentar uma perigosa jornada para terras mais seguras. As tribos de Israel entraram no deserto sob a proteção de Moisés, exigindo a libertação do domínio egípcio e procurando a terra prometida, seguindo sua orientação interior iluminada. Essas crianças do destino muitas vezes foram criadas por tutores que não eram seus verdadeiros pais, como Cristo por José, Moisés pelo faraó ou Arthur por Merlim e Heitor.

A aventura heróica começa com o abandono dos vínculos familiares e a afirmação da independência adulta. Para o herói masculino, isso envolve a rejeição do arquétipo da mãe dominante e dos anos em que se apoiou nos pais, e também a determinação de criar seu próprio caminho na vida. O herói afirma ''Eu sou quem eu sou'' e deixa o lar e o abraço protetor para explorar sua liberdade de escolha, dando o primeiro passo em seu caminho individual.

Essa é uma iniciação para o começo, enquanto ele assume a função, o papel e a *persona* heróicos, estágio esse que todos podem passar durante a vida, ao se afastarem do coletivo para declarar sua individualidade; os estágios posteriores incluem a remoção das "10.000 cabeças", criadas por todas as influências parentais, sociais, educacionais e religiosas, a favor da perspectiva individual unificada, quando o caminho é formado a partir da luz interior.

Miticamente, ele cruza a linha de demarcação em seu autodesenvolvimento, ultrapassa o limiar e responde à atração magnética de sua "sina ou destino". Os componentes dessa jornada tradicionalmente incluem a derrota de projeções externalizadas da sombra, que podem ser enfrentadas na forma de dragões e monstros; conflitos com o feminino não-integrado, ou desafios do adversário e irmão gêmeo sombrio. Essas sombras que permanecem em seu caminho precisam ser enfrentadas conscientemente, e ele precisa reabsorver novamente suas projeções dentro da psique para que alcance a totalidade através da aceitação do arquétipo de sua sombra e *anima*. Sua prova é passar pelas muitas experiências de suas jornadas, que podem levá-lo pelos mares, para terras e culturas desconhecidas, encontrando criaturas e guias legendários miraculosos, salvando donzelas aprisionadas e vencendo todas as provações.

Nesse caminho, ele faz amigos e conquista auxiliares, que podem mostrar sua futura direção ou oferecer conselhos sábios para que ele aja da melhor maneira possível. Talvez precise adquirir a união interior do casamento sagrado, transformando seu poder masculino pela integração da natureza feminina de sua *anima* oculta, para que possa surgir uma sensibilidade maior ao se unir à deusa que teve de negar em sua mãe para que pudesse se libertar.

Muitos heróis precisam sofrer a mutilação ritual, crucificação e morte antes da ressurreição da luz e da vida. Essa é a desintegração do eu existente quando o nível de coesão individual é destruído (a unidade do eu separado e o Sol mundano), um estágio que deve ser vivido antes que o próximo nível de coesão individual possa surgir. O colapso acontece antes do sucesso, e isso é refletido pelo triplo processo alquímico de *nigredo-albedo-rubedo*. Para completar esse processo, ele desce com sua luz ao reino do mundo inferior e fonte dos poderes sombrios. Essa é uma função regeneradora, onde o aspecto criativo da força masculina semeia luz na escuridão do útero feminino, que posteriormente pode dar à luz uma unidade revitalizada; alternativamente, a luz penetra na escura mente inconsciente, iluminando seus mistérios e segredos e purificando as energias não resgatadas e os padrões inibidos da personalidade. Então o herói volta ou é ressuscitado, com a compreensão de seu misterioso processo de transformação na vida; com freqüência, referimo-nos a esse fato como o furto do elixir mágico do mundo inferior, que pode então ser oferecido ao mundo como solução para o dilema humano. Essencialmente, o herói atingiu sua apoteose e percebeu a imanência da divindade, o fato de que é uno com a Luz universal.

Existem diversas tarefas heróicas que se repetem nesse padrão mítico e também podem ser associadas às características presentes nos doze signos do zodíaco.

O herói, enquanto guerreiro, é um arquétipo de força, associado ao nascimento do poder patriarcal, empunhando a espada renovadora e destruindo as estruturas cristalizadas do *status quo*, destruindo o poder dominante de tudo que é antigo e restritivo, permitindo o fluir da criatividade da nova vida e a liberação do potencial oculto. Esse é o herói que mata o dragão e pode corresponder à energia inicial de Áries que traz a nova vida.

O herói, enquanto força regeneradora, fertilizadora da terra e do espírito criativo da cultura, está refletido na virilidade masculina de Touro e na associação do mitraísmo persa e heróis solares celtas com o touro.

A confrontação heróica com sua sombra, o herdeiro e gêmeo sombrio de seu eu inconsciente não integrado e não reconhecido é personificado pelo símbolo de Gêmeos e o desafio para transcender a dualidade.

A libertação do herói do abraço da mãe e o abandono do cordão umbilical psicológico da consciência coletiva controladora para descobrir seu caminho individual são indicados por Câncer.

O herói, enquanto rei, busca derrotar os poderes existentes da cultura estabelecida, personificada pelo rei atual, para que possa se tornar o rei renovado que inaugura um novo ciclo. Aqui, ele é desafiado pela transformação pessoal para converter a reivindicação impulsiva de liberdade em um esforço dedicado para estimular mudanças sociais construtivas através de reformas, novas direções e reorganização das estruturas sociais. Contudo, quando começa a envelhecer, seus planos reformistas e energias revitalizadas também começam a desaparecer e a se cristalizar, e ele agora torna-se a epítome do sistema, tão conservador e submisso quanto o rei anterior. No devido tempo, surgirá um novo herói, sob a insígnia "o rei deve morrer, vida longa ao rei", para substituí-lo com nova vitalidade; e o ciclo continua, semelhante ao ciclo sazonal que foi sua inspiração. Esta ânsia por realeza é incorporada por uma característica de Leão e a renovação cíclica do leão como rei dos animais.

O herói, enquanto santo, asceta e que renuncia ao mundo, pode refletir a tendência perfeccionista de Virgem, onde o afastamento da vida parece oferecer o meio mais eficiente de alcançar a perfeição espiritual, freqüentemente sonhada mas raramente — ou nunca — alcançada na Terra.

Em Libra, o equilíbrio do "deus-homem" é sugerido, onde o herói vitorioso é centralizado em sua fonte interior, revelando a harmonia e transcendência deste equilíbrio, refletindo o eixo do mundo ao ser o espelho microcósmico do macrocosmo universal. O deus-homem, a "luz do mundo" revela o significado da existência e propósito humanos.

O herói ressuscitado surge na iniciação de Escorpião e o drama de morte e renascimento, como a fênix surgindo de suas próprias cinzas e a contínua renovação da vida universal.

O herói filosófico, guardião das morais culturais e professor de ideais e direção social, é a característica associada a Sagitário.

Capricórnio é o heróico doador da Lei (como Moisés), o detentor do poder e influência social, que impõe a mensagem reveladora que reformula a expressão social em uma imagem solar mais elevada.

O herói enquanto um modelo para o destino do homem, manifestando no presente o potencial coletivo futuro como garantia do caminho evolucionário do homem, é refletido pelas tendências futuristas de Aquário.

O herói enquanto salvador e redentor do mundo através do auto-sacrifício é o padrão de caminho de Peixes, sendo este um dos traços heróicos mais comumente reconhecido, especialmente incorporado nos ensinamentos cristãos. Esta característica inclui os ''heróis inocentes'', que não são agressivos e, no entanto, ao reivindicar corajosamente seu caminho, tornam-se vítimas sociais e sacrificiais, suportando a ignomínia social e a morte, depois das quais suas idéias, ideais e ensinamentos são ressuscitados mais poderosamente do que em suas vidas e se espalham por todo o mundo. Para que seus ideais possam viver e florescer, a inspiração heróica deve morrer.

Nos mitos heróicos, o papel do pai possui uma ambivalência peculiar, como nos exemplos das duas personificações solares, Cristo e Arthur, em que o pai está ausente ou um mistério cerca sua identidade, apresentando a pergunta ''Quem sou eu? Quem é meu pai?'', e, finalmente, a jornada vai descobrir a resposta. O sucesso final do herói em cada teste é apresentado com sua volta trazendo os símbolos da espada ou cetro de realeza e seu conjunto de leis; o herói é agora o representante vivo do pai desconhecido e um mestre para a humanidade. Ele tem uma missão e é um emissário, expressando sua unificação com o pai em termos de ''Eu e meu pai somos um''.

Esotericamente, isto reflete o processo vital de Alfa e Ômega, o início e o fim do mundo, e a interação entre luz e trevas ou níveis consciente e inconsciente de realidade. Em alguns mitos, o filho alcança a unidade com o pai, em outros o filho assassina o pai, como a renovação do ciclo de realeza, onde o herói mata o rei tirano e assume a coroa. A lenda de Édipo reflete este padrão arquetípico e, na tradição cristã, Cristo substitui o poder do Antigo Testamento de Jeová e os Dez Mandamentos por seu novo mandamento ''Ama a teu próximo como a ti mesmo''.

Qual o valor de identificar esses aspectos do arquétipo heróico? E o que eles têm a ver com a astrologia? A resposta simples é que, ao nos harmonizarmos com nosso Sol interior, podemos contatá-lo e ser afetados por sua presença em nossa psique. Como Jung sugeriu, cada vida individual pode estar inconscientemente baseada em uma determinada estrutura mítica ou arquetípica e, para nós, pode ser vitalmente importante descobrir com qual (quais) dela ressoamos, porque, ao fazê-lo, podemos começar a viver mais conscientemente através da colaboração e adaptação a esse padrão. Isso pode servir como um poder integrativo que também nos guia em nosso caminho e pode ser de valor inestimável. Como vimos, cada signo reflete determinadas semelhanças com determinados padrões heróicos, portanto, talvez nosso signo do Sol transmita informações quanto ao tipo de caminho heróico e esforço que deveríamos colocar em prática em nossas jornadas de vida pessoal. Talvez seja útil uma verificação adicional para sabermos se nossas tendências estão refletindo caminhos heróicos solares específicos.

Três estruturas míticas adicionais serão consideradas como personificações de arquétipos heróicos que podem servir para nos inspirar e guiar. São elas as lendas albiônicas de Arthur, seus cavaleiros e a Távola Redonda; os doze trabalhos de Hércules e o deus chifrudo de Wicca.

ARTHUR E A TÁVOLA REDONDA

Um dos mais poderosos mitos ingleses é o conjunto de lendas do Rei Arthur e de seus cavaleiros da Távola Redonda, que também serve como síntese dos ensinamentos cristãos e celtas. Atualmente, essas histórias ainda exercem grande fascínio e estão se tornando uma fonte para o renascimento do espírito de Albion e para o ressurgimento do interesse pelas culturas céltica e xamânica, ofuscadas pela poderosa onda de cristianismo que lançou um véu sobre as raízes espirituais inglesas.

A história de Arthur, seu nascimento, infância e o início de sua vida adulta, reivindicando a espada de sua soberania, seguida pela aceitação de sua missão, está de acordo com o padrão arquetípico do rei-herói solar. Embora os cristãos tenham tentado "controlar" os mitos arturianos, descrevendo Arthur como um rei do século V que lutou sob a bandeira de Cristo para impedir que a Inglaterra fosse invadida pelas trevas do paganismo após a retirada das tropas romanas, estudos da lenda revelam um simbolismo que associa Arthur à cultura céltica e aos ensinamentos espirituais muito mais antigos. Igualmente, identificou-se o Santo Graal com o sangue de Cristo, embora ele também tenha raízes mais antigas, originadas no caldeirão céltico da deusa.

Embora Arthur tenha se tornado a personificação do herói britânico, o futuro rei dessas ilhas, a imagem que serviu como símbolo central para o mito foi a Távola Redonda, localizada no grande salão de Camelot. Esta mesa repete o padrão circular do glifo solar e representa um círculo de luz microcósmico, unificando o propósito da confraternidade dos cavaleiros que se reuniam ao redor de seu centro magnético.

Os ensinamentos esotéricos consideram que a inscrição gravada na superfície da Távola Redonda são os doze signos do zodíaco, representando a sabedoria coletiva e a experiência da humanidade. Cada cavaleiro torna-se o representante das qualidades e talentos de seu signo, oferecendo-os a serviço do bem coletivo do reino. A Távola torna-se o ponto de reunião para o grupos de ideais mais elevados da sociedade, como indicado pela distinção dos cavaleiros de Arthur como os guerreiros mais nobres da terra, cuja unidade de pensamento e influência social orientadas pelo poder do rei eram um exemplo notável para as pessoas. A luz que fluía através de Arthur e seus companheiros trouxe paz e prosperidade a seu reino.

Uma escola esotérica britânica utiliza esse poderoso símbolo da Távola Redonda em seus trabalhos mágicos. A Távola é visualizada, e o meditador usa esta imagem para cruzar a divisão entre sua mente consciente e inconsciente como um meio de abrir e ampliar sua consciência, sincronizando seus dois hemisférios cerebrais. Ele senta no local do signo de seu Sol e o círculo da Távola ou roda de luz começa a unificar e integrar sua psique. Como o mágico lendário, evoca o poder no centro do círculo mágico, tornando-se o sol de seu próprio sistema solar interior. Este poder flui para ele através de um cálice dourado oculto, que recebe o transbordamento de energia espiritual do Sol de Tiferet (veja Capítulo 8) que se materializa acima do centro da Távola.

Embora os doze signos do zodíaco fossem representados pela Távola Redonda, havia um décimo terceiro lugar, o Assento Perigoso, que permaneceu vazio até a chegada de Galahad, o futuro rei do Graal. Este padrão da Távola indicava a influência lunar do décimo terceiro mês do ano. O Assento Perigoso indica a presença do eterno princípio feminino, a deusa Lua não integrada, em meio ao predomínio solar masculino da corte de Arthur.

Após anos de relativa paz e estabilidade social, Arthur envelheceu e suas regras tornaram-se as do sistema, as mudanças radicais desapareceram gradualmente para preservar os ganhos já obtidos, e sua luz começou lentamente a diminuir. A união de seus companheiros começou a se fragmentar, pois os cavaleiros não tinham missões inspiradoras e desafiadoras, até que surgiu a milagrosa imagem do Santo Graal, e eles decidiram partir para descobrir seu mistério.

Galahad chegou na corte e reivindicou seu Assento Perigoso, que poderia ser interpretado como o símbolo da síntese zodiacal, o potencial do homem total universalizado, correspondente ao relacionamento de Cristo e seus doze discípulos. Depois de muitas provas, Galahad tem a visão transformadora do Graal, percebendo sua unidade espiritual. Essencialmente, o Graal é um símbolo da deusa, e a jornada dos cavaleiros pode ser entendida como a busca masculina para descobrir a *anima* feminina interior presente na mente inconsciente e tornar-se integrado.

Enquanto isto, as ordens de Arthur foram desafiadas por seu próprio filho secreto, Mordred, que reflete o padrão herói-rei da renovação do ciclo e também a projeção do eu sombra-trevas; ambos foram mortalmente feridos em seu conflito final, e o reinado da luz solar de Arthur se extinguiu no plano físico, embora ainda continue a brilhar através da lenda e nas realidades interiores.

São freqüentes as tentativas de se fazer correspondências entre determinados cavaleiros e o ciclo de mitos arturianos e os signos zodiacais. Muitas vezes, considera-se que os cavaleiros apresentam qualidades superiores características de uma harmonização com o propósito solar, que incluem a coragem, lealdade, nobreza, delicadeza, sinceridade, virtude, cavalheirismo, honra, caridade e auxílio, e são qualidades a que todos podem aspirar.

No ciclo arturiano, o nascimento de Arthur foi associado a Capricórnio, a época do solstício de inverno e o nascimento da luz e de Cristo-criança, uma época tradicional para o surgimento do herói solar. Galahad é o herói alado da futura Era de Aquário, deixando a marca do arquétipo do novo homem. Em Touro, é consumado o casamento de Arthur e Guinevere, a cerimônia da rainha de maio e Beltane, que não gerou o sucessor de Arthur e que, por conseqüência, fez com que o deserto se estendesse pelo reino, pois a renovação do ciclo da natureza não foi fertilizada pelo poder solar.

Criar correspondências astrológicas com o ciclo arturiano pode ser um exercício interessante e evocativo, e existem muitas maneiras para desenvolver esses conceitos e associações, embora não exista nenhuma versão definitiva. Todas as estruturas arquetípicas e míticas são extremamente reflexivas, evocadas nas histórias repetitivas de todas as culturas, e, assim, provando seu poder de impressionar os ouvintes a nível coletivo. Uma das mensagens da lenda de Arthur é de que cada homem precisa despertar sua própria luz solar (ou consciência de Cristo) para se tornar uma demonstração viva do herói-rei espiritualizado; esse arquétipo está presente em cada um de nós.

Os Trabalhos de Hércules

Nas lendas gregas de Hércules está representado o caminho heróico do aspirante aos mistérios da vida, e, embora este seja um árduo avanço, repleto de enganos e mal-entendidos, nossa vida comum também é assim quando nossa consciência cria muitos de nossos problemas e sofrimentos.

A natureza de criança-prodígio de Hércules está evidente nos contos de sua infância. Uma das histórias conta que assassinou duas serpentes que tentavam matá-lo e que representavam as forças contrárias à vida, manifestando-se como serpentes da matéria e da ilusão que tentavam destruir a criança solar antes que sua luz interior se libertasse de sua influência enfeitiçadora. Outro conto refere-se a Hércules como um dos dois gêmeos de pais diferentes, um deles filho de um pai terrestre, e o outro filho de um deus do Olimpo. Hércules matou seu gêmeo terrestre ou natureza material, porque se tornou consciente de sua dualidade, e este foi o início de sua procura da unidade e da percepção de seu pai celestial e natureza espiritual.

O mito de Hércules está manchado de mortes, assassinatos e imagens de violência, como se o lado guerreiro do herói fosse o arquétipo condicionador. É uma história dramática e muitas vezes trágica, na qual mesmo a deusa Hera provocou em Hércules a loucura divina, que resultou no desencadeamento de seu poder sem a consciência do que estava fazendo; a conseqüência foi o assassinato de seus próprios filhos, sob a crença ilusória de que eles eram seus inimigos. Através desta experiência, ele percebeu sua própria escuridão e ignorância e, sentindo-se mortificado, viajou para consultar o oráculo de Delfos, pedindo conselhos para sua vida futura e meios para reparar suas ações.

Em Delfos, ele foi orientado a submeter-se às instruções de Euristeu durante um período de doze anos. Para redimir sua vida, recebeu doze tarefas consecutivas, cada uma representando um ano e um signo do zodíaco; coletivamente, elas indicavam a principal lição a ser aprendida.

O Hércules que começou seus trabalhos tinha um temperamento que simboliza a Cruz Fixa da astrologia, de Touro, Leão, Escorpião e Aquário. O livro de Alice Bailey, *The Labours of Hercules*, conta que:

> A tradição diz que ele possuía um pescoço taurino, era psicologicamente teimoso e pronto a atacar qualquer problema e se atirar cegamente em qualquer empreendimento. Nada poderia desviá-lo de seu propósito... e investia nele impetuosamente. Nada o intimidava, nada o assustava e determinadamente seguiu seu caminho. Ele estava empenhado em encontrar a vida espiritual.

Embora muitos temperamentos possam não se encaixar nesta descrição de Hércules, cada um de nós tem determinadas tendências para lidar com as coisas; como heróis em perspectiva, temos tarefas semelhantes para concluir, provas para derrotar nossos monstros interiores e exteriores, tesouros espirituais para alcançar e a colaboração que podemos oferecer durante a vida. Todas essas questões se refletem em nosso mapa natal planetário enquanto lutamos para abranger as lições do zodíaco. O mundo exterior torna-se nosso templo de iniciação e nossa psique interior, a câmara oculta da iniciação.

O que Hércules devia seguir — e nós também, como aspirantes — é o *caminho para o coração de Deus*, que penetra o círculo de luz transformativo através dos Doze Grandes Portões do Zodíaco. Cada caminho que completamos nos conduz através de um Grande Portão em direção à luz, onde compreendemos o talento e a lição de cada signo. Então, de volta ao mundo, começamos nosso próximo trabalho, que, se tiver êxito, nos permitirá atravessar outro Portão; finalmente, voltamos para a luz ao longo de todos os doze caminhos, e, transfigurados, nossa sabedoria irradia de nosso coração e mente. Os Caminhos são um processo de evolução obrigatório que revela o poder, a majestade e os talentos de nosso centro solar/alma, um despertar que "serve como solução psíquica, destruindo todo o entulho e deixando à sua frente somente o ouro puro".

Hércules tinha a tarefa de expressar as características positivas e criativas de cada signo, que perpetuamente renovam seu autoconhecimento e oferecem oportunidades para demonstrar o poder e talentos dos signos. Ele transcende as tendências inferiores e separativas dos signos e, ao fazê-lo, revela o controle sobre seu próprio destino, tornando-se o Senhor do Destino. Uma das lições que ele nos oferece é que somente no homem inconsciente o padrão natal estelar pode controlar nossas vidas através da manipulação de nossas tendências; e que no esforço para alcançarmos maior consciência através da revelação do autoconhecimento, podemos reivindicar o poder para transformar estas tendências inferiores, elevando-as para influências espirituais e solucionando dilemas e contradições em nossa psique.

O livro de Bailey é bastante recomendado para aqueles que desejam estudar estes trabalhos partindo de uma perspectiva astrológica esotérica e oferece muitos detalhes no que se refere à natureza dos trabalhos de Hércules. Aqui, só podemos apresentar um resumo das lições e realizações esotéricas que Hércules alcançou, que são os passos enfrentados por todos em seu caminho.

Em Áries, a tarefa é a Captura de Mares, o devorador do Homem, e este é o início da busca no equinócio da primavera e começo do novo ano zodiacal. Aqui, ele se torna consciente do poder criativo do pensamento e das palavras e da necessidade de adotar uma perspectiva e visão mais elevadas; é um ponto de reorientação, onde encara as conseqüências de seus atos e precisa descobrir o uso correto de sua mente criativa e força de vontade.

Em Touro, a tarefa é a captura do Touro Cretense, que reflete o lado físico de sua natureza inferior e as poderosas atrações de desejos pessoais e sua natureza sexual polarizada. Ele precisa adquirir maior autocontrole, transmutando suas energias em direção à aspiração em vez de permitir que elas se dispersem através de atividades separatistas; ao fazêlo, evoca a força de sua vontade e seu propósito superior conscientemente determinado.

Em Gêmeos, a tarefa é reunir as maçãs de Hespérides, e este caminho mostra inteiramente a natureza da dualidade e sua atuação da mente inferior, que, através da tendência intelectual de diferenciação, separação e análise, cria os pares de opostos adversários. Ele precisa aprofundar a integração entre alma e forma, permitir que a luz desça em seu mundo para que predomine a visão unificadora mais elevada, solucionando os conflitos de opostos. A percepção dos muitos deve ser substituída pelo conhecimento do único.

Em Câncer, a tarefa é a captura da Corça, onde sua identificação com a forma e a consciência de massa precisa ser dissolvida através da autopercepção e relacionamento consciente com os outros. Através de uma intuição mais empática, ele vê que o caminho para o futuro é através da ajuda a todos que encontrar em sua jornada.

Em Leão, a tarefa é o assassinato do leão Nemeu, e a lição se refere à afirmação de seu poder e independência, enquanto permanece livre das repressões da mente coletiva. Seu desafio é tornar-se um líder dos homens, não como governante, embora isto possa ser uma tentação, mas como pioneiro, corajosamente criando novos caminhos evolucionários que mais tarde outros possam seguir. Ele precisa resistir às tendências do eu separado subordinando-as à sua natureza solar mais elevada.

Em Virgem, a tarefa é a captura do cinturão de Hipólita, e este é um estágio de transição, quando ele percebe a imanência do Cristo-criança contido em si mesmo, o espírito encerrado na matéria e que agora se liberta. A lição é que este trabalho se tornará a razão de seus esforços e que ele deveria servir e nutrir o nascimento espiritual dentro de toda a natureza; este é seu propósito heróico e significado de sua existência.

Em Libra, a tarefa é a captura do Javali de Erimanto, onde a lição está contida no equilíbrio de opostos, o equilíbrio do espírito e da forma. Este ponto é uma pausa preparatória, uma confirmação de tudo o que o herói alcançou até agora. Trilhando o Caminho Central, ele pode sentir que a vitalidade deixou a vida, uma vez que a atração de sua antiga natureza foi neutralizada e as tentativas para desenvolver sua natureza superior parecem inativas.

Em Escorpião, a tarefa é a destruição da Hidra de Muitas Cabeças, que constitui uma grande crise e momento decisivo. A aprovação neste teste requer a purificação e libertação das brumas das múltiplas ilusões e fascínios que distorcem a percepção de si mesmo e do mundo. Este é um momento de triunfo, e agora lhe são revelados os próximos estágios do caminho.

Em Sagitário, a tarefa é o assassinato dos Pássaros do lago Estinfalo, e a lição envolve a renovação de sua direção, aspiração e atividades focalizadas, uma consagração de seu caminho. O desafio é sua necessidade de aprender a utilizar sua mente recém-purificada e poder de fala e pensamento, porque sua força e habilidade criativa estão intensificadas e, portanto, podem ser mais perigosas se contaminadas pela ação inconsciente. Ele deve ser mais responsável em todas as formas de sua expressão social e natureza interior; ele sabe disso e não tem desculpas para relaxar.

Em Capricórnio, a tarefa é o assassinato de Cérbero, o Guardião de Hades, e este é o desafio de trabalhar impessoalmente no mundo, o início do auxílio universal através da manifestação das qualidades solares em benefício do grupo. Isto exige a descida ao mundo inferior de Hades, como uma fase posterior de purificação, e é uma jornada empreendida por todos os heróis solares e iniciados, uma vez que todos estão envolvidos na libertação daqueles que estão aprisionados no sombrio mundo inferior de suas mentes inconscientes. É em Capricórnio que os deuses-Sol nascem, e para onde voltam para salvar a humanidade.

Em Aquário, a tarefa é a limpeza das Cavalariças de Áugias. O desafio é demonstrar o auxílio desinteressado, colaboração com o grupo e auto-sacrifício pelo bem-estar do todo; ele se torna um servidor do mundo. Não existe encanto neste papel, como revelam as Cavalariças de Áugias. Ele recebeu sua visão do topo da montanha da iniciação, enquanto a glória do espírito resplandece, derramando a luz dourada em todo o mundo; agora, ele deve voltar à sujeira dos estábulos, impuro durante muitos anos. Esta é uma representação simbólica da condição do mundo: problemas em todo lugar, sujeira, degradação, sofrimento, conflitos, guerra, pobreza, ignorância, perversões, desumanidade. Na agitação da humanidade, o iniciado é novamente arremessado das alturas, e sua sensibilidade mística recua diante da grandeza da tarefa que enfrenta. Mas é aqui que ele deve trabalhar, perseverar e sua luz fazer brilhar.

Em Peixes, a tarefa é capturar o Gado Vermelho de Gérion, e aqui o herói transforma-se no salvador do mundo, cuja missão é elevar o nível de toda a humanidade, atraí-la magneticamente para que dê mais alguns passos vacilantes à frente, em direção à luz. O espírito é libertado das correntes da matéria, e a luz brilha sem enfraquecimento ou distorção. A jornada solar do herói alcançou seu objetivo humano.

O Deus Chifrudo de Wicca

O princípio masculino divino da tradição de Wicca retrata o rei solar como esposo da deusa, e ele é conhecido como o deus chifrudo, representando uma perceção alternativa de seu poder que, de várias maneiras, forma uma imagem mais adequada à contemplação e potencial contato interior para o homem moderno do que as imagens mais violentas de guerreiros.

O deus chifrudo está associado aos ciclos da natureza e é um deus de fertilidade e regeneração, aquele que planta as sementes e o renascimento do grão. Ele é conhecido como o senhor dos ventos, que controla os poderes da natureza e dos elementos e, como senhor da dança, é o criador da semente espiralada de energias da vida, que perpetuamente renascem sob novas formas e mudam constantemente, e, contudo, através de um movimento incessante, aprisionam a vida, tornando-a escrava da matéria.

Ele personifica a força sexual masculina ilimitada, as tendências fálicas do procriador Pã e o impulso de união com a deusa. Suas associações específicas com animais incluem o veado, o garanhão, o touro e o bode. Seus sentimentos e paixões são fortes e viris; a ele não pertence a tradicional tendência masculina de emoções tépidas, repressão e recusa. A vitalidade e poder de seus sentimentos é reconhecida e honrada como um sinal da vida agressiva, através de sua natureza, não limitada e transbordante, prova de suas energias exuberantes.

Através de sua dispersão na natureza, sua sexualidade manifesta uma força integradora, tocando os mistérios da vida universal enquanto supervisiona a doação da vida e a retirada da vida na ordem natural do mundo. Através de sua intimidade com a deusa, ele reflete uma comunhão profunda e sagrada que pode ser contatada por todos que procuram convocá-lo dos refúgios nas florestas selvagens.

Devido à união interior entre o deus chifrudo e a deusa, ele expressa a natureza integrada da *anima*, a fusão dos princípios masculino e feminino em sua psique divina, semelhante à dos deuses gregos Apolo e Orfeu. Nesse sentido, ele pode oferecer um papel-modelo para o homem contemporâneo, pois manifesta sua sensibilidade, delicadeza e qualidades nutridoras de modo igual ao de suas outras *personas*. Com freqüência, os homens encontram muita dificuldade para aceitar e lidar com o poder de seus sentimentos e emoções, pois este é um aspecto de sua existência que pode ser culturalmente inibido por pressões sociais, que visam adaptá-los a diversas imagens masculinas estereotipadas, o rígido lábio superior dos ingleses, o poder do macho, a necessidade de controle sobre potenciais ações violentas. Entretanto, é através dessas formas de influências sociais repressoras que muitos homens aprendem a ignorar e excluir suas emoções à medida que amadurecem e iniciam a vida adulta; e, mais tarde, quando suas emoções aprisionadas finalmente transbordam, estimuladas pelo amor ou pelo fracasso nos relacionamentos, esses homens podem achar muito difícil lidar com sua vulnerabilidade emocional. O deus chifrudo de Wicca oferece o exemplo do homem integrado, suficientemente seguro de sua masculinidade para incluir qualidades positivas tradicionalmente femininas sem diminuir seu poder; na verdade, sua natureza se amplia e eleva.

Somente ao formar um relacionamento interior com a *anima* na psique o homem pode tornar-se inteiro; ele precisa transcender o padrão cultural de natureza conquistadora que dominou a expressão masculina durante séculos, substituindo-o pelo arquétipo feminino de abrangência e sensibilidade, que então se expande para incluir todos os níveis de relacionamento com o mundo. Ao despedaçar as limitações de uma imagem masculina parcial, o homem pode se libertar e adquirir uma nova perspectiva e experiência de sua existência. Através da evocação do deus chifrudo, esse processo de mudanças pode ser acelerado, e, com a liberação da vitalidade emocional, com freqüência se descobre um aumento no poder de criatividade.

Entre os homens, os tipos astrológicos que parecem achar mais fácil contatar e absorver o arquétipo da *anima* estão relacionados ao elemento água. Câncer, Escorpião e Peixes são os signos de água, e estes são indivíduos que possuem profundas ressonâncias emocionais e para quem uma resposta emocional e sensível à vida é uma reação mais imediata. Para eles, torna-se prioridade aprender a viver com sua sensibilidade emocional, possibilitando um menor distanciamento inato deste aspecto de seu ser. Lidar com as profundezas, paixões e oscilações emocionais une-os mais ao processo instável do princípio feminino, e, assim, podem achar mais fácil integrar seus opostos interiores, desde que encarem a força total de seu poder emocional.

Como o deus chifrudo da terra, ele envolve o nível físico da realidade, a inata sabedoria instintiva da natureza. É um deus não dividido, onde espírito e matéria são unidos através da consciência iluminada da mente, que personifica a unificação de polaridades. Ele é a brilhante força de luz e vida, e é a escuridão da noite e da morte. Torna-se o deus eternamente agonizante e eternamente ressuscitado, que deve se entregar à morte para ser perpetuamente renovado. Ele oferece o processo transformador da auto-aceitação e da rendição aos ciclos naturais da vida, onde nossas emoções e reações devem se entregar à limpeza e purificação; despojados de nossos apoios, ilusões e fascínios psicológicos, podemos ser livres, prontos para nosso renascimento onde, após experimentar a perda de todas as coisas, agora podemos descobrir, para nossa surpresa, que todas elas voltaram. A diferença é que fomos renovados ao nos esvaziarmos e que apenas perdemos tudo que é inútil e hostil ao nosso bem-estar, embora anteriormente considerássemos estas coisas muito importantes.

A promessa do deus chifrudo é a cura com sua mão amiga estendida. Enquanto ele permanece meio escondido pela sombra das árvores da floresta, seus chifres realçados pela luz da lua cheia, sua vitalidade e poder fluem para nós e para a terra. Se tivermos receio de enfrentar os mistérios de nossa natureza, ele se tornará um demônio e nós o rejeitaremos; se sentirmos o pulsar sensível da vida ativada dentro de nós mesmos, damos um passo à frente para segui-lo mais profundamente em seu reino. Ao seguirmos este caminho, transformamo-nos no deus caçador, que segue a jornada em busca de conhecimento e união; a cada passo, nossa purificação se aprofunda, à medida que o perseguimos. Sua imagem surge através das árvores, depois diminui e desaparece; somos arranhados e machucados enquanto corremos pela floresta, desesperados para não perdê-lo de vista. Algumas vezes a luz da lua oscila, enquanto nuvens cruzam sua face, e, na escuridão, tropeçamos e caímos, os temores debatendo-se em nossa mente como pássaros assustados. Então, a distância, vemos um clarão de luz, e a caçada se reinicia. Após um tempo, que neste outro mundo parece uma eternidade, chegamos a uma clareira de carvalhos. A noite está silenciosa. Ele está lá, sozinho, esperando. Sua mão está aberta e estendida para nós; reivindicamos nosso direito de caçadores e agarramos sua mão, e, neste momento, ele se vai. Ficamos sozinhos, mas seu poder permanece conosco, e percebemos...

Através de nossa busca, tornamo-nos o caçador que procura união e renascimento. Nosso *logos* masculino, o poder da mente, deseja se reunir a Eros, o impulso de fusão emocional e união à vida. Nossas tendências à diferenciação analítica devem ser elevadas através da visão da síntese inclusiva do padrão total do mistério a ser revelado. Ao caçarmos o deus, também descobrimos a deusa interior, pois nossa jornada transformadora nos leva através de todos os aspectos de nossa psique até ficarmos face a face com nosso deus, percebendo que somos apenas um. Ao morrermos em nossa antiga vida, renascemos para uma nova vida; não existe outro caminho.

Este é o padrão cíclico anual do deus chifrudo, o ''círculo do ano'', do qual simbolicamente todos participamos e que podemos experimentar como um processo interior ao respondermos a seu chamado.

A criança da luz, o esposo solar, nasce no solstício de inverno, enquanto a luz lentamente diminui pelo movimento do Sol em direção ao norte, após a mais longa noite de escuridão anual.

Em Brígida ou Candelária (2 de fevereiro), a luz aumenta e são observados os sinais do novo crescimento verdejante sob o solo, uma promessa da renovação da vida.

No equinócio de primavera, o deus chifrudo aparece sob o disfarce da juventude viçosa, revelando sua ressonância e vitalidade, em sua dança e corte à donzela, um aspecto da deusa.

Em Beltane (1º de maio), é celebrado o casamento do deus solar adulto com a deusa lunar, através do ritual de procriação.

No solstício de verão, é alcançada a união do casamento, enquanto o "rei coroado do verão" atinge sua predominância e, no auge de seu poder, recebe a coroa de rosas, com seus botões em flor e espinhos afiados; seu sangue pinga na terra, a força de sua semente se dissipa, e sua consumação é o ápice de sua queda e declínio, até a morte. A luz começa a diminuir.

Em Lughnassad (1º de agosto), ocorre o luto pela morte do rei verdejante e deus chifrudo.

No equinócio de outono, o deus está adormecido no escuro útero da deusa, navegando nos mares interiores das marés femininas.

Em Samhain (31 de outubro, Halloween), ele chega à terra da juventude brilhante, onde descansará e novamente será jovem, recuperando seu poder enquanto sonha, até que chegue a hora de seu renascimento.

No solstício de inverno, a criança da luz renasce e o ciclo continua.

Os caminhos heróicos são jornadas em direção à luz, e incluem uma redefinição radical daquilo que realmente é nosso eu e nossa natureza; o clímax da busca é a elevação de nossa humanidade à divindade e o declínio da divindade para a humanidade. Nós nos tornamos filhos e filhas da luz.

Essas lendas, mitos e arquétipos, como os de Arthur e a Confraternidade da Távola Redonda, os trabalhos de Hércules ou o deus chifrudo, são advertências sobre a necessidade de procurar e realizar nosso potencial. No silêncio da noite, ouvimos vagamente o som do clarim nos alertando para despertarmos, e, como o filho pródigo voltando ao pai, lutamos para retornar à nossa fonte. Em nosso sono, podemos mudar de posição, aconchegar-nos sob as cobertas e fingir que não ouvimos nada. Se ignoramos o chamado, permitimos que o sono volte outra vez; mas este chamado irá persistir até que seja reconhecido.

Como astrólogos, ou estudantes desta ramificação da sabedoria coletiva, trabalhamos com arquétipos astrológicos e padrões do processo da vida humana, refletidos nos trânsitos planetários ou posições natais. Nosso principal objetivo deve ser utilizar a astrologia para gerar mais luz em nossa própria natureza para os clientes e na mente coletiva da humanidade. Através de uma consciência maior, podemos incluir mais de nossa totalidade em nossas vidas, experimentando uma vida abundante que foi prometida como uma qualidade do reino espiritual.

Nossa responsabilidade deve ser incorporar esta luz em nossas vidas, através do exemplo e manifestação de nossas características de integração, significado e propósito. Precisamos trilhar nosso caminho heróico em direção ao esclarecimento; do contrário, em nossa própria escuridão, agimos simplesmente como cegos conduzindo cegos, o que é fundamentalmente perigoso. Em termos junguianos, o *Self* é simbolizado pelo Sol ou estrela luminosa e divina, e é a realidade deste centro que procura despertar dentro de nós. Como declara o hindu Krishna, "Eu sou o *Self*, presente no coração de todas as criaturas. Eu sou o início, o meio e o fim de todos os seres". Este é o coração do sol espiritual, cuja moradia pode ser vista pela primeira vez através da entrada do sol mundano, a posição de nosso sol natal na astrologia. Seguindo o caminho para nos tornarmos nosso eu solar, nos dirigimos da periferia de nosso círculo de consciência para o nosso centro secreto. A percepção ou esclarecimento ocorre quando permanecemos no ponto central simbólico de nossa mandala natal, o mapa natal, e, a partir de uma perspectiva unificada, enxergamos todos os aspectos de nossa natureza (planetas, signos) dançando em harmonia com a melodia de Apolo, a lira do deus Sol.

CAPÍTULO 8

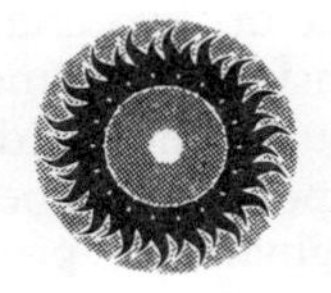

O Sol Esotérico: a Mandala de Luz

Ó Tu que deste sustentação ao universo
Do qual todas as coisas se originam
Para quem todas as coisas retornam,
Revela a face do verdadeiro Sol Espiritual
Oculto por um disco de luz dourada
Para que possamos conhecer a Verdade
E cumprir totalmente nosso dever
Enquanto seguimos Teus passos sagrados.

A prece do Gayatri védico revela o *insight* esotérico da natureza do sol espiritual e o respeito pelo poder criativo do ''coração do Sol''. É essa natureza interior e fonte espiritual que pode ser descoberta por todos que viajam para seu próprio centro; como o sol físico dá vida ao nosso sistema solar, o sol espiritual ressuscita o caminho de esclarecimento.

O símbolo astrológico para o Sol, um círculo com um ponto no centro, contém muitos ensinamentos esotéricos. O círculo representa o universo, infinito, completo em si mesmo e sem começo ou fim, a fonte original do átomo original, onde estão envolvidas a matéria-espírito universais. O círculo é a causa original, o Um do qual emanam os muitos, a unidade subjacente à manifestação. A natureza do círculo universal é impenetrável, com exceção do fato de que ela proporciona a raiz de toda a vida e pode ser considerada um espaço criativo, sem dimensão e auto-existente. O círculo é o mistério cósmico, do qual somos formados e no qual vivemos. Quanto mais penetramos nos mistérios da matéria, mais a matéria se dissolve em espírito; e, enquanto nosso conhecimento científico ''cresce'', o mesmo acontece com nossa ignorância, pois o mistério recua para além de nossa compreensão de uma complexidade-simplicidade paradoxal capaz de extirpar nossos preconceitos mentais quanto à natureza do universo e da realidade. Não podemos continuar sendo uma entidade objetiva, separada, estudando cientificamente as bases da vida; precisamos nos tornar mais conscientes de sua atividade em nós e, através da transformação da consciência, personificar os mistérios em nós mesmos.

O ponto no centro do círculo indica o mistério da diferenciação, o começo da vida a partir da transbordante criatividade do círculo, a semente produzida pela união de "matéria-espírito" dentro da causa original. O ponto pode ser considerado como a primeira emanação de luz emitida pela primeira luz, uma energia doadora de vida originada da fonte divina ilimitada. Ele pode ser a abertura através da qual nasce a manifestação universal, originada das profundezas do eternamente não manifesto. Pode ser o núcleo do átomo, do qual são formados os componentes de nosso corpo físico e a realidade. O círculo e o ponto indicam o relacionamento do indivíduo separado com o todo maior do universo, da existência material com a realidade espiritual, o eixo da vida entre os muitos e o único. O caminho para perceber este potencial é revelado pela percepção consciente da divindade oculta na matéria e da correlação da vida universal.

Para o indivíduo, o círculo pode representar uma barreira separativa, que o isola da vida através da consciência autocentrada. Os ensinamentos esotéricos mostram que, embora separados, simultaneamente somos apenas um, e todos os caminhos espirituais levam à visão desta verdade. Sob esta perspectiva, o ponto torna-se uma abertura para a realidade interior, onde o caminho conduz ao interior através do centro do eu, para contatarmos a dimensão espiritual. A luz da revelação brilha de dentro para fora, e, então, reflete em todas as coisas. O símbolo do Sol é um duplo indicador da natureza humana; existe a perspectiva inferior autocentrada, procurando agarrar a personalidade separada e pouco se preocupando com o bem-estar dos outros ou do planeta; e existe o centro do eu superior, ligado à unidade do universo através do despertar espiritual. Este é o caminho evolucionário da humanidade, buscando o caminho solar do eu para o *Self* e a eterna jornada para se aproximar cada vez mais da luz.

O símbolo do Sol astrológico oferece bastante profundidade para a especulação metafísica, porém é mais fácil utilizá-lo no nível da busca individual do *Self*; no mapa natal, é um importante indicador da direção da jornada e da esfera de vida mais intimamente envolvida. Este é o caminho duplo, externamente evolucionário, e um retorno involutivo para o interior. O relacionamento entre a periferia do círculo e o ponto central é o caminho em direção ao *Self* interior. Como a imagem da mandala, a intenção é focalizar o centro da existência, significado e propósito individuais; ao encontrarmos este centro, a luz é simultaneamente descoberta.

O Sistema dos Sete Raios

No sistema oculto dos Sete Raios, baseado nos trabalhos de Blavatsky e, especialmente, na divulgação dos ensinamentos do Mestre tibetano, por Alice Bailey, o Sol está associado ao raio azul, raio 2 e a energia amor-sabedoria, considerada a vibração personificada por dois grandes mestres espirituais: Gautama Budha, o aspecto da Sabedoria, e Jesus Cristo, o aspecto do Amor. O conceito dos Sete Raios se origina da luz que cruza o "prisma do espaço" e é dividida nas sete cores do espectro. É interessante notar que o simbolismo mitológico associado ao Sol possui uma carruagem puxada por sete cavalos ou por um cavalo de sete cabeças e que a lira de sete cordas de Apolo representava a chave para a compreensão universal.

O segundo raio é considerado a energia do coração, e os retratos de Cristo com freqüência possuem raios de luz e amor emanando de seu coração, seu amor abrangendo a todos. Como o Sol é tradicionalmente o regente do coração, é comparado ao papel do sol físico, cuja natureza ardente ilumina e estimula o sistema solar. O amor é percebido como o fogo queimando no coração humano e corresponde à centelha divina sagrada no núcleo do átomo, cujo poder inacreditável é agora revelado ao homem através da divisão do átomo e da fissão nuclear. Muitos ensinamentos espirituais enfatizam que o despertar do coração leva ao nascimento do eu espiritual, estimulado por muitas técnicas meditativas e de visualização concentradas no centro ou coração do corpo, destinadas a evocar uma mudança nas energias. As meditações para evocar o "senhor do coração" ou o Santo Graal e a Távola Redonda, ou diversos cânticos mântricos e de respiração, abrem o centro do coração ou chacra.

A antiga sabedoria dos adoradores do Sol intuía que o Sol correspondia ao Amor, percebendo que ele evocava a aspiração da aproximação da brilhante fonte de luz que ilumina todas as coisas e, como afirmou Gayatri, "Da qual todas as coisas se originam e para qual todas as coisas retornam". Esta compreensão surgiu da crença de que, a partir da união do pai-mãe universal (espírito-matéria), surgiu o sol filho, a luz e a sombra, e a raiz do duplo conceito mencionado no capítulo do Sol mitológico.

É através do coração que se formam pontes entre as pessoas, e fronteiras são destruídas pelos sentimentos de boa vontade e solidariedade humana. O amor estimula o mundo, faz com que os indivíduos sintam que pertencem a alguma coisa e são necessários, une as famílias e mantém os casamentos; quando o amor é utilizado de forma impessoal, pode ajudar a unidade global de diferentes pessoas e estilos de vida, recusando-se a cair nos antagonismos separativos dos que pensam e vivem de forma diferente. O amor transcende as barreiras artificiais. Como afirma Alice Bailey: "Somente a partir do centro do coração podem emanar os raios de energia que simultaneamente unem e ligam". Esta é a energia magnética irradiada do coração para o ambiente, uma energia que funde e cura, fazendo as pessoas sentirem sua unidade com o mundo.

O Sol comum, unido à personalidade e ao corpo humano separativos, é uma influência centralizadora e coesiva, que mantém o eu egóico, sendo a função mais reconhecida pela maior parte das pessoas e que pode ser identificada através da personalidade do Sol comum, revelada pelo signo do Sol natal. O Sol esotérico é revelado pelo ingresso no caminho espiritual, no simbólico templo do Oráculo de Delfos, cuja porta interior só se abre para os que "conhecem seu *Self*". Ao atravessar essa entrada, o eu egóico é equilibrado pelo eu abrangente, e são reveladas as qualidades de unificação e fusão que se tornam um canal para a vida, a luz e o amor.

O amor impessoal ou amor universal torna-se uma condição tão facilmente expressada quanto a respiração, e não depende de amar outros indivíduos ou ser amado por eles. Penetrar através do centro do círculo conduz aquele que busca até o "coração do sol", que é o reconhecimento do ponto interior de luz dentro de toda manifestação e, permanecendo na luz, ele percebe a importância e significado através do esclarecimento de sua mente, ficando em companhia dos iluminados, da Fraternidade Branca ou Hierarquia. O fluxo constante de energia magnética emana para o mundo exterior do homem, buscando ressonância individual e convocando "o lar do peregrino para o amor de Deus". É a resposta interior a este chamado do "coração do Sol", que desperta nas profundezas do pesquisador místico e espiritual, e que inflama o desenvolvimento dos movimentos coletivos humanitários pelo bem da humanidade.

O "Antigo Comentário" em *Esoteric Astrology: A Treatise on the Seven Rays, Vol. 3*, por Alice Bailey, indica a natureza do chamado interior:

Aquele que Transcende disse: Eu estou sozinho. Preciso me elevar e buscar com ânsia incessante aquele que cria a inteireza, completa meu círculo, intensifica Minha vida e Me torna verdadeiramente Um, porque eu reconheço a Dualidade. Preciso me unir ao meu outro eu, o eu que percebo vagamente. Trago para meu coração aquele outro Um e, ao fazê-lo, adquiro esclarecimento; favoreci a mim mesmo com enriquecimento; livremente eu dei.

As diretrizes positivas do Sol astrológico incluem: vontade, individualidade, independência, presença, vitalidade magnética, clareza intelectual, autonomia, expressão pessoal criativa e um centro sólido. Se negativamente expressadas podem se tornar: egoísmo, egotismo, orgulho, domínio, força, engrandecimento, possessividade. É necessário transcender o egotismo pessoal para que as qualidades interiores do segundo raio de amor-sabedoria possam brilhar, e esta é a tarefa dos iniciados solares, para que, através de sua visualização criativa, a luz seja dirigida para os cantos escuros de sua natureza, sua vida e no contínuo processo planetário criativo, transformando, redimindo e purificando a matéria. O papel do detentor da luz é aceito.

O raio de amor-sabedoria é uma energia que constrói, procurando transformar o receptáculo da matéria no meio de expressão do amor divino. Ele possui uma qualidade sintética e inclusiva e atua através da empatia e intuição mais elevadas. No mundo, sua influência se manifesta por atos de altruísmo e humanitarismo, onde, como conseqüência de sua doação magnética, radiante e abrangente, o nascimento da fraternidade planetária de Aquário está lentamente formando e criando uma nova visão de mundo para o próximo milênio. As características deste raio incluem a atração, o amor, a sabedoria, o magnetismo, o equilíbrio, a expansão, a abrangência, o relacionamento, a iluminação, a centralização, a compreensão, a síntese, a intuição, a honestidade, a lealdade, a construção e a busca pela verdade.

Ocultamente, todos os grandes mestres surgem no mundo a partir do Sol espiritual. Cristo declarou "Eu sou a luz do mundo" e "Eu e meu Pai somos Um". Através de sua missão para libertar o princípio cósmico de amor no mundo, ao assumir seu papel sacrificial até sua mutilação e morte na cruz, ele demonstrou a natureza magnética da vontade através de seu amor e atividade radiante que abrangem o tempo e o espaço. Uma das qualidades do segundo raio transmite esta vontade magnética, que forma uma relação entre o par de opostos (espírito-matéria), unindo-os para formar um todo unificado e que denominamos de união sagrada.

O Sol é "o grande iluminador" e a inspiração para que o pesquisador espiritual descubra o caminho que conduz a uma ordem progressiva em direção à luz sempre maior e mais abrangente. No sistema dos Sete Raios, a natureza tripla do Sol evoca os três fogos dentro do indivíduo.

O primeiro é o *fogo por atrito*, que atua na personalidade, relacionado ao prana (a energia vital estimulante e vivificante) e ao corpo etérico, e corresponde ao Sol físico. Este atrito interior é percebido como o multifacetado "eu", que provoca mudanças na personalidade de acordo com as circunstâncias e humores, e é a raiz da autocontradição e falta de autoconhecimento. Um outro aspecto encontra-se no nível astral, o reino dos desejos, onde o caminho do homem é determinado pela natureza de seus sonhos e desejos. O atrito ocorre entre tendências conflitantes na personalidade e à medida que o eu egóico lentamente desperta para a natureza dos relacionamentos globais e a inspiração de seu eu superior. Esta energia está localizada na base da espinha.

O segundo é o *fogo solar*, que atua nos verdadeiros aspirantes e iniciados espirituais, e está relacionado à alma ou nível unificador do homem, despertada no caminho para o esclarecimento. Ele corresponde ao centro do Sol e à esotérica Fraternidade Branca planetária, estando ativado na natureza mental superior. Essa energia encontra-se no coração, que é aberto na época da primeira iniciação (que considero em meu livro *Phoenix Rising*). O contato com este fogo solar é uma intenção subjacente a esta exploração do Sol, onde a dimensão espiritual é mais amplamente estudada.

O terceiro e mais elevado fogo que pode ser experimentado pelo homem é o *fogo elétrico*, que atua nos adeptos e Mestres da Sabedoria, e é ativado quando a alma mediadora não é mais necessária e se dissipa, deixando um canal direto entre espírito e matéria através da consciência monádica (constante percepção de unidade e identidade), relacionada ao espírito ou *atma* no homem e corresponde ao Sol espiritual central, e a energia está localizada no centro da coroa, o chacra *sahasra* do lótus de mil pétalas (Kether, na Cabala). Os mestres importantes como Cristo e Budha personificam esse nível de evolução.

Qual o significado desses "fogos" na natureza humana? Podemos responder que o objetivo é a revelação contínua da luz, "levando o iniciado para perto do coração do Sol, onde todas as coisas são conhecidas e percebidas e através do qual todas as formas, seres e coisas podem ser banhados em amor" (*The Rays and the Initiations, Vol. 5, Treatise on the Seven Rays*, de Alice Bailey).

A energia espiritual do Sol atinge o homem através da mediação de seu Eu Superior, alma ou anjo solar, estimulando o aumento da autoconsciência e a percepção da dualidade essencial de sua realidade, e, através do atrito interior a manifestação de boa vontade, o caminho de relacionamento entre o eu egóico e o Eu Superior começa a ser explorado, conduzindo à transformação solar.

O Sol é a origem da influência na astrologia e é considerado o representante planetário do eu, embora muitas vezes esteja restrito principalmente à abordagem dos doze tipos de personalidade e sua dimensão espiritual e mais avançada seja ignorada. Nos antigos caminhos espirituais, isso não acontecia, e a compreensão do papel e função do Sol era vital para o desenvolvimento pessoal. O Sol é a suprema divindade planetária e deveria novamente ser reconhecido como tal; a astrologia pode colaborar para devolver este arquétipo de luz e ressurreição a uma realidade viva, através da orientação astrológica, semelhante à invocação da Lua (veja *Rainha da Noite*), para criar um novo equilíbrio dentro do indivíduo e da sociedade, que ultrapasse as percepções dualistas.

Os planetas são os agentes distribuidores das energias que emanam das constelações zodiacais e, conseqüentemente, são "despertados" ou descobertos quando o homem alcança o nível adequado de desenvolvimento e resposta. Isso é verdadeiro tanto a nível coletivo, quanto na escala individual, onde os planetas existem na "inconsciência escura" e agem como seu "destino" até que ele possa registrar sua atividade mais conscientemente e se torne sensível às suas influências, colaborando com eles para construir uma harmonia interior mais profunda ou para transformar sua limitada visão de mundo.

Uma expressão disso é o Sol exaltado em Áries, que possui a característica de ser uma energia iniciadora. Esotericamente, Áries é o primeiro signo do zodíaco, o começo do ano zodiacal solar, iniciador do grande processo universal de involução-evolução; o sol representa a vida do espírito que desce à matéria apenas para finalmente se elevar outra vez na glória transcendente e na vitória sobre a "morte". Em Áries, a energia da vida "se agita em atividade", enquanto padrões latentes se manifestam e a força criativa oculta é liberada, transformando a escuridão em luz durante eras. O Grande Trabalho da Infinidade é a tarefa incessante de tornar o inconsciente consciente: e em nosso humilde caminho, participamos deste esforço.

O objetivo das doze constelações, transmitido através da mediação planetária, é menos o de formar doze padrões de personalidade e mais de estimular o fogo solar-alma dentro da forma humana. Isto resulta na atividade subjetiva modificada, que avança para uma percepção da unidade de toda a vida e finalmente repercute nas escolhas e expressão do mundo. Existem dois estágios neste sentido. O primeiro é o domínio da personalidade pelas características do signo do Sol, que gradualmente o harmonizam para responder ao Sol espiritual, e evoca as possibilidades latentes para que esta vida se manifeste; foi denominado de "força do Sol da probabilidade". O segundo é a intensificação da resposta às energias ocultas pelo signo Ascendente, que evoca novas oportunidades intensificando o desenvolvimento interior e o retorno evolucionário; foi denominado de "força do Sol da possibilidade".

Ao nos abrirmos mais para a dimensão positiva de nosso Ascendente, talvez possamos enriquecer nossas vidas fundindo as duas energias através da qualidade unificadora do Sol. Como o Ascendente determina as divisões em casas, ele estabelece as posições planetárias nos mapas natais e de trânsito, indicando o potencial e desafios atuais. O ensinamento esotérico sugere que o Ascendente encerra o segredo do futuro desenvolvimento e propósito de vida mais elevado que evoluirão a partir da harmonização com o Sol espiritual. A energia do Ascendente pode conter a chave para o relacionamento certo entre personalidade e *Self*, e, ao considerarmos este fato, podemos abrir portas para uma posterior exploração individual de sua natureza interior.

A Cabala e a Esfera de Tiferet

Na sabedoria da Cabala, a esfera de Tiferet corresponde ao Sol. Na Árvore da Vida, ela está no centro do pilar do Equilíbrio, acima de Yesod (a esfera da Lua), sendo um caminho de equilíbrio entre os pilares exteriores da Compaixão e Severidade. Analisar Tiferet ajuda a nos tornarmos conscientes das dimensões superiores do Sol astrológico, uma vez que muitas características associadas a essa sephirah são observadas nos padrões solares mitológicos e astrológicos.

Tiferet é Shemesh, a Esfera do Sol e possui imagens de um "rei majestoso", uma "criança mágica" e um "deus sacrificado", indicando três aspectos Daquele que é Sábio — o *Self*. A Visão de Tiferet é de harmonia e beleza da natureza, através do *insight* holístico de sua espiritualidade. Com esta percepção, é alcançada a união com o universo, juntando o "manto externo da dissimulação" ao "manto interno da glória'', matéria e espírito. A Virtude desta esfera é a ''Devoção ao Grande Trabalho'' através do mistério da fase de crucificação do deus sacrificado. O Vício é o Orgulho; e, no corpo humano, corresponde ao peito e coração. Outros símbolos associados são a cruz rosa, a cruz do calvário, a pirâmide truncada, o cubo e lamen? que contêm a imagem do Sol em esplendor.

Tiferet assume um papel central na árvore cabalística, sendo um princípio básico e esfera integrativa. Acima de Tiferet estão as esferas associadas ao *Self* superior, as de Geburah, Chesed, Binah, Chokmah e a espiritual fonte de Kether, núcleo da centelha divina; é o ponto de transmutação entre esses planos de força e os planos inferiores da forma, sendo considerada a ''criança e filho'' de Kether e o ''rei'' da realidade humana e do mundo, formado por Netzach (forças da natureza, contatos básicos, sentimentos, Vênus), Hod (mágica cerimonial, conhecimento oculto, intelecto, Mercúrio), Yesod (psiquismo, natureza etérea, emoções, Lua) e Malkuth (o reino físico) e abrangem o eu inferior da personalidade.

A função de Tiferet é de ponto centralizador, centro de transição e transformação para a elevação da consciência através do caminho do equilíbrio. É um mediador, recebendo, transformando, transmitindo e distribuindo a energia espiritual primal de Kether, atuando como duplo desvio, transferindo as energias superiores para baixo e magneticamente atraindo as energias inferiores da natureza humana, de volta para o espírito. Tiferet personifica o axioma hermético ''Acima, como abaixo'', e a natureza do relacionamento entre macrocosmo e microcosmo, alcançado pela interação rítmica entre os níveis e que corresponde ao peito, coração, pulmões e plexo solar, onde a atividade da respiração une o indivíduo ao universo e ao fluxo descendente-ascendente das energias vitais.

Tiferet é a mediadora entre Deus-Espírito-Kether e os mundos materiais, sendo a manifestação do Deus-com-forma mais fácil de se contatar dentro do alcance da consciência humana. Isto ocorre através do filho divino, que, por sua existência, é o indicador da realidade maior do espírito. Como Cristo declarou, ''Todo aquele que Me viu, viu o Pai''. Os conceitos de mediadores e redentores solares vêm desta qualidade integradora e unificadora de Tiferet-Sol, onde a matéria da forma e o eu inferior são estabilizados e equilibrados para refletirem a realidade superior.

Esta é a raiz de muitas lendas religiosas sobre a criança prodígio que amadurece para enfrentar seu destino adulto como um ''redentor'', reunindo o reino inferior à sua fonte superior, e que, através de muitas provas e adversidades, é conduzido à crucificação sacrificial. O redentor tenta abrir canais de energia bloqueados entre os níveis, restaurar o fluxo de inspiração e a força espiritual transformadora em matéria para que as energias desequilibradas sejam reintegradas sob a marca superior da unidade. No processo, o ''deus sacrificial'' perde sua vida material por amor às pessoas. Este é o processo da doutrina cristã e o simbolismo da morte, ressurreição e regeneração de Cristo, sugerido pelo gotejar de seu sangue na terra do monte Gólgota. Através da transformação da crucificação na cruz da matéria-espírito, a forma transcende pela libertação das forças espirituais reprimidas e se transforma de um padrão de limitação estático em um padrão de movimento cinético e receptividade ao espírito, tornando-a acessível ao Grande Trabalho regenerador de purificação redentora.

Esta é a tarefa da Moradia Branca, o mundo de Tiferet dos adeptos e mestres iniciados, na qual entram apenas aqueles que sofreram a "morte da iniciação", tornando-se o iniciado ou o "homem morto vivente", renascido para a percepção consciente dos reinos superiores. Tiferet é a esfera da autoconsciência pura, do eterno "Eu sou", refletindo o centro esotérico do Sol; em sua expressão inferior, ele reflete a ausência de identificação do eu egóico com a forma individual e a essência da consciência. Sob a perspectiva da consciência solar, não existe nascimento, morte ou renascimento, apenas o perpétuo agora, que é o centro de toda experiência e percepção, permanecendo constante como o centro enquanto observa todas as coisas mudando na periferia.

A cura está associada à força solar e todos os deuses de cura são manifestações de Tiferet. O arcanjo Rafael é "o espírito que se encontra no sol" e o anjo de cura, trabalhando com o sol e a força vital para criar uma saúde equilibrada no indivíduo. Esta era a técnica usada pelos antigos iniciados no sacerdócio terapêutico, que manipulavam a força solar para restabelecer a vitalidade e o bem-estar. Com freqüência, a doença e os distúrbios psicológicos são ativados por bloqueios no fluxo de energia do corpo, e isso pode estar relacionado a problemas circulatórios ou limitações na área do plexo solar. A terapêutica tentava abrir quaisquer canais fechados, para que a receptividade à vitalização solar e forças espirituais se renovasse. O culto grego de cura, Esculápio, baseava-se na adoração ao sol e na mágica solar.

Tiferet é denominada de o "centro de Cristo", o "centro do deus inebriante e doador de iluminação". As experiências associadas a Tiferet incluem as luzes ofuscantes da exaltação mística, como a conversão de Paulo na estrada para Damasco ou a transfiguração de Jesus, e envolvem o movimento da consciência para além da forma, devido ao influxo esmagador de força espiritual, que desperta o eu, fazendo-o perceber uma nova dimensão de sua natureza. Um dos desafios da experiência de Tiferet é criar uma ponte entre o novo nível de consciência e a antiga percepção familiar e tipo de vida, fundindo-os em uma nova maneira de viver; o perigo também pode ser de o brilho da luz se tornar ofuscante em vez de esclarecedor.

Através da percepção de Tiferet, os símbolos psíquicos criados por Yesod (a Lua), que formam a "casa do tesouro das imagens", que são os símbolos arquetípicos da astrologia, tarô etc., são revelados em sua verdadeira luz libertadora, tornando-se transparentes em vez de velar a realidade oculta atrás deles.

Determinados caminhos para evocar a resposta do centro solar usam a imagem mental do enlevo. Os mistérios dionisíacos são um exemplo de estímulo a um estado de consciência extático, uma vez que o influxo de energia superior eleva o aspirante ao "divino enlevo". A seita mística dos sufis também menciona o "tornar-se embriagado no Amor Divino, na Divina Luz e Mistério".

Tiferet é o Sol do sistema solar interior, um nível de consciência superior que normalmente não é experimentado pela maioria das pessoas. Ele está no centro da psique, no véu divisório da mente consciente e inconsciente, e, como Jano, busca o espírito e a personalidade. O Sol astrológico também permanece na junção da psique, unindo-nos à nossa natureza espiritual, se assim escolhermos. No mapa natal, o Sol indica a essência de nosso "tipo", nossas características fundamentais, bem como a área de vida na qual elas deveriam se manifestar, reveladas pela posição de sua casa. Esses doze "tipos" humanos são doze grupos, ou doze aspectos do arquétipo cósmico do homem, e o signo de nosso Sol não é individual por natureza, mas indica nossa contribuição e atuação no grupo, nosso dom para o bem-estar coletivo e desenvolvimento evolucionário.

Por meio de nosso Sol interior, podemos viajar ainda mais profundamente em nossa natureza oculta, liberando nosso potencial solar e trilhando um caminho de luz. Ao sermos fiéis a este padrão solar inato, podemos "seguir nossa estrela", como os três magos, os sábios astrólogos que foram guiados para o nascimento da criança prodígio na gruta. Com freqüência, uma das chaves da tarefa individual que temos pela frente é revelada pelos símbolos sabeus, especialmente nas interpretações de Dane Rudhyar, onde podemos estabelecer a imagem mental da "cruz pessoal que precisamos carregar" através dos eixos do Ascendente/Descendente e Meio do Céu/Nadir, que indicam uma cruz formada pelo horizonte e meridiano. O grau e signo desses quatro pontos do mapa natal é então simbolicamente interpretado em função do Ascendente — "Qual o significado ou objetivo desta vida?"; Descendente — "Para onde isto me leva?"; Meio do Céu — "Por que estou passando pela vida, qual o papel que desempenho no drama humano?"; Nadir — "Como posso alcançar os melhores resultados para cumprir meu destino?". O Trabalhar com essa imagística sabéia através da meditação e contemplação pode nos proporcionar uma forma de sintonia com nosso caminho solar, e pode ser muito esclarecedora para aqueles que se sentem à vontade com a visualização de imagens mentais criativas.

A percepção esotérica do Sol astrológico pode não ser facilmente assimilada, especialmente se você não estiver familiarizado com os sete raios e os caminhos cabalísticos. Contudo, ela lembra ao astrólogo que existem aspectos mais profundos em um planeta, que podem facilmente ser excluídos dos horóscopos diários dos jornais e em interpretações superficiais do signo do Sol. Os antigos formuladores destes ensinamentos esotéricos se certificavam de que não haviam esquecido o potencial solar, e, como astrólogos, seria sábio seguir este exemplo e reconsiderar como podemos trabalhar pessoalmente com este centro em nossos próprios mapas natais e evocar sua função unificadora e integradora em nossa psique. Talvez, como guardiães do conhecimento estelar, a antiga sabedoria estelar, deveríamos começar a viver nossas vidas a partir da visão superior do anjo solar. Este é o desafio enfrentado por cada um de nós e que não devemos evitar. Atuando dentro da tradição da astrologia, parte de nossa responsabilidade coletiva é viver como um canal para estas energias planetárias transformadoras, influenciando positivamente a nossa realidade e nos tornando conscientes, construtivos senhores de nosso destino e não vítimas inconscientes.

CAPÍTULO 9

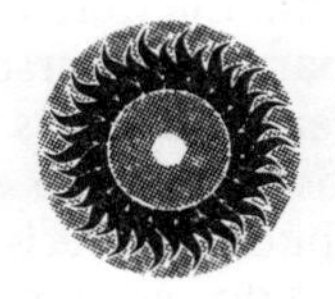

Comunhão com o Sol

A astrologia não deve ser apenas o aprendizado das características astrológicas tradicionais dos diversos signos, casas ou aspectos, nem sua divulgação através das interpretações de mapas astrais; esta é apenas uma fachada superficial e a verdadeira intenção e propósito da sabedoria da astrologia é guiar aqueles que buscam ao centro mais profundo, onde humanidade e divindade se fundem. Como astrólogos, nosso desafio coletivo e nossa direção é atingir essa meta; devemos incorporar a integração que acreditamos ser o futuro destinado para a humanidade, servindo como guias para este caminho iluminado. Como estudantes dessa antiga sabedoria, também somos guardiães de sua preservação e evolução, para satisfazer as necessidades modernas, e também deveríamos manifestar em nossa vida diária o valor dos *insights* astrológicos, através de nossa natureza e contribuição social, uma vez que este é o verdadeiro cadinho e campo de provas espiritual.

Um dos valores do estudo astrológico pode ser encontrado em sua influência para aprofundar a compreensão, mesmo ao focalizar os doze tipos psicológicos originais de humanidade, simbolizados pelo signo do Sol natal. Isto permite que o astrólogo se expanda para além de seu enfoque individual, olhando novamente o mundo através de diferentes tipos de percepção, visão de mundo, respostas inatas e filtros psicológicos. As limitações do tipo ao qual o astrólogo pertence podem ser dissolvidas, pois seus padrões de percepção são temporariamente transcendidos pela receptividade a diferentes arquétipos zodiacais. A tolerância e o *insight* da natureza das pessoas deveriam ser um dos resultados deste processo, e estas são qualidades que poderiam ser transformadoras dentro da sociedade.

Como podemos ver, a astrologia, na verdade, não significa olhar para os céus em busca de orientação; esta é apenas uma técnica para alinhar o macrocosmo e o microcosmo visando criar um espelho refletor (as posições planetárias) que nos permita olhar dentro de nossa personalidade interior e nossa psicologia, estudar nossos complexos padrões de comportamento e aumentar nossa compreensão. É como a dificuldade que temos para ver nossos próprios rostos; só podemos fazê-lo quando usamos um espelho externo que reflete nossa imagem. Assim, a astrologia inicialmente olha para o universo para adquirir esclarecimentos quanto às nossas naturezas humanas individuais.

O Sol é o centro de nosso universo exterior e interior, mas, para descobrirmos nosso centro interior, precisamos viajar para além de seu reflexo substituto, a estrutura do ego separado, e penetrar no centro secreto de nosso ser. Nosso desafio é despertar o dourado nascer do sol dentro de nós mesmos, e não apenas ver o nascer do sol físico no leste.

O caminho heróico e a jornada solar começam quando os sussurros que nos dizem para nos tornarmos alguma coisa e fazermos alguma coisa não podem mais ser ignorados. As perguntas "Quem sou eu? O que estou fazendo aqui? Qual é meu objetivo? Qual o significado de minha vida?" permanecem como sombras incômodas na existência diária. A solução dessas questões existenciais só é encontrada em um caminho de transformação; do contrário, a angústia existencial persiste, como a "náusea" experimentada por Jean-Paul Sartre em sua vida devido à ausência de significado e união, e que Colin Wilson explora em vários de seus livros, especialmente em *The Outsider*.

Embora o caminho solar possa descer profundamente na escuridão e sombras do mundo inferior — o reino da deusa — confrontando aquele que busca com sua natureza não resgatada e as conseqüências de atitudes separativas, ele culmina na liberação da morte interior do iniciado e a subseqüente ressurreição para a luz do herói triunfante. Nossa jornada nos conduz a uma experiência pessoal deste padrão e caminho arquetípicos, reconhecido por todas as antigas culturas como um caminho de iniciação. Ao seguirmos o brilho da luz em direção ao nosso Sol interior, começamos a transformar, unir e integrar nossa personalidade desigual, de forma semelhante ao poder coesivo do Sol sobre os planetas. Enquanto nossa jornada continua, é como se cada tendência planetária se reorganizasse sob a proteção do centro solar, permitindo que suas qualidades positivas sejam liberadas do indivíduo para a sociedade.

Historicamente, a humanidade atravessou longos períodos de atitudes sócio-culturais matriarcais e patriarcais condicionadoras, refletidas nas religiões pelos poderes relativos de deusas ou deuses. Em épocas recentes, a partir da Revolução Industrial ocidental e da descoberta de Urano (como cronometrista cósmico), as forças do domínio social patriarcal e masculino se tornaram menos positivas; a tecnologia científica e a ganância dos homens acelerou a exploração do planeta acima dos níveis de segurança, e, a não ser que isto seja verificado e alterado, nós nos precipitaremos como roedores para os penhascos do desastre cultural e ecológico. Nossa expressão solar está sendo distorcida, e tornando-se perigosa; sua supremacia está acabando. Como um antídoto natural para esse fato, o poder do feminino está aumentando, com as questões ambientais e globais de responsabilidade coletiva sendo reconhecidas e os conceitos de nutrição planetária e social rapidamente surgindo como as melhores direções para o futuro.

Contudo, a resposta total não é substituir a cultura solar pela cultura lunar. É vitalmente necessário para a percepção feminina coletiva modificar nossas tendências solares e restabelecer o equilíbrio social, mas à medida que estamos no limiar de um novo milênio, está nascendo uma nova direção e padrão arquetípico que nos conduz para além das polaridades, em direção a um estado de integração mais elevado.

O ser humano é dividido em masculino e feminino, e, quando estes dois opostos temporariamente se unem, geram uma nova vida. Durante séculos, nossas divindades religiosas também foram igualmente separadas na mente comum, como deuses ou deusas onipotentes, que se tornaram divindades polarizadas, refletidas pelo simbolismo astrológico de Sol e Lua.

Embora para alguns possa parecer que culturalmente estamos envolvidos em uma luta entre as tendências patriarcais e matriarcais para o futuro bem-estar do mundo, na verdade estas são lutas mortais das atitudes dualistas que gradualmente estão desaparecendo. No final da Era, todos os deuses e deusas retornam, ressuscitados de seus túmulos, recapitulando tudo o que passou e criou o presente. Certamente, é urgentemente necessária uma fase temporária de transição, onde os poderes femininos são novamente liberados na sociedade, despertando as pessoas para a necessidade de amor, carinho e preocupação por todo o planeta em todos os níveis de manifestação, mas este não é o fim do processo que a humanidade está iniciando agora.

Quando o herói solar penetra nas profundezas do mundo inferior lunar em sua busca pelo *Self*, ocorre a transformação. Ele não volta inalterado; na realidade, ele morreu para seu antigo eu. Dentro da câmara mortuária de sua natureza, deus e deusa tornaram-se um. O herói retorna ao mundo como o *filho ou filha da Luz*, um andrógino psicológico cuja consciência transformada reflete as qualidades positivas dos arquétipos masculino e feminino; o resultado é a percepção de que o *Self* está além das polaridades e é Um, não duplo.

Este é o estágio que a humanidade está começando a enfrentar como o futuro passo evolucionário, onde deve ser alcançada uma nova visão aquariana da natureza humana e divina. Não podemos mais ter atitudes dualistas; se as perpetuarmos, o planeta será despedaçado nos chifres de nossos dilemas e divisões interiores. Precisamos despertar para nossa humanidade, não apenas nossa masculinidade ou feminilidade, mas ultrapassarmos estes padrões limitadores. Estamos buscando não somente o ''novo homem'' ou a ''nova mulher'', mas o *novo ser humano* que está em gestação no útero planetário.

A comunhão com o Sol espiritual é a união com o *Self*; este é o verdadeiro propósito e segredo da jornada do herói, seja trilhada por um homem ou uma mulher. Nossa jornada nos conduz para o centro do círculo abrangente de nossa psique, onde se encontra o ponto; de lá podemos irradiar luz e influência, deixar nossa marca heróica no mundo.

A visão deste centro é a da luz como base de toda vida, e, como Cristo afirmou em nome de todos os detentores da luz, "Eu sou a Luz do Mundo". A imagem para Aquário é a do homem segurando um jarro invertido, e a frase chave é "Eu sou a água da Vida, despejada para os homens sedentos". Podemos considerá-la uma corrente de luz penetrando no mundo, dissolvendo nosso ilusório pensamento separativo, limpando as cavalariças de Áugias da mente coletiva e das emoções, revelando o significado e propósito na vida.

Enquanto continuamos à procura do Senhor da Luz, lembre que o herói deve voltar ao mundo carregando seu fardo, do qual libertará correntes de energia de luz, amor e vida renovada na Terra. Nós podemos compartilhar desta sagrada tarefa da Fraternidade da Luz.

DAG GRÁFICA E EDITORIAL LTDA.
Av. N. Senhora do Ó, 1782, tel. 857-6044
Imprimiu
COM FILMES FORNECIDOS PELO EDITOR